Michael Martensen

Im Himmel kann ich Schlitten fahren

HERDER spektrum

Band 5996

Das Buch

Die kleine Sophia erkrankt, noch nicht einmal ein Jahr alt, an einer aggressiven Leukämie. Bis zuletzt hofft der Vater – und muss doch lernen, loszulassen. Hier erzählt er vom Auf und Ab der Gefühle, von Menschen, die geholfen haben, von Enttäuschungen und wunderbaren Fügungen. Und von Sophia, dem ganz besonderen Kind, die mit ihrer Weisheit und ihrem Wissen Spuren in den Herzen der Menschen hinterlässt und ihrem Vater schließlich auch das Unausweichliche nahe bringt.
„Diese Geschichte trifft mitten ins Herz. Das Leben selbst hat sie geschrieben. Es ist die Geschichte eines Vaters, der verzweifelt um das Leben seiner Tochter kämpft. Es ist eine persönliche Geschichte, doch nur auf den ersten Blick. Ich wünsche diesem Buch, dass es möglichst viele Leser erreicht." Prinzessin Beatrice von Bayern, Mitglied des Stiftungsrats der Bayerischen Stiftung Hospiz.

Der Autor

Michael Martensen lebt in Memmingen. Er ist verheiratet und Vater zweier Töchter: Sarah und Sophia.

Michael Martensen

Im Himmel kann ich Schlitten fahren

Das kurze Leben unserer kleinen Tochter Sophia

HERDER

FREIBURG · BASEL · WIEN

Titel der Originalausgabe: Im Himmel kann ich Schlitten fahren.
Das kurze Leben unserer kleinen Tochter Sophia

ISBN 978-3-451-29038-1

www.herder.de

Umschlagkonzeption und -gestaltung:
R·M·E Eschlbeck/Botzenhardt/Kreuzer
Umschlagmotiv: Privat
Satz: Dtp-Satzservice Peter Huber, Freiburg
Herstellung: fgb · freiburger graphische betriebe
www.fgb.de

Gedruckt auf umweltfreundlichem, chlorfrei gebleichtem Papier
Printed in Germany

ISBN 978-3-05996-4

Vorbemerkung

Ich bin der Vater Sophias, die mit vier Jahren an Leukämie verstarb. Sophia wurde am 24. September 1998 geboren. Am 5.2. 2003 ist sie gestorben. Bereits 14 Tage nach ihrem Tod habe ich angefangen, die Geschichte ihres kurzen Lebens aufzuschreiben. Ein Jahr habe ich an diesem Buch gearbeitet, immer mittags und abends, nach meiner eigentlichen Tätigkeit in einem kaufmännischen Beruf. Glauben Sie mir: Sehr oft, wenn ich an den dunklen Momenten der Krankheit und des Schmerzes war, wäre es viel einfacher gewesen, dem Laptop aus dem Weg zu gehen. Aber dann wäre ihr Leben nie zu Papier gebracht worden, und damit auch nicht ihr Strahlen, ihr Lebenswille und ihre Intensität. Sophia hat sich nie von der Angst beherrschen lassen. Allen, die ein trauriges, wehklagendes Buch über ein krebskrankes Kind erwarten, sei gesagt: Sophia war eine Kämpferin. Und sie hat ihren Kampf gewonnen. Aber auf eine andere Art, als ich es damals dachte und mit allen Kräften wollte. Ich habe das erst langsam lernen müssen. Diese Lektion war für mich sehr schmerzlich.

Heute weiß ich, es ist eine Lektion, die uns alle betrifft. Wie oft lassen wir uns von der Angst oder Unsicherheit bei allen möglichen Entscheidungen lähmen? Wovor haben wir eigentlich Angst? Und wieso? Wir alle werden sterben, früher oder später. Kommt es nicht einzig und allein darauf an, wie wir unser Leben füllen? Darauf, wie viel Strahlen wir in unser Leben lassen, mit wie viel Energie wir es leben, wie viel wir in unserem Leben zum Positiven verändern? Und darauf, welche Spur wir durch unser Dasein bei anderen hinterlassen, wie viel wir im Herzen und im Denken von anderen verändern können? Sophia hat dies getan, jede Sekunde ihres Lebens. Sie hat uns verändert, ihr Umfeld und sogar Menschen, die sie vielleicht nur kurz kennen lernte. Auf ihren Grabstein ließen wir schreiben: „Es spielt keine Rolle, wie alt man wird, es spielt eine Rolle, wie man gelebt hat". Das klingt abgehoben? Theatralisch?

Eins weiß ich bestimmt: Das Leben von Sophia war genau so, wie ich es hier niedergeschrieben habe. Sophia bedeutet in der Übersetzung „die Weisheit". Vielleicht war sie weiser als mancher Mensch, der reich an Jahren die Augen schließt. Intensiv zu leben und „Spuren" zu hinterlassen, die nachwirken – das hat sie in ihrem kurzen Leben geschafft. Nehmen Sie, liebe Leserin, lieber Leser, ein Stück aus Sophias Leben mit in Ihre eigene Welt, „denken" Sie ein bisschen mehr mit dem Herzen als mit dem Verstand – ich bin sicher: Es wird sich einiges ändern, auch für Sie.

Eine besondere Bindung

Sophias Geschichte beginnt da, wo jedes Menschenleben beginnt, bei der Geburt. Sie kam am 24.9.1998 als unser zweites Kind auf die Welt. Ihre große Schwester Sarah war damals drei Jahre alt. Sophias Geburt verlief so schnell, dass meine Frau und ich es gar nicht glauben konnten. Ich werde nie das verdutzte Gesicht von Karen vergessen, nach dem Motto: „Wie, das war's schon?"

Sophia schrie aus Leibeskräften, ich nahm sie hoch, und die Bande waren geknüpft. Im Moment des ersten Hautkontaktes wusste ich, dass ich etwas sehr Besonderes auf meinen Händen trug. Das wird wahrscheinlich jeder stolze Papa denken. Dennoch, bei Sophia war es anders, so wie ihr ganzes Leben in anderen Bahnen verlaufen sollte. Eigentlich hatte ich mir einen Jungen gewünscht. Aber wie sagt man? „Hauptsache gesund!"

Was sich auch als Irrtum herausstellte.

Meine Frau hatte schon in der Klinik kräftig mit Sophia zu tun. Karen stillte unseren neuen Familienzuwachs, aber selbst wenn Sophia satt und glücklich in den Armen ihrer Mama lag, quittierte sie es umgehend mit lautem Geschrei, wenn sie von der Brust genommen wurde. Selbst wenn sie schon müde die Augen geschlossen hatte, Sophia wachte sofort wieder auf, wenn Karen versuchte, sie von ihrer Brust zu lösen.

Sarah war mächtig stolz auf ihre kleine Schwester. Ständig wollte sie Sophia auf dem Arm tragen. „Jetzt bin ich nicht mehr alleine", sagte sie. „So eine hübsche Schwester habe ich gekriegt." Das wiederholte sie immer wieder voller Stolz.

Der Tag der Klinikentlassung war schnell da. Nun stand Sophia der erste Kontakt mit unseren beiden Berner Sennhunden „Jerry" und „Cindy" bevor. Die Tragetasche mit dem kostbaren Inhalt stellten wir gleich nach unserer Ankunft auf den Wohnzimmerboden. Und da kamen sie auch schon, diese riesigen, behaarten Vierbeiner und beschnupperten den neuen Hausbewohner. Während Jerry, der etwas behäbige Rüde, sich sofort wieder seiner Lieblingsbeschäftigung, dem Schlafen, zuwandte, ging in unserer Hündin Cindy eine totale Veränderung vor: Wirklich „nervige" Mutterinstinkte waren geweckt. Sobald in den folgenden Tagen und Monaten Sophia nur den geringsten Muckser machte, stand Cindy sofort auf, guckte besorgt und lief ständig hin und her. Nun wissen wir ja alle, wie oft ein Baby schreit und quengelt. Zusätzlich hatte man nun also auch noch diesen nicht gerade kleinen Hund zwischen den Füßen. Wir hofften inständig, dass sich das „Bemuttern" irgendwann legen würde. Nichts da, Cindy blieb dran!

Sophia entwickelte sich in den ersten Monaten zu einem, gelinde gesagt, „durchsetzungsfähigen Charakter". Ein kleines Beispiel von vielen: Um fit zu bleiben, besuchte Karen regelmäßig ein Gymnastikstudio. Während die Frauen trainierten, passte Mima, die Mutter der Besitzerin, auf die Kinder auf. Wobei es im Allgemeinen keine Probleme gab. Das galt nicht für Sophia. Lautes Geschrei, sobald Karen sich entfernte. Auch mit allerlei Ablenkungsmanövern war bei Sophia nichts zu machen, Mama musste her, erst dann gab sie Ruhe. Manchmal war meine Frau verständlicherweise nicht bereit, ihr Training zu unterbrechen. Dann schrie Sophia unermüdlich bis zum Ende der Stunde, sie gab nicht auf.

Diese immense Willenskraft sollte auch für ihr weiteres Leben bezeichnend sein.

Als mir der Gedanke kam, Sophias Leben aufzuschreiben, habe ich mir geschworen, meine Gefühle ehrlich wiederzugeben, so wie sie waren. Und deshalb sage ich auch ganz offen, dass meine Beziehung zu Sophia enger war als die zu meiner ersten Tochter Sarah. Zum besseren Verständnis meiner engen Beziehung zu Sophia möchte ich ein kleines Beispiel nennen:

Wenn sie wieder mal tobte, war auch meine Frau oft ratlos. Mir jedoch gelang es meist mit allerlei Tricks und Kniffen, Sophia zu beruhigen. Gab es Probleme, so horchte ich in mich hinein und hatte dafür die Lösung. Weil ich wusste, was in ihr vorging – denn sie war wie ein Spiegel meiner selbst.

Karen und ich ergänzten uns als Elternteile ideal: Sarah war das „Mamakind", Sophia das „Papakind". Vielleicht ist das gar nicht so ungewöhnlich. Ich denke, dass es in vielen Familien so ist. Nur geben es wenige zu.

Die Katastrophe

Wir hatten zwei gesunde Kinder, viele Freunde, wir waren sehr, sehr glücklich miteinander. Doch nicht lange. Sophia war gerade neun Monate alt, als die Katastrophe über uns hereinbrach. Im Mai 1999 entdeckten wir einen roten Punkt unter Sophias linkem Nasenflügel. Unser Kinderarzt untersuchte Sophia und vermutete einen Insektenstich. Das beruhigte uns für kurze Zeit. Was sollte schon Schlimmes sein? Sophia war ein robustes Kind, sie entwickelte sich doch prächtig! In den nächsten Wochen jedoch wuchs der rote Punkt bedrohlich. Eigentlich wollten wir im Juni zu einer Hochzeit nach Norddeutschland fahren, wo Verwandte von mir leben, aber dieser mittlerweile etwa zwei Zentimeter große Fleck ließ uns keine Ruhe. Eine nicht greifbare Bedrohung lag in der Luft. Unser Kinderarzt war im Urlaub, seine Urlaubsvertretung schickte Karen mit Sophia in die Uni-Klinik Ulm. Nach stundenlangem Warten wurde der Fleck flüchtig von einem Professor begutachtet. „Das ist ein Blutschwamm", sagte er, „kein Grund zur Sorge, das geht von allein wieder weg."

Der Termin für die Hochzeit rückte näher, aber ich konnte das warnende Gefühl in meiner Seele nicht mehr abschütteln. Karen erzählte mir, wie sehr sie sich schon freue, alle meine Verwandten im Norden Deutschlands zu treffen. „Wir werden sehen", war meine Antwort. Ich hatte die innere Gewissheit, dass wir nicht reisen würden. Wir einigten uns darauf, vorher doch noch einen Termin bei unserem Kinderarzt zu machen, dessen Urlaub mittlerweile beendet war. Wir sahen es seinen Augen an, dass ihm das Gewächs Sorgen machte. Er überwies uns an die Uni-Klinik München. Der dortige wirklich kompetente Arzt erkannte auf den ersten Blick, dass die Ulmer Diagnose falsch war. Er schwieg sich jedoch über seine Schlussfolgerung aus. Er wollte weitere Untersuchungen abwarten.

Ein zweitägiger Aufenthalt in der Klinik folgte. Meine Frau blieb bei Sophia. Als die beiden wieder nach Hause kamen, regnete es in Strömen. Ein düsterer Tag, wie eine Vorschau auf das, was uns noch erwartete.

Bis zur Diagnose verging eine Woche. Ich war unten im Keller, werkelte in meinem kleinen Büro am Computer herum, als ich oben das Telefon klingeln hörte. Kurz darauf kam Karen herein, völlig fassungslos, mit Tränen in den Augen. „Leukämie", sagte sie. „Sophia hat Leukämie."

Ich stand auf und nahm meine Frau in den Arm. In dieser Sekunde war ich unfähig, auch nur einen Gedanken zu fassen. Der erste, der mir durch den Kopf ging, war: „Tod. Sophia muss sterben."

Wie viele hatten auch wir irgendwo mal in der Zeitung oder im Fernsehen irgendetwas über Leukämie und Krebs mitgekriegt, aber das betraf ja immer andere, hatte nichts mit uns zu tun. Und nun plötzlich doch. Wie ein böser Schatten verdunkelte diese Krankheit den Raum. Karen ging sofort wieder rauf, ich folgte ihr. Sie schlug im Haushaltsmedizinbuch den Begriff „Leukämie" nach, um sich zu vergewissern. Es war wirklich das, was wir dachten: Blutkrebs.

Karen erzählte mir den Rest des Telefongesprächs, soweit dies in diesem Augenblick, wo alles stillzustehen schien, überhaupt möglich war. „Wir müssen morgen nach München in die Uni-Klinik, um alle weiteren Schritte zu besprechen. Sophia muss auf die Kinderkrebsstation." Mein Gehirn reagierte auf eine seltsame Weise. Ich war mir sicher: Morgen stellt sich alles als Irrtum heraus und wir können wieder nach Hause. Nicht unser Kind, das konnte und durfte nicht sein!

Im Halbtrancezustand riefen wir meine Schwiegermutter an, die dann auch sofort zu uns kam. Sarah wurde gleich bei ihr einquartiert. Roger – damals noch ein Bekannter, heute mein bester Freund – sagte zu, sich um die Hunde zu kümmern.

Wir weinten und versuchten uns vorzustellen, was auf Sophia zukommen würde. Alles, was uns damals durch den Kopf ging, ließ uns nur einen Bruchteil von dem ahnen, was uns wirklich erwarten sollte. Mir fiel ein, was ich aus Erzählungen wusste. Vor Jahren – ich war sechs oder sieben – hatte eine Schwester meines verstorbenen Vaters in Norddeutschland auch ein Kind durch Krebs verloren. Meine Cousine Beate wurde nur 18 Jahre alt. Sie wurde etliche Male operiert und medikamentös behandelt. Vergeblich. Die Schmerzen zum Ende hin müssen extrem gewesen sein. Drohte Sophia das gleiche Schicksal? Nein, nein, nein, das war ja fast zwei Jahrzehnte her, die Medizin war doch heute so viel weiter! In den Medien wurde ja auch immer über die großen Überlebenschancen bei Leukämie berichtet. Das war doch keine Krankheit mehr, an der man sterben musste, oder?

Wir sollten die Wahrheit kennen lernen.

Karen und ich legten Sophia in ihr in fröhlichen Janosch-Farben gestrichenes Bettchen, zum letzten Mal für eine lange Zeit. Mit rotgeweinten Augen versuchten wir, Schlaf zu finden. Und ausgerechnet da sagte Sophia ihr erstes richtiges Wort: „Mamamam". Es klang fast wie ein Wimmern, immer wieder: „Mamamam, mamamam".

Irgendwann fielen wir in einen Dämmerzustand. Das Aufstehen am nächsten Morgen glich einer Tortur. Ich versuchte, die Augen aufzumachen, aber meine Lider waren durch das Weinen verklebt. Als ich sie endlich geöffnet hatte, brannten meine Augen so, dass ich mich nur blinzelnd ins Bad vorwärts tasten konnte. Mein Blick traf den Spiegel. Tiefrote Augäpfel, ein paar Äderchen waren geplatzt. Meine Seele hatte selbst im Schlaf weitergeweint, anders kann ich es mir nicht erklären. Karen stand mittlerweile auch in der Badezimmertür, ihr Anblick erschreckte mich noch mehr als meiner. Leichenblass und die Augen im gleichen Zustand. Die einzige, die trotz des ganzen Chaos lächelte, war Sophia.

Die Bahnfahrkarten waren schnell gekauft. Mit Sophia im Kinderwagen standen wir auf dem Bahnsteig. Dass wir von den anderen Wartenden gemustert wurden, war bei unserem Aussehen kein Wunder. Während wir da standen und auf den Zug nach München warteten, beherrschte mich nur noch Angst, pure, nackte Angst. Im Zugabteil saß Karen mir gegenüber, der Kinderwagen zwischen uns. Unsere Blicke trafen immer wieder das lächelnde Gesicht von Sophia. Doch ihr Lächeln saß schief – durch das Gewächs am linken Nasenflügel. Innerhalb von nur zwei Tagen hatte es sich so vergrößert, dass die Nase nach rechts weggedrückt wurde. Ich fühlte eine immense Liebe in der einen Seite meiner Seele, im anderen Teil herrschte Panik vor dem Ungewissen. Die siebzigminütige Zugfahrt dehnte sich und wollte kein Ende nehmen.

Im Münchner Hauptbahnhof hoben wir den Kinderwagen aus dem Zug und machten uns auf den Weg zum Haunerschen Kinderspital in der Uni-Klinik. Dort begann für Sophia, Karen und mich eine Tortur, die all unsere Vorstellung sprengte.

Die Kinderkrebsstation war im Moment unserer Ankunft überfüllt. Kurzerhand mussten wir uns in der chirurgischen Abteilung einfinden.

Gleich am ersten Tag folgte Untersuchung auf Untersuchung. Dabei wurde Sophia ununterbrochen mit Nadeln gepiesackt. Sie schrie aus Leibeskräften, völlig zu Recht. Ich will hier nur eine Begebenheit von vielen erzählen.

Eine junge Ärztin suchte lange vergeblich nach sichtbaren Adern. Als endlich eine gefunden war und die Nadel eindrang, kam kein Blut. Durch die Krampfung beim Schreien wurde es zurückgehalten. Da kam die Ärztin auf die Idee, es am Kopf zu probieren. Was dies für uns bedeutet hat, kann man sich vorstellen: Weit weg von Zuhause, herausgerissen aus dem normalen Leben.

Das Liebste wird unzählige Male gestochen! Sophia schreit wie am Spieß vor Angst und Schmerz! Wir Eltern wissen immer noch nicht, was passieren wird. Und dann soll die Nadel auch noch am Kopf angesetzt werden. Ich war kurz davor, der Ärztin an den Hals zu gehen, Sophia zu schnappen, meine Frau an die Hand zu nehmen und durch Flucht diesen Alptraum hinter uns zu lassen. Meine Nerven lagen total blank.

Irgendwann waren die Untersuchungen zu Ende. Nun saßen wir wieder auf den orangefarbenen Plastikstühlen im Gang der Kinderkrebsstation Intern 3, völlig verloren. Ich beobachtete die vorbeilaufenden Kinder. Kahle Schädel, bleiche Gesichter. Ständer mit Infusionsflaschen im Schlepptau. Hinter einer Zimmertür schrie ein Kind aus Leibeskräften. Hier konnten, wollten wir nicht bleiben! Wie an einen Lichtschein in der Dunkelheit dieses schrecklichen Tages klammerte ich mich an die Hoffnung, dass sich die Diagnose als Irrtum erweisen würde.

Nach einer unendlich langen Wartezeit wurden wir schließlich in das Ärztezimmer gebeten, vor uns saßen ein Psychologe und zwei Ärzte, die all unsere Hoffnungen zerstörten. „Es sieht nicht gut aus für Ihre Tochter, der Leukämieverdacht hat sich bestätigt. Schon durch ihr geringes Alter hat Sophia schlechte Chancen, erfolgreich therapiert zu werden. Sie muss mit einer Chemotherapie behandelt werden. Dieses Chemotherapieprotokoll ist ganz neu, und wir hoffen, damit einen Erfolg zu erzielen. Aber wie gesagt, die Chancen stehen äußerst schlecht."

Meine Frau weinte bereits, auch Sophia begann zu weinen, angesteckt durch Karen. Meine beiden so zu sehen war so schrecklich für mich, dass ich es nicht beschreiben kann. Ich weinte nicht. Weil ich gar nichts verstanden hatte, und auch nichts verstehen wollte. „Was heißt das nun", fragte ich, „muss Sophia sterben?" – „Ja", lautete die Antwort, „aller Wahrscheinlichkeit nach, ja." Nun brachen in mir alle Dämme. Ich weinte und zitterte wie ich noch nie in meinem Leben. Dunkelheit, die von ganz unten zu kommen schien, schoss in meinem Inneren hoch. Karen und Sophia fest an mich gedrückt, saßen wir da, mit dieser nun ausgesprochenen Möglichkeit. Stand der Tod tatsächlich bei uns vor der Tür?

Irgendwann waren wir draußen auf dem Gang, unser Anblick muss noch mitleiderregender gewesen sein als der von den Patienten. Wir bekamen ein Krankenzimmer zugewiesen. „Dein neues Zuhause für Wochen?" Nicht fassbar. „Vielleicht kann Sophia doch schneller nach Hause?" Meine Gedanken waren an Naivität nicht zu überbieten. Trotz meines Schockzustands schaute ich mir sogleich das schriftliche Chemotherapieprotokoll durch: Wir mussten mit fast einem ganzen Jahr Intensivchemoblöcken rechnen. Das nahm mir einen großen Teil meiner Illusionen über ein baldiges Ende dieses Alptraumes. Für morgen war schon die Operation zum Einsetzen des Hickman-Katheters angesetzt: ein Schlauch, der am Herzen endet und über den sämtliche Medikamentengaben und Blutentnahmen erfolgen.

Am Abend stellte sich nun die Frage, wo ich die Nacht verbringen sollte. Im Krankenhaus war nur eine Begleitperson gestattet; Karen würde bei Sophia bleiben, weil sie noch gestillt wurde. Mit einem Ohr hörte ich von einer Übernachtungsmöglichkeit einer kirchlichen Organisation auf der gegenüberliegenden Straßenseite. Als die Besuchszeit endete, ging ich dorthin. Ich fiel aufs Bett und schlief sofort ein, obwohl ich kurz vorher noch sicher war, nichts könnte mich dazu bringen, die Augen zuzumachen. In der Nacht wachte ich öfters auf, da in diesem Haus ein paar Menschen wohnten, die von Nachtruhe nicht viel hielten.

Zum Warten verdammt

Am nächsten Morgen war ich, gleich um acht Uhr, wieder in der Klinik. Karen starrte mir müde und leer entgegen. Sie sagte, Sophia habe fast die ganze Nacht geschrieen und sei nur durch Stillen zu beruhigen gewesen. Heute war nun der Tag der Operation für den Hickman-Katheter. Sophia musste nüchtern bleiben, bekam nichts zu trinken, nichts zu essen. Sophia schrie, sie weinte vor Hunger. Erst um die Mittagszeit bekam sie dann ihr Schlafmittel und wurde mit dem Bett weggebracht. Hilflos liefen wir neben ihr mit, vor dem Operationssaal war der Weg für uns zu Ende.

Wir waren wieder zum Warten verdammt.

Auf dem Klinikgang erzählte mir ein Vater, der schon länger mit seinem krebskranken Sohn hier war, etwas über den Krankenhausalltag. Er gab mir einen kleinen Überblick für die nächste Zeit.

Sein Sohn starb später während Sophias Chemoblöcken.

Nach endlosen anderthalb Stunden bekamen wir unsere immer noch schlafende Sophia zurück. Das Aufwachen ging schnell, zwei Stunden später durfte sie endlich gestillt werden. Es war so seltsam und befremdlich, diesen Schlauch aus ihr herausragen zu sehen, ein Fremdpartikel, das dort eigentlich nicht hingehörte. Ich dachte damals, dass ich mich nie an diesen Anblick gewöhnen würde. Doch der Katheter wurde zur Gewohnheit, oft nahm ich ihn gar nicht mehr wahr.

Am darauf folgenden Tag sollte die Chemotherapie beginnen. Die ganze Nacht lag ich in meinem Bett und flehte innerlich: „Nicht sterben, Sophia, nicht sterben! Halte die Therapie durch! Wir sind bei dir! Halte durch, nicht sterben, bitte! Nicht du, meine Mausi! Ich habe dich so lieb." Der Verstand war einfach nicht bereit, die Geschehnisse aufzunehmen. Es war, als liefe ein Film ab. Man spielte mit, aber das war doch nicht echt. Die

Realität wurde unreal. Obwohl ich sehr müde war, riss der Geräuschpegel in diesem unruhigen Haus mich immer wieder aus dem Schlaf.

Am nächsten Morgen sah ich mit großer Sorge, wie schlecht Karen aussah: müde Augen, tiefe Ränder darunter. Sophia hatte wieder fast die ganze Nacht geschrieen, lange würde meine Frau das nicht mehr durchhalten.

Am Vormittag sollte die erste Blutentnahme durch den Katheter stattfinden. Vorher musste sein Sitz in der Röntgenabteilung überprüft werden. Die Schwester dort war unfreundlich, geradezu bissig. „Legen Sie das Kind da hin, und sorgen Sie dafür, dass es still liegt! Ansonsten müssen wir es ruhig stellen." Sophia schrie natürlich wie am Spieß, und die Dame machte es durch ihre hektische und unwirsche Art nur noch schlimmer. Da war das Maß für mich voll. Ich wurde laut und vergaß den normalen Umgangston. „Unsere Tochter hat in den letzten Stunden genug mitmachen müssen, und wenn Sie nicht augenblicklich aufhören, sie wie ein Stück Fleisch zu behandeln, raste ich aus! Dann lernen Sie mich kennen!" Sie schaute mich an, sah die Wut in meinem Blick und wurde plötzlich freundlich. Nachdem die Spannung gewichen war, beruhigte sich auch Sophia ein wenig, und die Röntgenaufnahme konnte gemacht werden.

Die Chemotherapie begann. Tag um Tag zog an uns vorbei. Stark in Erinnerung sind mir die stundenlangen Spaziergänge auf dem Klinikgang. Sophia schlief oft nur ein, wenn sie im Kinderwagen geschoben wurde. Eigentlich nichts Besonderes. Doch für uns war nichts mehr normal. Schon das Hineinlegen gestaltete sich als äußerst schwierig, da Sophia ja mit den Katheterschläuchen verbunden war. Sie waren immer verdreht, weil sie sich darin verhedderte, sobald sie sich umdrehte oder wenn sie im Bett herumrobbte. Also war ich zunächst damit beschäftigt, die Kabel wieder zu entwirren. Danach ging der Kampf mit dem Infusomatenständer los. Hatte ich alles soweit in Position gebracht, konnte Sophia endlich in den Kinderwagen. Eine Hand am Wagen, die andere am Ständer begann das Auf und Ab auf dem Klinikgang. Sophia tolerierte nicht den kürzesten Stopp. Auch wenn sie eingeschlafen war und ich wirklich sehr vorsichtig anhielt, merkte sie es sofort, und das Geschrei fing wieder an. Auf und ab. Ab und auf. Stundenlang.

Bald konnte ich nachempfinden, wie sich ein Gefängnisinsasse bei Freigang im Hof fühlen musste. Mit dem Unterschied, dass Gefangene wenigstens draußen an der frischen Luft laufen dürfen. Diesen Luxus hatten wir nicht. Die Freiheit draußen zu genießen, war durch die Chemotherapie und die damit verbundene Abwehrschwäche nicht möglich. Während dieser Tage, als immer wieder Flaschen mit giftigen Substanzen, langsam, Tropfen für Tropfen, durch den Katheter in Sophias Körper liefen und dort gute wie schlechte Zellen zerstörten, lag die Welt draußen auf einem anderen Planeten – Lichtjahre entfernt.

Beim Stillen ließ Sophia ihre Wut immer mehr an Karen aus. Das heißt: Sie biss richtig fest zu. Wir konnten uns dieses massive Aggressionsverhalten nicht erklären. Erst viel später erfuhren wir, dass regelmäßig verabreichtes Cortison bei manchen Kindern Wesensveränderungen bewirkt. Die Schmerzen durch die Bisse waren schlimm, das sah ich Karen an. Aber wie sollte ich ihr helfen? Stillen ist ja nun nicht gerade eine Männerdomäne. Mehr als die Spaziergänge mit Sophia auf dem Gang konnte ich nicht beisteuern, um Karen eine Pause zu verschaffen.

Durch das Cortison schwemmte Sophias Körper schrecklich auf, sie wurde kugelrund. Aber es ließ auch den Tumor an ihrer Nase sehr schnell schrumpfen. Nach fünf Tagen war er fast völlig verschwunden. Die Freude und Hoffnung wuchs mit jeder erkennbaren Besserung, trotz des aufgeschwemmten Körpers. War alles doch nur ein böser Alptraum gewesen? Würden wir vielleicht doch vorzeitig nach Hause können? Im Nachhinein kommen mir diese Gedankengänge ziemlich idiotisch vor, aber damals erfasste uns Euphorie. Wir waren noch viel zu unwissend in Bezug auf den Verlauf der Krankheit und was die Wirkungsweise der Medikamente anging.

Einer unserer Lieblingsärzte, der wahrscheinlich bemerkt hatte, wie glücklich wir waren, holte uns zurück auf den Boden der Tatsachen. Der Rückgang des Tumors sei zwar erfreulich, habe aber nichts mit der eigentlichen Erkrankung, der Leukämie, zu tun, erklärte er uns. Ob eine Vollremission – keine nachweisbaren Leukämiezellen mehr im Körper – erreicht sei, lasse sich erst in ein paar Wochen feststellen.

Warten, warten, warten. Warten auf weiteres Leben? Darauf hoffen? Es herbeizwingen? Das einzige Wort, das mir dazu einfällt, ist: grausam.

Während Sophia mit Medikamenten vollgepumpt wurde und durch die Hölle ging, konnten wir nichts anderes für sie tun, als bei ihr zu bleiben und zu versuchen, sie zu stärken.

Das Leben in Memmingen ging ja auch weiter. Unsere große Tochter Sarah war gut bei meinen Schwiegereltern untergebracht. Ich hoffte, dass sich die Belastung, die Sarah tragen musste, durch die liebevolle Betreuung von Oma und Opa in Grenzen halten würde. Jerry und Cindy kamen in eine Hundepension, die Roger gefunden hatte. Ich wollte unbedingt bei Karen und Sophia in München bleiben.

Um dies mit meinem Arbeitgeber zu klären, fuhr ich nach Hause. Die Filiale, in der ich beschäftigt bin, liegt ca. 25 Kilometer vom Stammsitz der Firma in Memmingen entfernt. Als ich zum Gesprächstermin bei meinem Chef in Memmingen erschien, ihm unsere Situation schilderte und ihn um vier Wochen unbezahlten Urlaub bat, sah ich schon an seinem Mienenspiel, dass er nicht damit einverstanden war. Zu wenig Personal, kein Ersatzmann für mich, waren seine Argumente. Im Übrigen sei meine große Tochter ja gut versorgt, und in der Klinik müsse ich ja nicht unbedingt dabei sein. Seit fünfzehn Jahren arbeitete ich in dieser Firma, und nun das! Ich war wütend und dachte laut über meine Bereitschaft zur Kündigung nach. Schließlich ging ich doch mit der Bewilligung für unbezahlten Urlaub hinaus. Das war geklärt, ich konnte zurück nach München.

Ich glaube, es war am neunten oder zehnten Tag der Therapie, als ich am Morgen aus meiner Unterkunft kam, Karen sah und wusste, dass es so unter keinen Umständen weitergehen konnte. Meine Frau war durch den dauernden Schlafmangel am Ende. Sie reagierte kaum noch, wenn man sie ansprach. Bei der Visite fragte ich den Dienst habenden Arzt, ob meine Frau nachts irgendwo anders zu Kräften kommen könne. „Natürlich", lautete die Antwort, „es gibt spezielle Elternwohnungen! Haben Sie das nicht gewusst?"

Ich war total perplex: Nein, das hatte ich nicht gewusst, kein Mensch hatte uns diese Information gegeben! Gleichzeitig meldete sich das schlechte Gewissen. Konnten wir Sophia über Nacht alleine lassen? Würde das ohne Stillen gut gehen? Die Schwestern auf der Station halfen uns bei der Entscheidung. Sie informierten uns darüber, dass die Elternwohnungen über Telefon verfügen. Wenn Sophia sich absolut nicht mehr beruhigen ließe, würden sie uns sofort anrufen.

Die erste Nacht, die Sophia alleine im Krankenhaus verbringen sollte, stand bevor. Karen und meine Blicke trafen sich, als sie eingeschlafen war, wir fühlten uns beide sehr schlecht. Auf Zehenspitzen gingen wir aus dem Zimmer, vor dem Krankenhaus beschleunigten wir unsere Schritte, um schnell in die Wohnung und zum Telefon zu kommen. Die Schwestern würden anrufen, ganz bestimmt. Sophia schreit bestimmt schon, dieser Gedanke ließ uns fast schon rennen. Als wir ankamen, wären wir trotz der Erschöpfung am liebsten gleich wieder zurückgelaufen. Wir bezogen unsere Betten, legten uns hin, wollten schlafen, aber es dauerte doch noch Stunden, bis unser Warten auf einen Anruf von der Müdigkeit besiegt wurde.

Am Morgen, als der Wecker klingelte, waren die Sorgen um Sophia sofort wieder da. Schnelles Anziehen, hektisches Verlassen der Wohnung, im Eilschritt zur Klinik. Auf der Station war der erste Weg gleich in Sophias Zimmer. Ich schaute hinein: Sie war nicht da! Sofort liefen wir ins Schwesternzimmer. Wir fassten es nicht: Dort lag sie friedlich in ihrem Kinderwagen, den Infusomatenständer daneben, umringt von den Stationsschwestern. Sie berichteten uns, Sophia habe in der Nacht sehr viel geschrieen, die Nachtschwester sei schon fast am Telefon gewesen, um uns anzurufen. Doch weil meine Frau dringend Schlaf brauchte, habe sie davon abgesehen und Sophia im Kinderwagen mit ins Schwesternzimmer genommen. Und siehe da: Sie war zufrieden! Die restliche Nacht verlief ohne große Probleme.

Als wir Sophia wieder in ihr Bett gebracht hatten, waren wir über unsere Entscheidung, in der Elternwohnung zu übernachten, sehr froh. Bereits nach einer Nacht Schlaf ohne Störung hatten wir wieder Kraft geschöpft. Sophia schien uns nicht böse zu sein, sie lachte uns an, und dieses wunderschöne Wort kam wieder über ihre Lippen: „Mamamam."

Das süße Gesicht meiner Tochter hatte keine Konturen mehr, aber wenn sie lachte, erschien es mir wie ein wunderschöner Sonnenaufgang. So viel Licht. So viel Wärme. So viel Liebe. Dann erinnerte nichts an die dunkle Seite in ihr: die durch Cortison bewirkten Aggressionen. Sophia war ja gerade mal ein Dreivierteljahr alt! Eigentlich sollte sie sich in irgendeiner Krabbelgruppe die Hosen durchrutschen. Stattdessen saß sie in einem Gitterbett, ihr ganzer Körper aufgebläht. Auch jetzt, beim Schreiben, laufen mir die Tränen übers Gesicht, so tief ist dieses Bild in mein Herz gebrannt.

Auf der Station war Sophia das jüngste Kind, irgendein altersgerechter Kontakt war nicht möglich. Weil sie so klein war, belastete sie vieles – zum Beispiel der Haarausfall – nicht so wie ältere Kinder. Doch tief in ihrer entstanden Wunden, die äußerlich nicht sichtbar waren. Oft kuschelte sie sich in meinen Arm und schlief ein. Während Sophia in meinem Arm lag, die Augen geschlossen, weinte ich oft leise die Wut und den Schmerz über ihr Schicksal heraus. Trotz und Kampfeswille erwuchsen daraus, nichts würde Sophia besiegen. Ihre Stärke war mächtiger als der Krebs. „Diesen Kampf verliert das mächtige Monster Leukämie." Sicherheit darüber beherrschte meine Gedanken: Wir als Familie, als Einheit, als Bollwerk. Unbesiegbar und unzerstörbar. Der Krebs konnte nur verlieren.

Vanille- und Schokobrei

Durch das Cortison änderte sich auch Sophias Essverhalten drastisch. Sie entwickelte einen Heißhunger auf Schokoladen- oder Vanillebrei. Wehe, sie bekam nicht schnell genug etwas davon! Dann saß sie mit geballten Fäusten in ihrem Kinderstuhl, lief rot an und rastete total aus. Weder gutes Zureden noch Strenge halfen. Erst wenn der Brei vor ihr auf dem Tisch stand, war sie zufrieden und der Zorn vorbei, als wäre ein Schalter umgelegt worden. Diese Szene spielte sich acht- bis neunmal am Tag ab. Oft versuchten wir, Sophias Speiseplan ein wenig in „gesunde" Bahnen zu lenken. Nichts da, Sophia wollte. Sophia setzte durch.

An manchen Tagen wurde ich das Gefühl nicht los, gar nicht mehr mein Kind vor mir zu haben, so aggressiv war sie. In der nächsten Sekunde keine Spur mehr davon. Mit einer betroffenen Mutter von der Station kam ich ins Gespräch über die Cortisonbehandlung, und auch sie erzählte, dass sich das Verhalten ihres Sohnes dadurch verändert habe. Im normalen Leben ein liebenswerter Junge, schrie er seine Mutter nun nur noch an und spie ihr die schlimmsten Schimpfwörter entgegen.

Auch Sophias körperliche Entwicklung verzögerte sich durch die Therapie. Vor der Behandlung war sie damit beschäftigt gewesen, sich überall hochzuziehen, um auf die Beine zu kommen. Jetzt lag sie nur noch, rutschte mal ein Stück auf dem Bauch oder Rücken, aber sich hochziehen, das versuchte sie nicht mehr.

Das Medikament MTX hat besonders verheerende Nebenwirkungen: unter anderen die Auflösung der Schleimhäute, auch im Darm. Das war mit sehr starken Schmerzen verbunden. Als Karen einmal Sophias Windel wechselte, war eine längliche Haut dabei: Es löste sich also die Innenwand des Darms. Beim Wickeln zog immer ein fürchterlicher Geruch durch den Raum. Wegen der giftigen Ausscheidungen sollten wir unbedingt Gummihandschuhe tragen, wenn wir Sophias Windeln wechselten. Das eigene Kind mit Gummihandschuhen anfassen? Nein, das taten wir nie!

Die ersten vier Wochen waren angefüllt: tägliche Blutentnahmen, Ultraschalluntersuchungen und Medikamentengaben. Man gewöhnte sich an die Klinik, man freundete sich mit anderen Eltern an. Der ständige Druck, der Schmerz wurde Alltag. Tod? Nicht mehr präsent, verdrängt. Der Kampf um das Leben führte nur in ein Ziel, die Heilung.

Eines Tages saß ich am vergitterten Fenster in Sophias Krankenzimmer, schaute nach draußen, wo die Sonne schien. Mein Blick fiel auf ein jungverliebtes Pärchen, engumschlungen, lachend. Uns trennten vielleicht fünfzig Meter, und doch lagen Welten zwischen uns. Das Pärchen stand in der hellen Sonne; wir waren im Schatten. Heftig traf mich das Gefühl von Neid. Sich so unbekümmert zu bewegen und zu fühlen, das war für uns vorbei. Das Paar lief lachend weiter, Hand in Hand, und wir blieben in unserem Gefängnis zurück. Unbekümmertheit ist eine Gnade – wir hatten sie verloren.

Endlich – nach Hause?

Der erste Heimaturlaub rückte näher, die letzten Tage wollten kein Ende nehmen. Vor dem ersehnten Tag wurden uns noch etliche Verhaltensregeln mitgeteilt. Es sei sehr wichtig, Menschenansammlungen und größere Kindergruppen zu meiden. Wer Sophia besuchen wolle, müsse zuerst gefragt werden, ob er eine Erkältung oder Ähnliches mit sich herumtrug. Die Chemotherapie hatte das Immunsystem zerstört. Darum konnte für Sophia jeder noch so kleine Schnupfen gefährlich werden. Auch Katzen und Vögel, falls vorhanden, sollten weg. Von unseren Hunden mussten wir uns laut Auskunft der Ärzte nicht trennen, glücklicherweise. Ganz wichtig: das Fiebermessen mehrmals am Tag. Sollte die Temperatur zweimal auf 38 oder einmal über 38,5 Grad steigen, dann sofort zurück in die Klinik: fünf Tage Antibiotika unter stationärer ärztlicher Aufsicht.

„Na ja, das wird schon nicht passieren", dachte ich naiv. „Diese eine Woche Therapiepause wird uns ja wohl vergönnt sein."

Am Morgen der Entlassung, gleich nach der Visite, standen wir ungeduldig vorm Arztzimmer. Jetzt konnte es nicht schnell genug gehen. Der große Moment war da, der Infusionsautomat abgekoppelt. Sophia war frei. Als wir im Taxi saßen und in Richtung Memmingen fuhren, konnten wir unser Glück nicht fassen. Doch als wir unser Haus betraten, fühlten wir uns plötzlich unsicher ohne die Schläuche und ohne den Klinikgeruch. Sophias Ärzte waren nun 110 Kilometer weit weg. Hoffentlich würden wir, auf uns allein gestellt, alles richtig machen.

Karen setzte sich als erstes auf die Bank vorm Kachelofen und weinte. Es waren Freudentränen. Trotz der zwiespältigen Gefühle war sie froh, einfach nur froh, endlich wieder zu Hause zu sein. Ich brachte Sophia nach oben, um sie für ein Mittagsschläfchen in ihr Bettchen zu legen. Sie fühlte sich anscheinend wohl, denn ihre Augen fielen gleich zu. Unten im Wohnzimmer saßen wir uns eine ganze Weile stumm gegenüber. Ich denke, wir brauchten beide eine gewisse Zeit, um auch innerlich wieder „heimzukommen".

Nachdem Sophia ausgeschlafen hatte, fuhren wir sofort los, um zuerst Sarah und danach die Hunde abzuholen. Es war so schön, wieder eine komplette Familie zu sein. Sarah strahlte übers ganze Gesicht, und die zwei Berner Jerry und Cindy hörten mit dem Schwanzwedeln gar nicht mehr auf. Alle rein ins Auto und ab in unseren geliebten Eisenburger Wald! Beim Aussteigen füllten wir erst mal gierig unsere Lungen mit dieser herrlichen frischen Luft. Balsam für Körper und Seele nach dem Großstadtgestank in München. Wir liefen mit Sophia im Kinderwagen unsere alten Wege entlang, für Passanten eine ganz „normale" Familie auf einem Waldspaziergang. Uns schien jeder einzelne Schritt einfach nur paradiesisch.

Am Abend, als Sarah und Sophia in ihren Betten lagen, saßen wir im Wohnzimmer und konnten es immer noch nicht glauben: Wir waren zu Hause, und eine ganze Woche Freiheit stand bevor! Am nächsten Morgen besuchten wir meine Schwiegereltern und meine Mutter, die Freude über das Wiedersehen war riesengroß. Nachmittags ging's wieder in den Wald. Auch diesen Spaziergang genossen wir aus vollen Zügen. Es ist schon seltsam, wie diese vermeintlich kleinen Dinge in so einer Lage eine riesige Bedeutung bekommen können.

Am nächsten Tag war der Traum von Freiheit ausgeträumt. Das zweite Fiebermessen ergab 38,0. Das bedeutete, wir mussten nach einer Stunde erneut messen. Würde diese verdammte Zahl wieder auf dem Thermometer auftauchen, musste Sophia zurück in die Klinik. Panik und Unglauben machten sich breit. Der Zeiger auf unserer Wohnzimmeruhr wollte die Stunde bis zum Nachmessen nicht vergehen lassen. Karen hatte keine Ruhe, die Stunde war noch nicht ganz um, als sie die Temperatur erneut kontrollierte: 38,3! Ich war schon am Telefon, um die

Klinik zu informieren. Dann rief ich das Taxi. Karen rannte nach oben, um die Reisetasche zu packen.

Sarah war verwirrt über diese plötzliche Hektik. Meine Älteste weinte, ich nahm sie in den Arm, um sie zu trösten. Aber so richtig wollte mir das nicht gelingen. Wie denn auch? Sarah hatte sich darauf eingestellt, nach vier langen Wochen der Trennung wenigstens für eine Woche wieder alle bei sich zu haben, und nun wurde die Familie schon am dritten Tag wieder auseinander gerissen.

Ich konnte nicht mit nach München. Am nächsten Tag musste ich wieder zur Arbeit, mein unbezahlter Urlaub war zu Ende und wir benötigten mein Gehalt. Karen war traurig, aber ich wusste, dass sie einen starken Charakter hat: Sie würde es auch ohne mich schaffen. Ich versprach ihr, am Wochenende in die Klinik zu kommen, bis Samstag waren es ja nur noch zwei Tage.

Das Taxi fuhr vor. Karen und Sophia stiegen ein. Sarah und ich blieben mit den Hunden zurück. Wir standen ziemlich verloren im Hauseingang. Als das Auto wegfuhr, weinten wir zusammen.

Nachdem ich Sarah zu meinen Schwiegereltern gebracht hatte, saß ich allein in unserem Wohnzimmer. Wut stieg in mir hoch. So viel Wut auf diese Krankheit, die uns zwang, getrennt voneinander zu leben und nichts mehr planen zu können. Wie sich wohl meine zwei Süßen in München fühlten? Ich griff zum Telefon und wählte die Nummer der Klinik. Als ich die Stimme meiner Frau hörte, ließ die Spannung ein wenig nach. Das Antibiotikum war angehängt, Sophia ging es gut. Sie brabbelte fröhlich im Hintergrund. Als wir unser Gespräch beendet hatten, ging es auch mir wieder besser.

An meinem ersten Arbeitstag quartierte ich Jerry und Cindy im Lager ein. Der Laden ist gleich angrenzend, nur getrennt durch eine Tür, so konnte ich immer nach den zweien schauen. Jerry war sichtlich froh darüber, in meiner Nähe zu sein. Die eigentlich lebhaftere Cindy wirkte lethargisch, auch beim Fressen hielt sie sich zurück. Ich wusste, was in ihr vorging. Wenn ich sie fragte „Wo ist Sophia?", schaute sie mich mit traurigen Augen an und dann mit verlassenem Blick zur Tür. Bei der Hündin spürte man deutlich, dass sie Sophia vermisste. Vielleicht spürte Cindy ja damals schon viel mehr von dem, was die Zukunft bringen würde.

Während der Arbeit fiel es mir schwer, mich auf meine Kunden zu konzentrieren. Wenn sie mich fragten, ob ich diese oder jene Fassade so oder anders streichen würde, fragte ich mich, wie es den beiden in München geht. Viele Stammkunden wussten über meine Lage Bescheid. Ob im Geschäft oder anderswo, die Menschen in unserem Umfeld teilten sich in solche, die wegschauten, und solche, die Anteil nahmen. Einer der Stammkunden schenkte mir ein Stofftier für Sophia mit einer Schokoladenkugel um den Hals. „Vielleicht freut sich deine Tochter ja darüber. Es ist nur eine Kleinigkeit, aber irgendetwas wollte ich tun." Es ist unglaublich, wie viel Wärme und Güte mit einem Stofftier über die Ladentheke wandert.

Auch der zweite Arbeitstag verging, danach brachte ich Cindy und Jerry in die Hundepension, wo sie übers Wochenende bleiben würden. Cindy wollte nicht aus dem Auto raus. Als das geschafft war, blickte sie mich auf dem Weg zum Zwinger mit so unendlich traurigen Augen an. Tränen rollten meine Wangen herab. Was sollte ich denn tun? Unsere Familie zersplitterte in lauter kleine Teile.

Eigentlich hatte Sarah das Wochenende mit mir in München verbringen wollen, doch als ich sie am Samstagmorgen abholen kam, hatte sie sich anders entschieden. „Ich bleibe lieber bei der Oma." Vielleicht wollte sie einfach nicht schon wieder eine Trennung nach zwei Tagen erleben und unbewusst ihr Innerstes schützen. Das hatte ich zu akzeptieren, dieser Selbstschutz war das einzig Richtige für sie. Sarah brauchte Konstanten in ihrem Leben. Wir konnten das für die nächste Zeit nicht mehr bieten. Oma und Opa boten ihr ein geregeltes Leben.

Auch Karen verstand es, aber die Enttäuschung darüber, dass Sarah nicht mitgekommen war, sah ich in ihren Augen. Sophia ging es weiterhin gut, die Antibiotika-Therapie schlug an, lief noch bis Sonntag. Sarah meldete sich per Telefon, das Strahlen in den Augen meiner Frau während des Anrufs, Balsam für die Seele. Ich hoffte, dass ich die beiden wenigstens noch für zwei Tage Pause mit nach Memmingen nehmen konnte, bevor der nächste Chemo-Block begann. Doch die Ärzte wollten gleich Montag damit loslegen.

Die Wochen vergingen, der dauernde Wechsel zwischen Arbeit und Klinik wurde Alltag, fast schon Gewohnheit. Und dann kam der wichtige Tag, an dem sich entschied, ob Sophia in Vollremission war. Wieder warteten wir. So groß die Anspannung, Krebszellen noch vorhanden? Ja oder Nein, es war kaum zu ertragen. Würde man uns wieder eine Hiobsbotschaft überbringen? Die Nachricht konnte nicht besser sein: momentan keine nachweisbaren Leukämiezellen in Sophias Körper! Jaaaaa!!!! Uns fiel ein Stein, ein Fels, ein ganzer Berg vom Herzen. Ich hätte tanzen können vor Freude. Den behandelnden Ärzten war ebenfalls die Freude ins Gesicht geschrieben. Wer der Doktoren hätte bei der finsteren Erstdiagnose dieses Ergebnis erwartet?

Die Chemotherapie ging weiter, alles lief planmäßig, bis der Hickman-Katheter zu streiken begann. Bei Blutentnahmen ging fast nichts mehr heraus und bei Medikamentengaben fast nichts mehr hinein. Im oberen Bereich war das Hauptlumen stark verdreht, weil Sophia sich ständig drehte. Von einer jungen Ärztin bekamen wir den „hilfreichen" Rat, dafür zu sorgen, dass unsere Tochter sich nicht so viel bewegt. Ich fragte sie daraufhin, ob sie selber Kinder hat, was sie verneinte. „War klar! Sonst würden Sie so was Sinnloses gar nicht vorschlagen."

Sollten wir Sophia etwa im Bett festbinden? Das Wenige an Bewegung, dieses bisschen Lebensqualität durch Fesseln einschränken? Verbal konnten wir uns nicht mit ihr auseinandersetzen. Dafür war Sophia zu klein. Sie verstand nicht, wenn man ihr sagte: „Bleib bitte liegen, rühr dich nicht, dreh dich nicht um!"

Das Problem lag eher am Hickman-Katheter selber. Er war für Patienten geschaffen, die älter als Sophia waren und wenigstens schon laufen konnten. Der Morgen, an dem nichts mehr rein- und rausging, kam. Der Arzt, der die Blutentnahme durchführte, wurde zunehmend unruhig. Er versuchte immer wieder, die Lumen mit Flüssigkeit gangbar zu machen. Der Arzt gab sein Bestes, ich weiß noch, dass der Schweiß auf seiner Stirn stand, aber er erreichte nichts. Was nun folgte, war klar: Ein neuer Hickman-Katheter musste eingesetzt werden. Sophia wurde wieder in Tiefschlaf versetzt und in den Operationssaal geschoben. Nach dem Eingriff war nun ein weiterer Schnitt, eine weitere Narbe dazugekommen. Die Therapie lief weiter, mit all ihren Qualen für Sophia.

Es näherte sich ein ganz besonderer Tag in Memmingen: der Fischertag. Männliche Bewohner, die in unserer Stadt geboren waren, durften sich mit einem Fischernetz bewaffnen, laut johlend durch die Straßen ziehen und anschließend in den Stadtbach hüpfen, um zu fischen. Mein Schwiegervater, mein Schwager und ich sprangen alljährlich im Juli kurz vor den Sommerferien mit hinein. Freitags nach der Arbeit sagte mein Schwager: „Michael, komm, mach mit! Ein bisschen Ablenkung und Freude tut dir gut." Karen empfahl mir am Telefon das Gleiche. Aber mir war nicht nach Ablenkung und Freude. Sophia war kurz vorher in einer Therapiepause wieder mit Fieber in die Klinik gekommen. Und da sollte ich lustig im Stadtbach fischen? Statt um acht Uhr in den Bach zu springen, kümmerte ich mich um Sarah und fuhr nach München.

So oft gab es die Enttäuschung: Endlich wieder Heimaturlaub, Sophia und Sarah waren zu Hause und ich fieberte dem Ende meines Arbeitstages entgegen. Prompt rief mich Karen in der Firma an: Die Temperatur sei wieder angestiegen, sie habe schon das Taxi bestellt. Der dauernde Druck durch dieses ständige Fieber, das immer wieder nach zwei bis drei Tagen auftrat, wenn Sophia zu Hause war, lastete schwer auf unserer ganzen Familie.

Trotz ihres zeitweiligen Entwicklungsstopps machte Sophia langsam Fortschritte. Ihre ersten unsicheren Schritte machte sie an der Hand meiner Frau, die gleichzeitig den Infusomatenständer nebenherschob. Ich kam gerade aus dem Zimmer, als die kleine Maus halb stolpernd, aber zielsicher ein Füßchen vor das andere setzend den Klinikgang zum ersten Mal auf ihren eigenen zwei Beinen erkundete. Es war so schön, Sophia laufen zu sehen. Nicht, dass sie sich gleich wieder auf den Hosenboden plumpsen ließ, nein, sie hielt tapfer durch, richtig lange! Andere Kinder machten ihre ersten Schritte vielleicht auf dem Rasen, bei frischer Luft und Sonnenschein. Sophia auf dem Linoleumboden, inmitten von abgestellten Infusomaten und nicht benötigten Klinikbetten. All das Leid, all die Schmerzen hielten sie nicht davon ab, ihre ersten Schritte ins Leben zu tun. „Diese Kämpferin kann nichts besiegen“, waren meine Gedanken, als sie Schritt für Schritt, mit konzentriertem Gesicht auf mich zukam.

Ferdinand – du schaffst es!

Die anderen Kinder auf der Station waren älter als Sophia, daher fehlten ihr die Kontakte zu Gleichaltrigen. Das änderte sich mit der Ankunft von Ferdinand, er war zwei Monate jünger als Sophia, hatte das gleiche Schicksal, dieselbe Erkrankung. Karen und Ferdinands Mama verstanden sich recht gut und wechselten sich beim Aufpassen auf die Kinder ab. Die Therapie verlief vom Protokoll her ähnlich wie bei Sophia, die nun endlich nicht mehr das jüngste Kind auf der Station war.

Meine Erinnerungen an diesen Jungen sind sehr intensiv. Ich sehe ihn immer noch vor mir, wie er in seinem Kinderwagen liegt und mich anschaut mit seinen unglaublich großen, rehbraunen Augen, die sehr erwachsen, gleichzeitig traurig wirkten. Dieser hübsche Kerl musste es einfach schaffen! Der Tod konnte und durfte ihn nicht holen, nein, das würde ihm niemals gelingen! Doch Ferdinands Kraft reichte nicht aus, die Leukämie war stärker. Er starb ein paar Wochen später. Seine Mama brachte ihn für seine letzte Zeit nach Hause. In seiner vertrauten Umgebung schloss er seine wunderschönen Augen für immer.

Als Karen mir sagte, Ferdinand habe es nicht geschafft, wollte ich nichts hören. Mein Innerstes zumauern, vergeblich. Die Tränen liefen aus Wut und Verzweiflung. Aus diesen Tränen entstand in der nächsten Minute Trotzigkeit gegenüber der Krankheit. „Ferdinand hat es nicht geschafft, aber Sophia kriegst du nicht, du Monster", meine Gedanken gaben dem Gegner Leukämie fast körperliche Form. Sophias zäher Wille würden den Krebs in die Knie zwingen, ganz bestimmt. Der Tod wurde auf der Station nicht erwähnt. Wenn ein Kind starb, bemühte man sich, dass andere Patienten und Eltern nichts davon mitbekamen. Doch man spürte es an der niedergedrückten Stimmung. Die Schwestern und Ärzte versuchten, sich nichts anmerken zu lassen, aber das gelang ihnen so gut wie nie. Die Reaktionen gerade in diesen Fällen trennten das Personal in diejenigen, die nicht nur mit ihrem Wissen und Können, sondern auch mit ihrem Herzen dabei waren, und diejenigen, die nur vordergründig einen medizinischen Verlust empfanden.

Sophia kämpfte sich weiter durch die Therapie, sie verlief entgegen der Erstdiagnose sehr, sehr gut. Dennoch wurde damit begonnen, für eine eventuell anstehende Knochenmarktransplantation einen passenden Spender in der Familie zu suchen.

Karen und mir wurde Blut abgenommen und Sarah natürlich auch.

Die Blutentnahme bei Sarah fand in Memmingen bei unserem Kinderarzt statt. Er war wirklich eine Seele von Mensch. Er erklärte Sarah ganz genau, was nun folgen würde, entschuldigte sich mehrmals dafür, dass er sie nun stechen müsse. Sarah wurde sichtlich nervöser. Kurz bevor die Nadel in die Haut stach, fing meine große Maus haltlos zu weinen an. Sie hatte mein vollstes Verständnis. Die Unfähigkeit, etwas daran zu ändern, dass man ihr Schmerzen zufügte, konnte einen fast in den Wahnsinn treiben. Das Blut war entnommen, ich trocknete die Tränen meiner Großen, die schon genug darunter leiden musste, dass die ganze Aufmerksamkeit ihrer Eltern der kleinen Schwester galt.

Das Ergebnis bekamen wir ein paar Tage später in München, die Enttäuschung darüber war groß. Der einzige, der einigermaßen – zu ca. 80 Prozent – passte, war ich. Aber 80 Prozent sind nun mal nicht 100 Prozent. Das hieß für Sophia: kein passender Spender in der Familie! Sollte nun die Notwendigkeit der Transplantation eintreten, mussten wir darauf hoffen, einen Fremdspender in den Knochenmarksdatenbanken zu finden.

Wenigstens raus aus dem Bett

Der einzige Raum, in dem Sophia Abstand zu dem verhassten Klinikbett hatte, war das Spielzimmer. Es wurde von einer Erzieherin betreut. Sie bastelte viel mit den Kindern. Besonderen Spaß machte es ihnen, den Chemokasper zu basteln: ein Held, der die bösen Krebszellen zerstörte. Er hatte einen dicken, roten Kopf mit einer Baseballkappe und einer Brille. Die Brille benötigte er, damit er die bösen Krebszellen besser sehen konnte. Alle Kinder wollten natürlich ihren eigenen Helden. Sophia war zu klein, um selber einen zu machen. Bei einem der Besuche sprang aber mit Begeisterung ihre große Schwester ein.

Als der Chemokasper fertig war, präsentierte Sarah ihn voller Stolz im Krankenzimmer und übergab ihn gleich Karen. Sie habe sich „ganz stark angestrengt", sagte Sarah: „für Sophia". Kein Wort davon, dass Sarah den Chemokasper lieber selbst behalten würde, nein, sie hatte ihn für ihre kleine Schwester gebastelt! Ich war so stolz auf meine Große.

Die Wochen zogen weiter ins Land, Sophia blieb weiter auf dem Weg der Besserung. Bis auf Situationen, die immer wieder zeigten, dass jeden Tag ihr Leben bedroht war.

An meinem Arbeitsplatz in Leutkirch klingelte das Telefon. Karen war dran und berichtete aufgeregt, dass es mit dem MTX Komplikationen gab. Der Spiegel dieses mit so vielen Nebenwirkungen behafteten Medikamentes lag bei Sophia zu hoch, der Körper schwemmte es nicht aus, es bestand Lebensgefahr. Ich wollte alles stehen und liegen lassen, sofort ins Auto, um in die Klinik zu fahren. Karen hielt mich davon ab. München war 130 Kilometer von Leutkirch entfernt, die Ausleitung des MTX aus Sophias Körper hatte schon begonnen. Karen versprach mir, sofort anzurufen, wenn sie etwas Neues wusste. Sie legte auf, mir trat der Angstschweiß auf die Stirn, ich fing an, zu zittern. „Was, wenn Sophia nun stirbt, und ich bin nicht bei ihr?" Zum Glück waren gerade keine Kunden da, in diesem Zustand hätte ich sie nicht bedienen können. Ohnmacht, das einzige Gefühl im Kopf war Ohnmacht. Was ich tun konnte war, Sophia mit meinem Herzen so viel Kraft und Liebe zu schicken wie nur möglich. Und zu warten.

Nach einer unendlich langen Stunde klingelte das Telefon wieder. Karen sagte erleichtert, dass die Gefahr vorüber war. Ich wollte nur noch eins: die Stimme von Sophia hören! Als ich sie am Telefon hatte, fiel alles von mir ab: Meine kleine Kämpferin hatte es mal wieder geschafft. Ich liebte sie so sehr. „Wenn Liebe zwischen Menschen sichtbar wäre, zwischen uns könnte man nicht mehr durchsehen vor lauter armdicken Drahtseilen", dachte ich mit Tränen in den Augen.

Ein paar Tage darauf wieder ein Schock. Eine Ultraschalluntersuchung hatte ergeben, dass Sophias Nieren vergrößert waren. Der Arzt meinte, die Nebenwirkungen von den Medikamenten könnten daran schuld sein. Man müsse abwarten, jetzt könne er noch nicht sagen, ob die Nieren dauerhaft geschädigt wären. Die Leukämie war momentan gestoppt, aber nun bedrohten die Nebenwirkungen der Medikamente Sophias Genesung: gerade den einen Alptraum überwunden, gleich in den nächsten hineingeworfen.

Diese Krankheit war das Schrecklichste, was uns passieren konnte, aber ein Gutes hatte sie auch: Wir bekamen einen anderen Blick für die wertvolle Zeit miteinander. Sicher, ich musste weiter Geld verdienen, aber mein Beruf war nicht mehr die Nummer eins. Es war nicht mehr wichtig, möglichst viel Geld zu verdienen, um das „Später" der Kinder zu sichern. Wir als Eltern gehen immer davon aus, dass unsere Kinder heranwachsen, erwachsen werden und irgendwann das Haus verlassen. Eine Krankheit wie Leukämie wirft alle Zukunftspläne über den Haufen. Nicht mehr Geld ist kostbar, sondern Zeit. Jede Minute Leben. Die meisten Menschen denken immer an die Zukunft und verpassen das Jetzt. An die Zukunft denken ist nicht falsch, aber in der Gegenwart alles bewusst zu „erleben" ist noch viel wichtiger.

Sophias erster Geburtstag

Sophias hart erkämpfter erster Geburtstag am 24.9.1999 sollte eine Feier für das Leben werden. Sie mochte Luftballons so sehr, darum war für mich klar, dass wir jede Menge davon in den Himmel starten lassen müssen. Ein Foto von Sophia war schnell gemacht, ich druckte es auf Anhänger für die Luftballons. Für eventuelle Finder schrieb ich auch kurz die Geschichte unserer Tochter darauf und dass uns eine Antwort sehr freuen würde. Opa besorgte die Gasflasche, gleich eine große, damit auch ja jeder Luftballon abheben konnte. Unmengen von Kuchen wurden gebacken. Alle Leute, die Sophia am Herzen lagen, wurden eingeladen, mit dem Hinweis, dass wegen möglicherweise auftretenden Fiebers die Feier nicht stattfinden kann.

Der Tag war da. Ich band 60 Ballons in allen Farben überall in unserem kleinen Garten fest – er schien einem Kindertraum entsprungen zu sein. Sophia war fieberfrei und gut gelaunt, sie freute sich sichtlich, dass sie im Mittelpunkt stand. Jeder Gast bekam eine Schere in die Hand gedrückt, schnitt den Ballon seiner Wahl ab und schickte ihn mit seinen besten Gedanken zum Himmel. Jedes Mal blickten alle gespannt hinterher und verfolgten die Bahn. Wie weit werden sie wohl fliegen? Wohin? Zu wem? Wie viele Antworten werden zurückkommen?

Sophia war während der Flugaktion ständig auf meinem Arm, auch sie schaute gebannt zum Himmel hinauf. Ich hatte mir fest vorgenommen, nicht an den Tod zu denken, sondern das Leben zu feiern. Doch als wir zwei zusammen ihren knallroten Luftballon starteten, spülten meine Emotionen mich hinweg. Ich weinte, denn plötzlich war trotz aller Zuversicht wieder der Gedanke da, dass Sophias erster Geburtstag ihr letzter sein konnte. Abschütteln, wegwerfen wollte ich diesen Gedanken. Es ging nicht, er klebte in meinem Kopf. Dieser Schmerz, der dauernde Schmerz darüber, das über uns schwebende Unheil nicht vertreiben zu können, schien den blauen Himmel wie ein schwarzes Tuch einzutrüben. Aber es war Sophias Tag und das schwarze Tuch sollte es nicht schaffen, die vielen bunten Luftballons und die damit verbundene Hoffnung zu verdecken.

Die Geburtstagsgäste bemühten sich, möglichst gut gelaunt zu sein. Doch unter dem Lächeln spürte man die Sorge. Die vielen Menschen lösten Unruhe in Sophia aus. Wen sollte das wundern? Das alles war so ungewohnt für sie, nach den vielen Monaten in der Klinik! Sie weinte nun auch. Ich setzte mich zu ihr auf den Boden und konzentrierte mich darauf, ihre Aufmerksamkeit auf ein einziges Geschenk zu lenken. Wir spielten zu zweit, sie beruhigte sich wieder. Ihr erster Geburtstag war von extrem gegensätzlichen Gefühlen geprägt: einerseits Hoffnung, andererseits Ungewissheit.

Die Gäste waren gegangen, Sophia lag total erledigt im Bett. Doch als ich ihr zufriedenes Lächeln beim Einschlafen sah, wurde mir klar, dass sie einen glücklichen Tag gehabt hatte. Meine Frau kam hinzu, legte den Arm um mich, wir beide hofften, dass dieser Tag ihr gute Träume bescherte. Ich streichelte Sophias Gesicht, zog mit den Fingern leicht jede Kontur nach. In diesem Moment stellte sich ein so großer innerer Friede ein, dass ich kurz das Gefühl hatte, die Zeit würde stillstehen.

Ausnahmsweise blieb das Fieber bis zum nächsten Chemo-Block aus, am Ende meiner Arbeitstage erlebte ich Sophia in unserem gewohnten Umfeld. Konnte sie mal wieder nicht schlafen, nahm ich sie auf den Arm. Dazu legte ich unsere „spezielle CD" ein. Die Filmmusik von „Braveheart" hatte immer die gleiche Wirkung auf Sophia. Sie schmiegte sich an mich, ich hielt sie fest, streichelte ihren Rücken, ging mit ihr zu den beruhigenden, manchmal sehr traurigen Tönen durch den Raum – und sie schlief ein. Karen sagte dann immer: „Ihr zwei seid schon ein besonderes Team."

Oh ja, das waren wir! Wir waren eins, und nichts, auch nicht dieser dunkle Gegner Krebs, sollte uns trennen können.

Die Luftballonaktion hatte eine überraschend große Resonanz. Ich weiß nicht mehr ganz genau wie viele, aber es waren so 25 bis 30 Zuschriften. Viele schrieben zurück, obwohl sie die angehängte Karte kaum entziffern konnten und manchmal nur mit viel Fantasie die durch den Regen verwischte Adresse erraten hatten. Die meisten Ballons waren in der näheren Umgebung gelandet, aber einer hatte tatsächlich den Weg nach Österreich geschafft – der Briefkontakt mit einer Familie aus Österreich hielt über Jahre an. Wir hatten uns bei dem Kampf gegen die tödliche Krankheit meist allein gefühlt, nach der Luftballonaktion nicht mehr: Sophias Schicksal bewegte wildfremde Menschen.

Sophia wird gesund – ganz sicher

Eine erneute Ultraschalluntersuchung ließ uns aufatmen: Sophias Nieren hatten wieder die normale Größe. Auch diese Hürde hatte unsere starke Tochter auf ihrem schweren Weg durch die Therapie genommen. Die nächsten Wochen und Monate verliefen ohne große Probleme: abgesehen von dem Fieber, das in den Chemo-Pausen immer wieder auftrat. Inzwischen hatten wir uns schon daran gewöhnt, aber nun stand Weihnachten vor der Tür und damit die bange Frage: Müssen wir die Feiertage in der Klinik verbringen? Die Belegschaft von der Station war natürlich darauf bedacht, alle Kinder, wenn irgendwie möglich, nach Hause zu schicken. Doch bei dieser tückischen Krankheit konnte man nie sicher sein.

Sophia schaffte es, den Traum vom Heiligen Abend zu Hause Wirklichkeit werden zu lassen. Beim Christbaumschmücken während des Mittagsschlafs unserer Töchter am 24. Dezember 1999 schossen mir trotz aller Hoffnung wieder die Tränen in die Augen. Würde dies der letzte Heiligabend mit Sophia sein? Sind wir nächstes Jahr um diese Zeit vielleicht nur noch zu dritt? An diesem schönen Feiertag kreiste in unseren Köpfen der Gedanke an den Tod. Manchmal war die Grenze zum Wahnsinnigwerden sehr nah.

Am Abend waren unsere beiden Mäuse nicht mehr zu bändigen. Die Bescherung fand nun endlich statt. Sophias Anblick werde ich nie vergessen: Sie hatte kein einziges Haar mehr auf dem Kopf, war leichenblass, aber ihre Augen strahlten heller als der hell erleuchtete Weihnachtsbaum, den sie mit offenem Mund bestaunte. Sarah war schon mit Geschenke-Auspacken beschäftigt, als Sophia immer noch staunend vor dem Baum stand. „Schön, so schöner Baum vom Christkind", sagte sie.

Am ersten Weihnachtstag gab es eine zweite Bescherung bei meinen Schwiegereltern. Sophia freute sich riesig über einen großen Plastik-Reite-Elefanten. Er war größer als sie, was sie nicht davon abhielt, gleich aufzusteigen. Allen Erwachsenen trat der Angstschweiß auf die Stirn, als sie wild herumschaukelte. Sophia hatte keine Angst, ließ sich nicht davon abhalten, sie lachte und genoss das Leben, hier und jetzt, in diesem Augenblick: keine Kabel, keine Spritzen, kein Krankenhaus.

Am zweiten Weihnachtsfeiertag waren wir bei meiner Mutter und der Uroma, auch mein Bruder war mit seinen drei Kindern da. Über das Zusammensein mit ihnen freute sich Sophia mehr als über das schönste Geschenk. Ohne Streit und Zank spielten sie miteinander, kein Kind neidete dem anderen etwas. Auch dieser Tag klang harmonisch aus. Am nächsten Morgen musste Sophia wieder in die Klinik nach München, aber Sylvester konnte sie wieder in Memmingen verbringen: den Jahreswechsel von 1999 auf 2000.

Eigentlich wollte Sophia unbedingt mit Sarah zusammen das Feuerwerk sehen, aber der Schlaf übermannte beide noch vor 22 Uhr. Karen und ich stießen um Mitternacht allein mit Sekt an. Im Fernsehen freuten sich die Menschen, feierten lautstark das neue Jahrtausend. Uns war nicht nach feiern zumute. Dankbar, ja, das waren wir! Weil Sophia keinen der Feiertage in der Klinik verbringen musste! Weil sie es bis hierher geschafft hatte! Als wir um zwölf mit Sekt anstießen, wünschten wir uns keine beruflichen Erfolge, keine Lottogewinne oder andere Kleinigkeiten – wir wünschten uns einfach nur, dass Sophia auch nächstes Sylvester noch bei uns sein würde und dieser Alptraum endlich hinter uns liege. Sophias Weg in das neue Jahrtausend musste länger sein als meiner. Was für andere Väter selbstverständlich ist, war für mich das einzige, was wichtig war.

Das neue Jahr begann für uns sehr gut. Die Therapie verlief ganz nach Plan. Den Ärzten merkte man bei aller medizinischer Zurückhaltung an, wie erleichtert sie über Sophias Genesung waren. Die so genannte „Erhaltungstherapie" rückte nun in greifbare Nähe. Was bedeutete: Nach und nach wurden die Medikamentengaben durch den Katheter verringert, in ein paar Wochen sollte der Hicki-Katheter entfernt werden. Tabletten lösten die Infusionsflaschen ab, begleitet von vermehrten Blutuntersuchungen, durch die sich zeigen würde, ob die Vollremission auch ohne Intensivtherapie Bestand hatte. Karen und ich hatten Angst. War die Leukämie, diese tödliche Bedrohung, endlich Vergangenheit? Oder versteckte sich noch eine, nur eine bösartige Zelle in Sophias Körper, die darauf wartete, in einem schwachen Moment wieder zuzuschlagen? Trotz aller Euphorie über das Ende der Intensivtherapie wurden wir das bange Gefühl nicht los, dass in unserer Tochter eine Zeitbombe tickte. Vielleicht mussten wir alle auch nur wieder das Laufen lernen. Das Laufen in ein normales Leben.

Die Erhaltungstherapie begann vorerst noch stationär und Sophia blieb weiter frei von Symptomen. Ich bat um ein Gespräch mit der Ärztin, um Klarheit über Sophias Zukunft zu bekommen. Die Ärztin versicherte mir, dass sie die „allerbesten Chancen" hat. „Und wenn der Krebs wieder auftritt, was dann?" Diese Frage war ihr unangenehm, das sah ich ihr an. Ein erneuter Ausbruch der Krankheit sei unwahrscheinlich, sagte sie. Ich ließ nicht locker, wollte es wissen. Sie druckste herum: Dann sähe es schlecht aus für Sophia, dann würde, wenn überhaupt, nur noch eine Knochenmarktransplantation helfen. Aber zu solchen Befürchtungen bestehe kein Anlass: „Sophia hat den Krebs überwunden, aus medizinischer Sicht ist sie als gesund zu bezeichnen."

Am 1. März 2000 wurde „Hicki-ex" gefeiert. So wird auf der Kinderkrebsstation der lang herbeigesehnte, freudenvolle Tag genannt, an dem der Hickman-Katheter entfernt wird. Zwei Tage vorher wurde ich krank, Fieber und eine Stirnhöhlenentzündung fesselten mich ans Bett. So konnte und durfte ich nicht auf die Station, um die immungeschwächten Kinder nicht zu gefährden. Ich war furchtbar enttäuscht und noch heute bedaure ich es, dass ich nicht dabei war, als das „Hicki-ex"-Lied für Sophia gesungen wurde. Ich lag zu Hause und wartete, der Vormittag zog sich in die Länge. Durch das Fieber schlief ich doch ein, erwachte erst wieder, als sich der Schlüssel im Türschloss drehte. Die Hunde machten einen Riesenradau, Cindy war nicht wegzukriegen von Sophia. Sie trug stolz und lächelnd ein „Hicki-ex"-T-Shirt mit ihrem Namen in bunten Farben darauf. Darunter das Datum ihres „Hicki-ex"-Tages, das mir wie ein Geburtstagsdatum erschien: so als ob sie neu geboren wäre. Was mich noch mehr anrührte als das: Alle kleinen Mitpatienten hatten unterschrieben, jede einzelne Unterschrift bedeutete Hoffnung auf ein Leben ohne Krebs.

Viele von denen, die unterschrieben haben, leben heute nicht mehr. Sie haben ihren Kampf verloren. Mir ist besonders Dennis im Gedächtnis geblieben. Wie er über die Gänge der Klinik lief und lachte, sich Pommes in den Mund schob. Er war wirklich nicht von der leisen Sorte Kind. Lautstark genoss er das Leben. Fast überall auf der Station hatte es sich herumgesprochen, dass es seine letzten Wochen sind. Man sah ihn spielen und lachen und wusste gleichzeitig, dass in kürzester Zeit zwei Meter Erde zwischen ihm und seinen Eltern liegen würden. Viele Menschen sagen mir, diese Krankheit sei kaum fassbar. Nein, Krebs ist wohl fassbar, die Zellen sind gut sichtbar unter dem Mikroskop! Nicht fassbar ist, ein fröhliches Kind wie Dennis zu sehen und dabei die Gewissheit zu haben, in ein paar Wochen auf ein Grab zu blicken. Sophia war nun fern von alledem.

Freiheit?

Der verhasste Katheter wanderte in den Klinikmüll, die Tabletten blieben. Die monatlichen Blutuntersuchungen waren immer begleitet von immenser Anspannung. Die erste Frage nach dem Bluttest: „Alles gut?" – „Ja, alles bestens, könnte gar nicht besser sein" die Antwort. Aufatmen, wieder ein Monat überstanden. Die Untersuchungen wurden in der Tagesklinik gemacht. Diese Einrichtung ermöglicht es den Kindern, nur für die unbedingt erforderliche Zeit im Krankenhaus zu sein, die

Abende aber wieder daheim verbringen zu können. Das war so unendlich wichtig nach all den Erfahrungen mit Nadeln und Spritzen.

Sophia entwickelte sich prächtig. Ihre Haare wuchsen wieder, ihr blonder Schopf kam zum Vorschein, sie lebte so intensiv, wie es wahrscheinlich nur ein Kind kann, das einen solchen Horror hinter sich hat. Sie sog das Leben in sich ein wie ein Schwamm das Wasser. Mit ihrem Enthusiasmus riss sie alle Kinder in ihrer Umgebung mit. „Langeweile" war für und mit Sophia ein Fremdwort. Auch Karen und ich spürten wieder Hunger auf Leben. In unseren Köpfen hatte sich durch die Krankheit viel geändert, jeder Moment zusammen zählte. Nicht mehr von dem Blick in die Zukunft beherrscht, sondern im Hier und Jetzt fand das Leben statt. Der Frühling kam, wir feierten fast jedes Wochenende. Roger und seine Frau Corinna, die sich in der Krankenhauszeit als echte Freunde erwiesen hatten, ihre Töchter Lisa und Jana, im gleichen Alter wie unsere zwei, waren mit von der Partie. Diese Wochenenden waren für die Großen wie die Kleinen immer ein voller Erfolg.

Was mir stark auffiel: Sophia kannte in diesem endlich „normalen" Leben keine Angst. Mit Vorliebe legte sie sich mit viel älteren Kindern an, sie gab einfach nicht klein bei. Ihre bald doppelt so alte Schwester Sarah bekam das oft zu spüren. Wenn die zwei Streit hatten, mussten wir schnell dazwischengehen, um zu verhindern, dass unsere Große eine Abreibung von Sophia bekam. Wenn Sophia jemanden in ihr Herz geschlossen hatte und ihm das zeigte, war diese Liebesbezeugung genauso extrem. Man wurde mit Küssen überschüttet, manchmal richtig „abgeschleckt". Das hatte sie sich sicher von Cindy abgeguckt, die, seit wir wieder alle ganz zu Hause waren, mit Abschlecken nicht gerade geizte.

Bei einem unserer Waldspaziergänge, die für Sophia so wichtig waren, hielt sie unvermittelt an. Ich drehte mich um und sah, dass Cindy bei ihr stand und Sophia sich hingesetzt hatte. Beide beobachteten sehr interessiert irgendetwas auf dem

Boden. Als ich sie erreicht hatte, sah ich, was ihre volle Aufmerksamkeit in Anspruch nahm: eine Schnecke. Mit Spannung verfolgten beide mit den Augen das Kriechtier. Auch ich ging in die Knie, reihte mich ein in den Kreis der Bewunderer. Sophia fragte mich, wie dieses Tier heißt. Die Erklärung folgte mit dem Zusatz, dass die Schnecke ganz viel Zeit braucht, um diesen Waldweg zu überqueren. Sophia dachte angestrengt nach und sagte dann zu mir: „Auto kann Schnecke überfahren, Schnecke aua." Ab diesem Tag wurde ich bei jedem Spaziergang daran erinnert, ja nicht auf eine Schnecke zu treten. „Papa, Schnecke nicht aua machen, arme Schnecke." Auch wurden die Schnecken von uns beiden, auf Drängen Sophias, immer auf die andere Seite des Weges getragen, es hätten ja Autos kommen können. Sie sorgte sich stets um andere, wenn es ihnen nicht gut ging.

Die Verbindung zwischen Cindy und Sophia trat nun immer stärker zutage. Cindy machte stets einen Riesentumult, wenn sie sah, dass ich ihr Halsband holte. Durch nichts war sie darin zu stoppen, außer durch Sophia. Mitten in dem Umherspringen und Wedeln umarmte Sophia sie. Die Hündin stand mit einem mal ganz ruhig, ihr Blick ging ins Genießerische. Sophia drückte ihr Gesicht in Cindys Fell, die Zuneigung und Liebe zwischen den beiden war in diesem Moment fast greifbar zu spüren.

Der Sommer war da, und mit ihm kamen wieder zwei stadtspezifische Feste: das Kinderfest und der Fischertag. Sophia und Sarah waren total aufgeregt. Die Tradition verlangte, dass die Mädchen beim Kinderfest Blumenkränze auf dem Kopf trugen, das wollten unsere zwei natürlich auch. Sarah hatte letztes Jahr schon einen getragen, aber damals waren wir nicht dabei, sondern in der Klinik in München. Für Sophia war es das erste Mal. Mit entsprechend stolz geschwellter Brust nahm sie den Kranz, von Karen selber gemacht, entgegen und setzte sich ihn mit feierlichem Ernst auf ihre mittlerweile vier bis fünf Zentimeter langen Haare.

Wir gingen alle gemeinsam zum Kinderfestumzug. Alle Schulkinder zogen verkleidet mit ihren Lehrern durch die Stadt. Farbenfroh und lustig ging es dabei zu. Oma und Opa ließen es sich auch nicht nehmen, dabei zu sein. Sophia saß in stolzer Pose, die Arme in die Hüften gestützt, am Gehwegrand und verfolgte mit vornehmer Miene den ganzen Pulk, der an ihr vorbeilief. Sie wirkte wie eine kleine Prinzessin, die den Vorbeimarsch ihrer Untertanen abnahm.

Der Fischertag fand wenige Tage später statt, auch ein besonderer Tag für Sophia und Sarah. Sie sahen ihren Vater total verrückt verkleidet, mit einem riesigen Fischernetz bewaffnet, grölend in den Stadtbach springen und wie ein Wilder darin nach Forellen stochern. Am Vorabend blieben ihre drei Cousinen zum Übernachten bei uns. Man kann sich gut vorstellen, dass sie alle miteinander kaum ein Auge zugemacht haben. Nun war ich auch nicht allzu streng, als ich in der Nacht das Getrippel der kleinen Füßchen von Sophia hörte und das Getuschel der Mädchen. Sie verstanden sich gut, und diese Nacht war was Besonderes. Zum Teufel mit den Schlafensregeln! Da das Fischen sehr früh stattfand, schmiss ich alle um sechs Uhr aus den Betten. Damit machte ich mich nicht gerade beliebt, aber nach einem Kakao waren alle soweit fit. Sophia drehte gleich wieder voll auf, und im Nu war die ganze Bande einsatzbereit. Am Bach jubelten Sarah und Sophia voller Freude über jeden gefangenen Fisch.

Sophia war in diesen Monaten Lebenslust pur. Alle in ihrer Nähe wurden davon angesteckt. Ihre Energie war unglaublich. Fast schien es so, als würde alles, was ihr durch die Entbehrungen während des Klinikaufenthaltes entgangen war, nun im Zeitraffertempo nachgeholt.

In dieser Zeit hatte mancher fremde Mensch den Wunsch, Sophia was Gutes zu tun. Ein Vertreter hatte von ihrer schweren Krankheit gehört und übergab mir einen unheimlich großen, farbigen Dinosaurier aus Plüsch mit den Worten: „Den hier habe ich aufgehoben für einen besonderen Moment, ich denke, der ist nun gekommen." Ich war total perplex, freute mich, dass die Welt doch nicht so kalt war, wie es manchmal den Anschein hatte. Dieses Riesenplüschungeheuer war natürlich der Hit bei Sophia und Sarah.

Kur auf Sylt – endlich Zeit

Eine Reha-Kur auf Sylt in einer Einrichtung für krebskranke Kinder wurde uns für die ganze Familie bewilligt. Der Termin lag zwischen Mitte September und Mitte Oktober 2000. Die Geburtstage beider Töchter würden wir also auf Sylt feiern: den von Sarah am 19.10. und den von Sophia am 24.9. Meine Frau bestand darauf, dass wir diese Kur zusammen antreten. Erst jetzt merkte ich, wie weit wir uns als Ehepaar schon voneinander entfernt hatten. Die dauernden Trennungen und die Sorge um Sophia hatten uns unfähig gemacht, miteinander über irgendetwas anderes als die Krankheit zu reden. Jeder von uns leistete seinen Teil, um Sophia durchzubringen, aber unsere Beziehung lag brach. Die Kur war für Karen und mich eine Chance, wieder zueinander zu finden.

Bei der Ankunft überraschte es mich, wie sehr wir hier umsorgt wurden. Die Häuser waren maximal mit drei Familien belegt. Die Kinder wurden ihrem Alter entsprechend in Gruppen untergebracht. Am Vormittag waren Sarah und Sophia in ihren Gruppen beschäftigt. Beiden gefiel es sehr gut, mal ohne einander und ohne Eltern zu sein. Karen und mir stand der ganze Vormittag zur Verfügung. Wir liefen Hand in Hand den Sandstrand am Meer entlang und spürten, wie alles Schlechte von uns abfiel. Am Nachmittag konnten wir frei und entspannt etwas mit den Kindern unternehmen.

Diese vier Wochen waren wunderschön, und Sophia holte sich sogar ihren ersten Kuss. Der Bub, ich weiß nicht mehr, wie er hieß, war ein Jahr älter als meine Tochter. Sie spielte viel mit ihm, und eines Tages beobachtete ich die zwei. Ganz wie es Sophias burschikoser Art entsprach, zog sie ihn zu sich heran und drückte ihm unvermittelt ein Bussi auf den Mund. Der arme Kerl guckte ganz verwirrt, was Sophia nicht kümmerte, sie spielte weiter, als ob nichts gewesen wäre. Ich musste grinsen: typisch Sophia! Obwohl ja dem Kalender nach schon Herbst war, hatten wir vier Wochen durchgehend schönes Wetter. Nur ein einziger Regentag. Vielleicht war es einfach ein Geschenk, diese schöne Zeit. Auch an den Geburtstagen wurde vom Personal liebevoll an Sarah und Sophia gedacht. Jede bekam einen Kuchen, und anschließend wurde in der jeweiligen Gruppe gefeiert. Beide genossen es sehr, im Mittelpunkt zu stehen.

Zwischendurch besuchten wir meine Verwandten auf dem Festland. Uns zu Ehren feierten sie ein großes Fest. Sogar im Anhänger Traktorfahren wurde da geboten. Sophia und Sarah konnten gar nicht genug davon bekommen. Am Abfahrtsmorgen ging ich noch mal allein über die Dünen und setzte mich in den Sand. Das Spiel der Wellen machte mich wehmütig, dieses Stück Land war wirklich ein Paradies. Als ich zurücklief, spürte ich Tränen hochsteigen. Eigentlich wollte ich nicht weg. Und ich glaube, Sophia ging es genauso. Dies hier würde sich nicht mehr wiederholen. Die Gewissheit darüber brannte in meinem Kopf.

Nach tausend Kilometern Fahrt erwartete uns in Memmingen ein ganzer Haufen Post, oben drauf lag ein Umschlag mit schwarzem Rand. Die Koffer ließ ich ruckartig fallen, als Karen mir mit Tränen in den Augen die Trauerkarte und das beiliegende Foto zeigte. Wieder ein Junge aus der Klinik, der erfolglos gegen den Krebs gekämpft hatte. Wir hatten so eine schöne Zeit, doch gleich war sie wieder da, die Mahnung an den Tod. Mein Gott, ich wollte sofort zurück nach Sylt: Alle wieder rein ins Auto und ab auf die Insel! Doch hatte Weglaufen Sinn?

Nie habe ich auf die Karte geantwortet, ich konnte nicht, damals noch nicht. Ich konnte einfach keine Worte für diesen Alptraum finden. Wie sollten die Eltern, die ihr Kind verloren hatten, jemals damit fertig werden? Sophia war gesund, Gott sei Dank! Aber was würde sein, wenn die monatliche Blutuntersuchung ergeben sollte, dass der Krebs zurückgekehrt ist? Davon wollte ich nichts wissen, ich schob es beiseite.

Weihnachten feierten wir wieder im Kreise der Familie, diesmal ohne Krankheit, abgesehen von den täglichen Medikamenten. Sylvester war besonders schön, wir begingen das neue Jahr mit Roger, Corinna und deren Kindern. Die Kleinen tobten und spielten und schafften es tatsächlich, wach zu bleiben, um das Feuerwerk zu erleben. So wie es angefangen hatte, sollte auch das ganze Jahr 2001 werden, wunderschön, lebenslustig. Die monatlichen Blutuntersuchungen waren mittlerweile Routine. Die Ergebnisse waren immer gleich, keine Auffälligkeiten im Blut. Sophia war gesund, und wir alle waren uns sicher, dass es so bleiben würde.

Im Frühjahr passierte bei einem unserer zahlreichen Spaziergänge etwas Seltsames. Cindy, ansonsten gegenüber Fremden eher zurückhaltend, lief plötzlich auf ein älteres Ehepaar zu, das auf einer Bank saß. Ich fürchtete schon Ärger, aber als Cindy die Frau erreicht hatte, setzte sie sich ganz lieb vor ihre Füße, hob den Kopf und wollte gestreichelt werden. Die Frau lächelte und gab ihr die geforderte Liebkosung. Wir hatten diese älteren Leute schon öfters im Wald gesehen, aber nie mit ihnen gesprochen. Ich entschuldigte mich für das Heranstürmen von Cindy, wir kamen ins Gespräch. Irgendwie war plötzlich das Thema Krankheit da, die Dame erzählte, dass sie ihr Kind durch Leukämie verloren hatte. Meine Frau und ich waren wie vom Donner gerührt. Hatte Cindy das gespürt? Oder war es einfach nur ein Zufall? Wir erzählten den beiden von Sophias Krankheit. Die Frau hatte Tränen in den Augen, als sie Sophia ansah und sagte: „Sie schafft es, sie schafft es ganz bestimmt!"

Nun konnte auch ich die Tränen nicht mehr zurückhalten. Trauer um ein Kind, das ich nie gekannt hatte, bewegte mich. Wie mussten sich diese Eltern nur fühlen? Sie sahen unsere Tochter, ihr eigenes Kind war nicht mehr bei ihnen. Wie hielten die zwei das aus? „Ich würde irrsinnig, wenn mir das passierte!", dachte ich. Wir verabschiedeten uns und gingen nachdenklich weiter. Bis heute treffe ich das Paar regelmäßig im Wald, wir laufen uns ständig über den Weg. Wir lernten in dieser Zeit mehrere Menschen kennen, die uns „begleiten" sollten und wichtig für uns waren. Alles nur „Zufall"?

Auch Wolfgang und Birgit aus Windhoek, Namibia, lernten wir in dieser Zeit kennen. Karen trainierte mittlerweile wieder im Gymnastikstudio, Birgit kam als Neue hinzu. Sie erzählte, dass sie Hunde so liebe, am allerliebsten mochte sie mal „live" Berner Sennhunde sehen. Karen sagte erst mal nichts dazu, doch beim nächsten Training schleifte sie unsere beiden Riesen mit in das Trainingscenter. Alle anderen Frauen verdrückten sich sofort. Nicht so Birgit. Freudestrahlend, ohne Furcht knuddelte sie Jerry und Cindy. Birgit war so begeistert von den zweien, dass Karen sie fürs Wochenende zum Kaffeetrinken einlud. Birgit sagte, dass sie ihren Mann Wolfgang auch mitbringe und es kaum erwarten könne. Es wurde ein wirklich netter Nachmittag, er endete um Mitternacht. Irgendwie waren wir uns alle auf Anhieb sympathisch, darum konnten wir kein Ende finden. Von nun an trafen wir uns regelmäßig, und eine Freundschaft entstand, die bis heute Bestand hat. Birgit und Wolfgang leben inzwischen in Südafrika, in der Nähe von Johannesburg, aber wir stehen im fast täglichen E-Mail-Kontakt: Internet sei Dank!

Das Ende der Tablettentherapie

Im Sommer fuhren wir nach Norddeutschland zum Campen. Es war unser erster richtiger Sommerurlaub mit der ganzen Familie. Traumhaft. Wir hatten so viel Spaß. Sarah und Sophia genossen es besonders, in der Frühe aus dem Wohnwagen zu steigen und ohne die „lästigen" Eltern die Frühstücksbrötchen zu holen. Im Geiste sehe ich die beiden immer noch in ihren Gummistiefeln über die noch nasse Wiese watscheln, die Leinentasche in der Hand.

Sophia konnte gar nicht genug davon kriegen, Drachen steigen zu lassen. Wir standen ganz dicht beieinander, der Wind blies durch unsere Haare, fasziniert schauten wir zum Himmel und verfolgten die Flugbahn des Drachen. Wieder einer dieser nicht bezahlbaren, nicht wiederholbaren, intensiven Momente.

Die Tabletten-Chemo hörte irgendwann in diesem Urlaub auf. Ich muss zur meiner Schande gestehen, dass ich das Datum nicht mal mehr genau weiß. Am Anfang der Tablettentherapie war ich mir sicher, dass dieser bedeutungsvolle Tag gebührend gefeiert werden würde. Aber so grausam und schnell die Leukämie gekommen war, so allmählich und leise schlich sie sich wieder aus unserem Leben. Diese schreckliche Krankheit erschien uns nun nur noch wie ein böser Traum, den wir irgendwann einmal geträumt hatten. Wir waren eine ganz normale Familie in einem ganz normalen Urlaub mit Muschelnsuchen, Sandburgenbauen, Drachensteigenlassen, Fahrradfahren. Für uns waren dies keine Selbstverständlichkeiten, sondern ein Geschenk des Lebens.

Nach unserem Urlaub war auch zu Hause weiter intensives Leben angesagt. Mit unseren Freunden waren wir fast jedes Wochenende entweder mit gemeinsamem Grillen oder anderweitigen Feiern beschäftigt. Die Samstagabende waren immer sehr lang, Sarah und Sophia genossen es sehr, die Töchter von Roger und Corinna waren ja auch immer mit von der Partie. Die gesamte Kinderbande zeltete in unserem Garten. Vier kleine Mädchen in einem Zweimannzelt, oft holten sie Jerry und Cindy noch mit rein. So viel Lachen, so viel Spaß, so viel Glück.

Der Kindergarten stand nun an. Sophia war noch keine drei Jahre alt, aber sie kämpfte mit all ihrer Energie dafür, schon dieses Jahr aufgenommen zu werden. Das bereitete auch keine Probleme, denn aufgrund ihrer schweren Krankheit hatte sie eine innerliche Reife, die weit über das Maß einer durchschnittlichen knapp Dreijährigen hinausging. An ihrem ersten Vormittag im Kindergarten bewies Sophia mal wieder ihren konsequenten Charakter.

Meine Frau brachte sie hin. Conny, eine der Erzieherinnen, nahm sie in Empfang. Kaum, dass sie drinnen zwischen all den fremden Kindern war, drehte Sophia sich zu Karen um und sagte: „Mama, geh jetzt, ich bleib hier!" Sie hatte keine Angst. Beim Abholen das Gleiche. „Nein, ich komme jetzt noch nicht mit, ich spiele weiter im Sandkasten!" Sophia hatte erreicht, was sie wollte.

In der Gruppe übernahm sie sehr schnell das Ruder und setzte sich auch gegen Größere durch. Auf jedem Foto aus ihrer Kindergartenzeit steht sie in der Mitte und grinst schelmisch den Fotografen an. „Leben, was hast du mir zu bieten, was stelle ich als nächstes an?", scheint sie zu fragen. Die Fototermine im Kindergarten waren furchtbar wichtig für sie. Bereits Tage vor der Aufnahme hörten wir ständig: „Mama, Papa, bald kommt der Fotograf! Der macht Bilder von mir! Ich brauche die Bilder unbedingt!"

Er machte auch Einzelporträts von Sophia. Wichtige Bilder für uns – wie wichtig, das war uns aber noch nicht bewusst.

Der 11. September

Sarah wurde zeitgleich mit dem ersten Kindergartenbesuch von Sophia eingeschult. Ihr erster Schultag erfüllte mich, wie jeden Vater, mit Stolz; ich hatte mir extra freigenommen. Auf dem Erinnerungsfoto, das ich gemacht habe, hält Sarah mit gefüllter Schultüte ihre stolze kleine Schwester mit Kindergartentasche an der Hand. Sophia sieht so aus, als wollte sie sagen: „Toll, jetzt ist die Sarah ein richtiges Schulkind!" Sophia, die sonst recht burschikos mit Sarah umging, schaute an diesem Tag zu ihr auf.

Als wir nach der Einschulungsfeier wieder alle im Auto saßen, schaltete ich das Radio ein und hörte eine Meldung, die mich dieses Datum mein ganzes Leben auch aus einem anderen Grund nicht vergessen lassen wird: Es war der 11. September 2001, an Sarahs Einschulungstermin in Memmingen stürzten in New York die Zwillingstürme ein. Dieser schöne Tag für meine Älteste wurde überschattet von dem schlimmsten Terrorangriff, den die Welt je gesehen hat.

Als wir daheim angekommen waren, machten wir wie viele sofort den Fernseher an, sahen die schrecklichen Bilder, die ja wahrscheinlich jeder kennt. Wir Erwachsenen waren fassungslos über diese Menschenverachtung, so viele unschuldige Menschen, die einfach nur ihrer Arbeit nachgingen, mussten sterben. Mütter oder Väter, die sich am Morgen noch von ihren Familien verabschiedet hatten, würden nie mehr zurückkehren. Durch den Kampf mit der Krankheit auf Leben und Tod schätzten wir das Leben. Wir hatten einen hinterlistigen Gegner besiegt, der nun keine Macht mehr über Sophia besaß. Sophia war gesund, sie hatte es geschafft und war bei uns. Aber in New York waren Hunderte, Tausende von Menschenleben in Sekunden ausgelöscht worden. Es gibt keine Worte für das, was wir in diesem Moment empfanden. Anstatt intensiv zu leben und voneinander zu lernen, zerstören sich Menschen gegenseitig.

Während wir nun vor dem Fernseher saßen und die Berichterstattung verfolgten, fingen unsere Töchter an, ihre Schultüten zu plündern. Sophia hatte auch eine kleine Schultüte bekommen. Wir konnten sie ja nicht leer ausgehen lassen an einem Tag, wo es so viel Süßes für ihre Schwester gab. „Wenn ich in die Schule komme, kriege ich auch eine große Schultüte", sagte sie zur Sarah. „Ja, und dann gehen wir immer zusammen zur Schule!", frohlockte sie. Diese Sätze sind für immer in mein Herz gebrannt.

Obwohl Sarah oft ziemlich von Sophia traktiert wurde, liebten die beiden sich sehr. Am Wochenende, wenn der Morgen noch jung war und Sarah noch schlief, schlüpfte Sophia schnell in ihr Zimmer, um unsere Große wachzurütteln. „Sarah, Barbie spielen, komm schon Sarah, Barbie spielen!" Sarah stand schlaftrunken auf und erfüllte ihr den Wunsch.

Sophia war ein Frühaufsteher, auch wenn es am Abend spät geworden war: Das hinderte sie nicht daran, um spätestens sechs Uhr aufzustehen und das Haus unsicher zu machen. Irgendwie werde ich das Gefühl nicht los, dass sie nichts verpassen wollte. Möglichst viel zu erleben und zu sehen, das schien ihr Ziel zu sein. Es war wirklich nicht einfach, auch am Wochenende genötigt zu werden, um die gleiche Zeit wie unter der Woche aufzustehen, aber die zwei sorgten mit ihrem immer lauter werdenden Lärmpegel dafür. Auch Cindy stimmte in die anschwellende Lautstärke mit Winseln vom unteren Stockwerk ein, sobald sie Sophia oben hörte. Also hieß es raus aus den Federn.

Trotz ihres manchmal problematischen Wesens war ich immens stolz auf sie. Sophia entwickelte sich genau so, wie ich mir immer mein Kind vorgestellt hatte. Bedingungslose Liebe verband mich mit ihr. Ich liebe sie und das wird niemals anders sein. Bei ihrer Erziehung tat ich mir schwer. Wenn es für eine Ermahnung oder Strafe Zeit gewesen wäre, drückte ich mich davor. Dieses kleine Wesen hatte so viel durchgemacht, da konnte ich ihr doch so etwas nicht antun! Musste ich es tatsächlich tun, weil sie zu stark über die Stränge geschlagen hatte, hatte ich auf der Stelle ein so großes schlechtes Gewissen, dass ich mich manchmal bei ihr entschuldigte. Viele Männer haben, glaube ich, damit ein Problem. Ich wollte aber, dass sie wusste, wie ich mich fühlte, und Sophia verstand, trotz ihrer noch nicht mal drei Jahre. Sie legte meine Entschuldigung niemals als Schwäche aus.

Sophia war für jeden Spaß zu haben. Trotz des herannahenden Herbstes rannten wir alle an einem warmen Tag im

Garten vor Sophia, bewaffnet mit einer großen mit Wasser gefüllten Plastikspritze aus dem Krankenhaus, davon. Sie ließ nicht nach, uns zu verfolgen, erst als wir alle bis auf die Haut nass waren, gab sie Ruhe. Sophia grinste glücklich. So machten die Spritzen, die ihr so wehgetan hatten, Spaß.

Auch das „Stöpselschießen" liebte sie. Dabei wurde der Verschluss der Spritze verkehrt herum auf die untere Öffnung gesetzt, wenn Sophia auf die Spritze drückte, schoss der Verschluss davon. Traf er einen von uns, war sie glücklich. Besonders, wenn wir kräftig „Aua" riefen.

Was mich in diesem Abschnitt ihres Lebens manchmal beunruhigte, war ihre große Zerstörungswut. Wenn Sophia erst mal ein Spielzeug in der Mangel hatte, wobei es sich fast immer um Spielzeug von Sarah handelte, dauerte es nicht lange, bis es entweder nicht mehr funktionierte oder die Einzelteile verstreut auf dem Boden lagen. Wusste sie immer noch, obwohl sie so klein war, dass ihr während des langen Krankenhausaufenthaltes Schmerzen zugefügt worden waren? Wollte sie nun dem Spielzeug einen Teil davon zurückgeben? Ich denke, diese Vermutung ist richtig. Die Zerstörungswut war fast zwanghaft bei ihr. Auch Strafen halfen da herzlich wenig. Sophia war ein sehr starker Charakter, der auch wirklich klare Grenzen brauchte. Ich bemühte mich, ihr diese aufzuzeigen, aber es gelang nicht immer.

Ging etwas nicht nach ihrem Willen, konnte sie total ausrasten. Wenn sie beim Einkaufen nicht dieses oder jenes bekam, schmiss sie sich auf den Boden, strampelte wild und schrie wie am Spieß. Es war wirklich ein Wunder, dass niemand die Polizei wegen Kindesmisshandlung holte. Sie legte bei allem, was sie tat, ihre gesamte Energie in das Erreichen des Zieles. Es war manchmal unmöglich für uns, dagegenzuhalten.

Sophia integrierte sich gut in der Kindergartengruppe. Aber sie schloss nur mit ein paar Kindern Freundschaft, weil sie nicht alle gleich gern mochte. Auch ihr dritter Geburtstag bestätigte dies. Karen richtete ein Kinderfest mit allerhand Spielen aus. Sophia wusste sehr genau, wen sie einladen wollte und wen nicht.

Im Umgang mit anderen Kindern fiel stark auf, wie weit Sophia in ihrer geistigen Entwicklung gegenüber den Gleichaltrigen fortgeschritten war. So aggressiv sie auf der einen Seite war, so verständnisvoll war sie auf der anderen. Wenn man sich mir ihr unterhielt, hatte man oft das Gefühl, einen Erwachsenen mit enormer Lebenserfahrung vor sich zu haben. Das war keine Dreijährige, die in den Kindergarten geht. Sie setzte sich in diesen Momenten richtig mit dem auseinander, was man zu ihr sagte. Ich dachte oft: „Eigentlich ist sie die Vereinigung aller Extreme, die es gibt." Sarah war von ihrer Art her das genaue Gegenteil. Niemals richtig extrem, immer eher diplomatisch.

Lisa, die jüngste Tochter meines Freundes Roger, und Sophia wuchsen immer enger zusammen. Die zwei hatten nur Flausen im Kopf. Als wir uns wieder einmal zum Kaffee trafen, hatten die beiden nichts anderes zu tun, als sich aller Kleidungsstücke zu entledigen, in die Badewanne zu steigen und dort mit Schaumbadzusatz und Zahncreme herumzuspritzen. Natürlich war ich nicht gerade erfreut, die zwei über und über vollgeschmiert vorzufinden, aber richtig böse zu sein, schaffte ich selten bei Sophia.

Sophia malte sehr gerne. Aber nie unterschiedliche Motive, nein, es waren immer Blumen und die Sonne. „Seltsam", dachte ich damals, „immer das Gleiche, wenn auch in verschiedenen Versionen." Sie liebte Blumen, Gänseblümchen ganz besonders. Wenn sie über eine Wiese lief und Gänseblümchen pflückte, war sie so darauf konzentriert, dass es fast so schien, als wäre sie in einer anderen Welt. Die Sonne, ja, dazu hatte sie auch ein ganz inniges Verhältnis. An warmen Tagen lag sie im Garten und ließ sich von den Sonnenstrahlen streicheln. Auch da hatte man niemals das Gefühl, eine Dreijährige vor sich zu haben.

All diese Erinnerungen holen mich immer wieder ein.

Sophia und die Geschwindigkeit des Lebens

Sophia saß unheimlich gern im Auto, brauste durch die Gegend und hörte Hard-Rock. Dabei trug sie immer ihre knallrote Baseball-Mütze und eine Sonnenbrille. Wenn die Musik dann richtig laut war, setzte Sophia ihr cooles Gesicht auf und wippte mit dem Kopf. Die enge Verbundenheit zwischen uns war gerade in diesen Momenten so stark spürbar. Hinter mir saß eine Siegerin, den Krebs in Grund und Boden gestampft. Ich fühlte so viel Liebe und Stolz in der Seele, meine starke Tochter so sehen zu dürfen. Sie liebte die Geschwindigkeit, alles, was schnell war, war gut. Wenn wir mal zusammen vor dem Computer saßen, spielte sie am liebsten Autorennen. Mit Feuereifer wollte sie immer alle anderen überholen. Was sich manchmal schwierig gestaltete, mit ihrer und meiner Hand an der Steuerung.

Wenn ich am Abend von der Arbeit nach Hause kam, stand sie schon in der Eingangstür und brannte darauf, mit in die Garage zu fahren. Sie machte es sich auf dem Beifahrersitz gemütlich und ließ sich die „riesige" Strecke von circa drei Metern chauffieren. Wehe, wenn ich sie mal vergaß und schon in der Garage stand, bevor sie aus dem Haus gekommen war! Dann setzte sie ihr Schmollgesicht auf und verschränkte die Arme, bis ich weich wurde und das Auto noch mal hinausfuhr.

Die Tiere waren auch ihre große Liebe. Von der besonderen Beziehung zwischen Sophia und Cindy habe ich ja schon erzählt. Aber meine Tochter konnte zu allem Getier ein Band knüpfen, der Respekt vor dem Leben war bei ihr sehr groß. Stundenlang beobachtete sie Ameisen und andere Insekten. Sie machte sich auch immer Gedanken darüber, wie es ihnen wohl geht. Richtig wütend konnte sie werden, wenn sie mitbekam, dass ein Tier irgendwo schlecht behandelt wurde. Da fuhr sie regelrecht aus der Haut. Ihre Augen verengten sich, sie stemmte die Hände in die Hüften und schimpfte wild drauflos: „Böse Menschen, so böse Menschen, machen den Tieren aua!"

Sophia hörte ganz begeistert zu, wenn Wolfgang und Birgit von den Löwen und Löwenbabys in ihrer Heimat erzählten. Es klang immer mehr Heimweh in diesen Erzählungen mit. Besonders bei Birgit merkte man, dass sie sich zunehmend unwohl in Deutschland fühlte. Es sei hier alles so eng, sagte sie. Die Weite des Landes fehlte ihr sehr.

Es kam, wie es kommen musste: Wolfgang und Birgit teilten uns mit, dass sie Ende des Jahres wieder in ihre Heimat zurückkehren würden. Das traf uns hart. Wir wollten uns das aber nicht anmerken lassen, denn sonst würde ihnen der Abschied doppelt schwer fallen. Sophia zeigte, dass sie traurig war. Sie fragte, ob wir Wolfgang und Birgit in Afrika besuchen werden. „Ja" war meine Antwort. Daraufhin tanzte sie vergnügt im Zimmer herum und rief immer wieder: „Afrika besuchen, Afrika besuchen!"

Wir feierten zusammen Weihnachten. Die Feier war sehr schön, aber die Stimmung doch etwas gedrückt, denn wer lässt schon gerne gute Freunde gehen. Besonders, da ihr Ziel nicht gerade um die Ecke lag. Ich weiß noch, wie furchtbar die Verabschiedung am Bahnhof in Memmingen war.

Der Abschied von den Kindern und den Hunden fand am Auto statt, mühsam war es uns dabei gelungen, die Tränen zu bekämpfen. Aber bei einer solchen intensiven Freundschaft sollte es dann doch nicht ohne gehen. Wir halfen Wolfgang und Birgit beim Koffertragen, waren ein bisschen zu früh dran, standen unsicher, mit den Füßen im Boden scharrend, auf dem Bahnsteig, jeder von uns riss sich noch mehr zusammen. Der Zug nach München fuhr ein, mein Blick streifte Wolfgangs und Birgits Augen. In diesem Moment war es passiert. Wir fielen uns in die Arme und wollten uns nicht mehr voneinander lösen. Als wir uns trennten, standen wir da wie total verweinte Kinder. Wir versicherten uns noch mal gegenseitig, dass wir uns, sobald Wolfgang einen Internetzugang hatte, regelmäßig per E-Mail schreiben werden. Wir winkten nur noch kurz, als sie eingestiegen waren. Als der Zug anfuhr, machten Karen und ich uns schnell davon, wollten nur nach Hause.

Nach der Abreise von Birgit und Wolfgang sollte schon bald alles für uns schief gehen. Manchmal ist es wirklich gut, die Zukunft nicht zu kennen.

Das Jahr 2002 – schwarz

2001, ein Jahr voller schöner Erlebnisse und Erinnerungen, neigte sich dem Ende zu. Wir hofften, dass 2002 genauso gut verlaufen würde. Sylvester verbrachten wir als Familie in unserem Haus. Sophia hatte im Kindergarten die Windpocken aufgeschnappt, war aber noch nicht daran erkrankt, komischerweise bekam Sarah sie zuerst. Trotzdem hatte sie sich vorgenommen, noch mit Sophia das Feuerwerk zu sehen, bevor sie die Müdigkeit übermannte.

Von diesem Sylvester habe ich ein Videoband. Sophia mit langen blonden Haaren. Gut gelaunt. Immer in Aktion. Entweder ihre große Schwester ärgernd oder wild auf der Mama herumreitend. Und zu vorgerückter Stunde ganz lieb mit ihr schmusend. So ist auch meine Erinnerung. So viel noch zu erleben, so viel Zukunft? Anschauen kann ich das Band nicht mehr. Vor ein paar Tagen stand ich vor dem Schrank mit den Videos, hatte genau diese Kassette mit Sylvester 2001/2002 in der Hand. Ich stand einfach nur da, hielt sie fest. Dann stellte ich das Video wieder in den Schrank zurück. Ich konnte es nicht in den Rekorder schieben. Es ging nicht. Es ging verdammt noch mal nicht, Sophia wieder so glücklich zu sehen. Allein der Gedanke daran brachte mich fast um.

Unsere Mäuse schafften es tatsächlich, unter Aufbietung sämtlicher Energiereserven die Augen offen zu halten und das Feuerwerk mitzuerleben. Über Sarah wunderte ich mich sehr, sie war durch die Windpocken schlaff und müde, trotzdem hielt sie durch. Die zwei schauten hoch zum Himmel, fasziniert von den bunten Lichtern. Nach einer Viertelstunde Zuschauen fielen beide erschöpft ins Bett.

Sophia wurde nicht als nächste krank, sondern ich. Als Sarah diese ansteckende Krankheit bekam, fragte ich meine Mutter, ob ich sie als Kind gehabt hätte. Sie bejahte das, womit für mich dieses Kapitel abgeschlossen war. Bis ich mich Anfang des Jahres schlecht fühlte und die ersten roten Flecken hatte. Sophia folgte kurz darauf. Sie, Sarah und ich, wir drei lagen in unseren Betten. Meine Frau, die als einzige nicht krank wurde, musste nun ein Krankenhaus verpflegen. Sophias Krankheitsverlauf war relativ gut. Die Pocken waren begrenzt auf Kopf und Halsbereich. Anders bei Sarah, ihr ganzer Körper strotzte nur so von Pusteln. Immer wieder die Ermahnung an beide, ja nicht zu kratzen, aber jeder, der die Windpocken schon mal gehabt hat, weiß, wie schwer das ist. Nach und nach wurden wir wieder gesund. Zuerst Sarah, dann Sophia und als Schlusslicht ich. Karen atmete auf, als der Letzte aus ihrer Obhut entlassen werden konnte.

Sarah hatte trotz ständigem Ermahnen manchmal doch gekratzt und ein paar Narben davongetragen. Bei Sophia blieb nichts zurück, außer zwei kleinen Narben auf dem Nasenrücken. Sie entwickelte sich weiter prächtig, wurde noch neugieriger, noch frecher, noch durchsetzungsfähiger, was ja sowieso kaum noch zu steigern war. Wir mussten nun wirklich aufpassen, dass sie ihre große Schwester nicht völlig unterbutterte. Doch tief in mir drin schätzte ich Sophias Selbstbewusstsein. Mir war klar, dass diese Charaktereigenschaft ihr im späteren Leben sicherlich noch einige Schwierigkeiten bescheren würde. Mir war es ja genauso ergangen. Mein Lieblingssatz im Zusammenhang mit Sophias wilder, manchmal ungezügelter Art war: „Meine Maus kauft sich später mal 'ne Harley, eine Fransenjacke dazu, und braust über alle Berge davon."

Was gibt es Schöneres, als seine Kinder aufwachsen zu sehen? Dabei zu sein, wenn sie die Hürden des Lebens meistern? Sie aufzufangen, wenn sie fallen? Dafür zu sorgen, dass sie ein selbständiges, gutes Leben führen können, wenn man selber nicht mehr auf dieser Erde ist? So soll es sein und so ist es auch in den meisten Fällen. Und nach der überstandenen Krankheit Leukämie, was sollte denn noch passieren?

Schon in den ersten beiden Monaten des Jahres 2002 schien alles schief zu laufen. Als Zweitwagen für Karen hatten wir Wolfgang und Birgit ihren alten Golf abgekauft, der ihnen immer gute Dienste geleistet hatte. Kaum, dass sie weg waren, fing er an, Ärger zu machen. Die Türen gingen nicht mehr richtig auf, und der Spritverbrauch wurde immer höher. Etliche andere unvorhergesehene Ausgaben strapazierten unser Budget bis aufs äußerste. Außerdem wanderten wir alle von einer Erkältung zur nächsten. Bei mir wechselten sich ständig Stirnhöhlenentzündungen mit normalem Schnupfen ab. Die Kinder, speziell Sophia, kamen aus dem Husten und Schnupfen nicht raus. Beruflich beschäftigten mich auch ein paar Probleme. Zu irgendwelchen Freizeitaktivitäten konnte ich mich gar nicht mehr aufraffen. War das letzte Jahr von viel Unternehmungsgeist und Lebensfreude geprägt, machte sich Anfang des neuen Jahres Lähmung und Leerlauf bei uns breit.

Sarah war, glaube ich, die Ausgeglichenste in dieser Zeit. Sophia wirkte oft angespannt, verhielt sich noch aggressiver als sonst. Vielleicht, weil sie spürte, dass sich etwas nicht Fassbares verändert hatte. Wir zwei gerieten damals häufig aneinander, was mich heute sehr belastet. Aber es musste wahrscheinlich zwangsläufig so sein, wenn zwei Dickschädel aufeinander treffen.

Im Fasching blühten beide Mädchen auf. Sophia nahm es besonders wichtig, im Kindergarten kostümiert zu erscheinen. Sie hatte viel Spaß an der Verwandlung. Als Prinzessin wollte sie gehen. Als sie das Kleid trug, bewegte sie sich wie eine vornehme Person. Leichtfüßig, mit einem leicht arrogant wirkenden Augenaufschlag flanierte sie an mir vorbei. Natürlich gehörte auch das Schminken dazu, was Sarah und Sophia unbedingt selber machen wollten. Man kann sich denken, in was für ein Fiasko das mündete.

Ostern kam, Sophia war gut gelaunt. Die letzte Blutuntersuchung hatte ein einwandfreies Bild ergeben, keine zerstörerischen Zellen sichtbar. Es schien alles wieder ein bisschen besser zu werden. Ostersonntag holte ich die Videokamera raus, um unsere zwei beim Eiersuchen zu filmen. Mir war da logischerweise noch nicht klar, wie wichtig diese Aufnahmen für uns werden sollten: Sophia gesund, Sophia mit langen Haaren.

Beide stiefelten durch unseren Garten und suchten ihre Nester. Sarah hatte ihre schnell gefunden. Sophia war noch nicht ganz fertig, suchte angestrengt weiter. Je länger das nun dauerte, desto missmutiger wurde sie. In einer angestrengten Pose habe ich sie auch auf dem Video verewigt: mit nach vorne gebeugtem Oberkörper, zu Schlitzen verengten Augen, die Arme in die Hüfte gestützt. Schließlich gab ich ihr ein paar Hinweise, damit auch sie ihre Suche abschließen konnte. Stolz präsentierten nun beide ihre Ostergeschenke. Sarah bekam Inline-Skates, Sophia ihre ersten Kinderrollschuhe.

Es war wunderschönes Wetter, und beide probierten die Geschenke gleich aus. Sophias erste Rollversuche an der Hand von Karen sind auch auf dem Video verewigt. Ständig fiel sie unsanft auf den Po. Ohne Weinen und Jammern stand sie sofort wieder auf, um einen neuen Versuch zu wagen. So lange, bis sie einigermaßen sicher stehen und ein paar Meter ohne fremde Hilfe fahren konnte. Ihre Willensstärke faszinierte mich so, dass ich die Kamera niederlegte und meine eigenen Inliner anzog. Wir fuhren zusammen Hand in Hand.

Man denkt oft, man habe ja noch mal die Gelegenheit, dies oder jenes mit seinen Kindern zu machen. Viele Kleinigkeiten übersieht man, verpasst man. Manche lassen sich nicht mehr wiederholen, sind unwiederbringlich. Ich bin dankbar dafür, meine Inliner angezogen zu haben, um mit Sophia ein paar Runden zu drehen.

Auch der Ostermontag war ein strahlender Frühlingstag, warm wie im Sommer. Wir verbrachten ihn bei der Oma. Das Lachen, die Freude, so wunderschön, sind in meiner Erinnerung kaum zu ertragen. Genau an diesen Ostertagen muss, nach meiner Überzeugung, in Sophias Knochenmark wieder die Hölle losgebrochen sein. Die Windpocken und die dauernden Erkältungen müssen damit zu tun gehabt haben. Vom Gefühl her bin ich mir sicher, dass es so ist. Eines lernt man infolge einer Krebstherapie: auf sein Innerstes zu hören! Der Verstand kann versuchen, sehr oft mit Erfolg, diese innere Stimme zu verdrängen. Aber auslöschen lässt sie sich nicht.

Irgendwo in Sophias Körper hatte eine von diesen verdammten Zellen überlebt und nur darauf gewartet, dass ihr Immunsystem geschwächt ist. Aber wie hätte man es verhindern sollen?

Die zweite Kur – Wir sehen Sylt doch wieder?

Karen hatte eine zweite Kur bei unserer Krankenkasse genehmigt bekommen, im Oktober sollte es so weit sein. Ich war mir bei unserem ersten Besuch sicher gewesen, Sylt nicht wieder zu sehen, diese wundervolle Insel mit ihren endlosen Sandstränden. Nun sollte es doch dazu kommen. Die Freiheit, tun und lassen zu können, was uns gerade einfiel – wir brannten schon förmlich darauf. Doch es wurde nichts daraus. Die Träume zerplatzten wie Seifenblasen.

Ende April tauchten kleine rote Punkte auf. Unscheinbar, kaum sichtbar. Aber Karen sah sie. Den ersten entdeckte sie beim Anziehen des Schlafanzugs auf Sophias Rücken. Zwei Tage später, als wir allein waren, sprach sie ihre Befürchtung offen aus, dass dies ein Rückfall sein könnte. Dafür strafte ich sie mit einem wütenden Blick und entgegnete gereizt: „Das hat nichts mit der Krankheit zu tun, das kann gar nichts damit zu tun haben! Schau sie dir doch an, wie sie herumtobt und lacht!

Sophia wird nie mehr so krank werden. Vielleicht sind das nur kleine Pickel, und du malst schon den Teufel an die Wand." Ich redete meine Frau einfach nieder; ich wollte, verdammt noch mal, nichts davon hören. Ich sah die Punkte auch, aber in mir ließ ich nichts zu, was in Richtung Krankheit ging. Ich liebe meine Frau. Doch in diesem Moment war mehr Wut als Liebe zwischen uns. Schließlich einigten wir uns darauf, dass Karen zur Vorsicht unseren Kinderarzt aufsuchte. Das mit dem Rückfall konnte einfach nicht wahr sein, sie musste sich irren.

Auch die nächsten Ereignisse passten eher in einen zweitklassigen B-Movie-Streifen als ins wahre Leben. Unser Kinderarzt war im Urlaub. Seinem Vertreter schilderte Karen die ganze Geschichte Sophias. Er gab ganz offen zu, wenig auf diesem Gebiet zu wissen, aber er konnte sich nicht vorstellen, dass diese kleinen roten Punkte irgendwie mit Leukämie im Zusammenhang stünden. Um Karen zu beruhigen, machte er Fotos von Sophias Gesicht und ihrem Rücken, die sofort nach München geschickt wurden.

Als ich von der Arbeit nach Hause kam, berichtete mir Karen davon – ich hielt weiter eisern an meiner Abwehrtaktik fest. Alles gar nicht wahr, alles halb so schlimm; der Schnee ist nicht weiß, sondern schwarz. Der Alptraum durfte ganz einfach nicht wiederkommen, nicht für Sophia, nicht für uns. Nach dieser Methode igelte ich mich ein. Ich brachte Sophia ins Bett. Sie war so fröhlich und aufgeweckt, voller Leben. Die Krankheit war weg, das bewiesen uns doch die Blutuntersuchungen. Die letzte war gerade mal zwei Wochen her. Es war ganz bestimmt falscher Alarm.

Die Auswertung aus München ließ auf sich warten. Am nächsten Tag rechneten wir eigentlich mit einem Anruf der Ärztin, aber Fehlanzeige. Dieses herbeigesehnte Telefongespräch erfolgte am zweiten Tag, und ihre Auskünfte waren ziemlich unbefriedigend für uns. Sie sagte, sie habe die Bilder gesehen und könne sich auch nicht vorstellen, dass die roten Flecken irgendwie mit einem Rückfall in Verbindung stehen würden: Dieses Erscheinungsbild sei ihr gänzlich unbekannt. Um Gewissheit zu haben, sollte Sophia nach München. Dort sollte eine genaue Blutuntersuchung durchgeführt werden.

Nun waren wir wieder zum Warten verdammt. Saßen wir auf einem Vulkan, der vielleicht schon ausgebrochen war? Die Äußerung der Ärztin, das Erscheinungsbild sei unbekannt, führte zu einer gewissen Erleichterung bei Karen. Die Stimmung zwischen uns war dennoch enorm angespannt.

Mein Schwiegervater brachte Karen und Sophia nach München. Ich fuhr zum Arbeiten nach Leutkirch – trotzig überzeugt, dass meine Kleine gesund war. Auf dem Weg nach Leutkirch kreisten meine Gedanken. Keine Müdigkeit oder Unwohlsein bei Sophia. Von Krankheit keine Spur, nur diese winzigen roten Flecken. Es war nichts, sicher nicht. Wir hatten unser Kind dem anfänglich diagnostizierten, fast sicheren Tod aus den Klauen gerissen. Durch die Hölle waren wir doch alle schon durch. Falls es ein höheres Wesen geben sollte, konnte es doch Sophia nicht noch mal das Gleiche antun. Sie hatte doch ein Recht auf ein unbeschwertes und freies Leben.

Der Vormittag verging, es kam kein Anruf für mich. Mit jeder Minute war ich mir sicherer, dass alles in Ordnung sein musste. Weil ich um 14 Uhr immer noch nichts gehört hatte, rief ich bei meiner Schwiegermutter an. Sie meldete sich, geriet ins Stocken. Mit bemüht ruhiger Stimme erklärte sie mir, dass es wahrscheinlich besser wäre, heute Nachmittag freizumachen und nach Hause zu kommen. Die drei würden bald in Memmingen eintreffen.

Der Schlag traf mich mitten ins Gesicht. Sie hatte nichts gesagt und doch alles. Der Alptraum war wieder da, jetzt wusste ich es. Es gibt tatsächlich Momente im Leben, in denen die Zeit stehen bleibt. Alles hatte in diesem Augenblick aufgehört zu existieren. Ich glaube sogar, mein Atem setzte aus. Ohne mich zu verabschieden, legte ich den Hörer auf. Noch ein Anruf bei dem Kollegen, dass ich heute Nachmittag nicht da sein würde. Schlüssel packen, ins Auto steigen, losfahren, alles ging mechanisch, wie eine Puppe, die von einem erfahrenen Marionettenspieler an den Fäden gezogen wird. Auf der Fahrt nach Memmingen dehnte sich die Zeit unendlich. Eigentlich sind es nur zwanzig Minuten, doch es kam mir vor, als wäre ich Stunden unterwegs.

Meine Schwiegermutter empfing mich mit rotgeweinten Augen. „Karen hat hier angerufen, weil sie es nicht übers Herz gebracht hat, es dir zu sagen. Es ist wieder da, Sophia hat einen Rückfall." Sie nahm mich in den Arm, und ein Schwall Tränen brach aus mir heraus. Außer Schmerz spürte ich nichts mehr. In diesem Moment bestand alles um mich herum aus einem Meer aus Schmerz und Tränen. Und Scham erfüllte mich, so viel Scham darüber, dass ich die Wahrheit geleugnet hatte. Karen war im Recht, ich hatte Unrecht. Doch spielte das noch irgendeine Rolle? Sophia schien wieder krank zu sein. Wie durch einen Nebel kam mir der Gedanke: „Sind sie wirklich auf dem Weg?" – „Ja, sie kommen nach Hause", beruhigte mich meine Schwiegermutter.

Nun begann für mich das Warten auf die beiden. Der Aschenbecher draußen auf der Terrasse war innerhalb kürzester Zeit voll. Ich kämpfte ständig mit dem Wasser in meinen Augen und gegen die aufkeimende Panik. Wie musste es in Karen aussehen? Ich wollte mich zusammenreißen, sie irgendwie auffangen. Und Sophia, wie sollten wir es ihr sagen? Der Krebs war wieder da. Was bedeutete das nun für uns? Was bedeutete es für Sophia, meine kleine Maus? Die Erinnerung an das Gespräch mit der behandelnden Ärztin war plötzlich wieder da, in dem sie mir gegen Ende der Therapie geschildert hatte, was ein Rückfall für Sophia bedeuten würde. Wahrscheinlich würde es dann nicht mehr gelingen, sie zu heilen, hatte sie gesagt. Diese Worte brannten in mir. Ich wurde fast rasend, gleichzeitig erinnerte ich mich an die erste Diagnose, als es hieß, Sophia würde wahrscheinlich nicht überleben. Vielleicht passierte ja noch ein Wunder, und Sophia überstand auch eine zweite Therapie? Vielleicht würde die zweite Therapie gar nicht so lang wie die erste? Ich warf alles, was ich über Rückfälle und die schlechten Heilungschancen wusste, über Bord. Sophia war stark, unheimlich stark. Wenn jemand es schaffte, dann sie. Wir gehen gemeinsam da durch. Keine Krankheit bricht den Lebenswillen meiner Tochter. Und überhaupt, ich hatte doch noch gar keine näheren Informationen. Was war denn festgestellt worden? Hatte sie am Ende vielleicht nur irgendeine Unregelmäßigkeit im Blut?

Irgendwann wurden die sich im Kreis drehenden Gedanken von zuklappenden Autotüren unterbrochen. Karen stand vor mir, mühsam beherrscht. Die Augen rot vom Weinen. Sophia merkte natürlich, dass irgendwas nicht stimmte, und war sichtlich irritiert. Aber sie zog es vor, nach einem Bussi auf meine Backe gleich mit Sarah zu spielen. Diese kurze Berührung konnte ich nur unter größter Mühe mit einem gekrampften Lächeln ertragen. Am liebsten hätte ich sie festgehalten und nie mehr losgelassen. Die Augen zugemacht und damit alles außer uns ausgeschaltet.

Als beide Kinder außer Sichtweite waren, nahm ich Karen in den Arm, ich merkte, wie sie in sich zusammensank. „Du musst jetzt stark sein, deine Frau auffangen!", befahl ich mir selber und sank ihr entgegen. Nichts war mit Starksein, nichts mit Auffangen. Im Schmerz zusammen sein, das war alles, wozu es reichte. Wir standen da wie zwei allmählich verwelkende Blumen, die sich gegenseitig stützen, bevor sie zu Boden gehen. Als wir nach einer Weile voneinander ließen, beide tränenüberströmt, flüsterte Karen, wieder und wieder: „Sophia wird sterben, das schafft sie nicht." Plötzlich stand etwas in mir auf. Mit einer Kraft in der Stimme, die mich verwunderte, sagte ich zu meiner Frau: „Wir werden sie noch mal durch die Therapie bringen! Sophia ist stark, sie lässt sich von der Krankheit nicht besiegen! Noch ein Mal kämpfen, und wir lassen diese verfluchte Krankheit hinter uns. Sophia wird nicht sterben, sie wird leben. Solange wir alle zusammenhalten und kämpfen, ist Sophia unbesiegbar." Durch meine Entschlossenheit gewann Karen so weit ihre Fassung zurück, dass sie mir erzählen konnte, was in München passiert war.

Nach der Blutuntersuchung wartete meine Frau mit Sophia und meinem Schwiegervater vor dem Arztzimmer auf das Ergebnis. Es dauerte lange, für Karen zu lange. Das schlechte Gefühl wuchs mit jeder Minute. Als sie zweimal bei einer Krankenschwester, die wir aus der ersten Therapie kannten, nachfragte, bekam sie nur ausweichende Antworten. Das Ergebnis sei noch nicht da, sagte sie zuerst. Danach hieß es, die Ärztin müsse sich noch die Einzelheiten anschauen. Die Krankenschwester hat uns sehr viel später eingestanden, dass sie die Werte schon bald auf dem Computer hatte, aber nicht den Mut aufbringen konnte, Karen die Wahrheit zu sagen. Das war Aufgabe der Ärztin.

Als endlich die Tür aufging und der ernste Blick der Ärztin sie traf, dachte meine Frau sofort: „Aus, Ende, das war's jetzt!" Karen wurde allein hineingebeten. Drinnen teilte ihr die Ärztin mit, dass in Sophias Blut wieder leukämische Zellen sichtbar waren. Sophia müsse eine zweite Chemotherapie machen, die sehr viel intensiver sein werde als die erste. Wahrscheinlich sei auch eine Knochenmarktransplantation erforderlich. Die Chancen auf Heilung hätten sich durch diesen Rückfall enorm verschlechtert. Auch die Ärztin war sichtlich schockiert, denn damit hatte sie nun wirklich nicht gerechnet. Beim Rausgehen sagte Karen nur ein einziges Wort: „Scheiße!" Und die Ärztin stimmte ihr zu: „Ja, das ist richtig."

Ich hörte Karen zu und begriff nur eines: Wie ein wildes Tier fällt einen diese tückische Krankheit von hinten an, vernichtet das freie Leben, den Alltag. Die Spaziergänge, Sophias Leben ohne Krankenhaus, alles vorbei? Sollte sich nun alles wiederholen? Schmerzen, Angst, Ungewissheit? Der Weg durch die Hölle? Sophia saß mit Sarah zusammen, die beiden spielten friedlich miteinander. Wie sollten wir unserem Kind beibringen, dass es wieder in das Krankenhaus nach München musste? Für morgen hatte die Ärztin ein gemeinsames Gespräch mit Karen und mir angesetzt, weil sie möglichst schnell mit dem neuen Chemo-Protokoll beginnen wollte. Irgendwie hegte ich immer noch die irrwitzige Hoffnung, dass die zweite Therapiezeit vielleicht kürzer als die erste sein könnte. Oder dass sich morgen doch alles als Irrtum erweisen würde. Die gleichen irrealen Gedanken wie nach der ersten Diagnose stellten sich wieder ein. Karen und ich waren uns einig, Sophia erst nach dem Gespräch in München einzuweihen. Momentan hatte ich keine Ahnung, wie. Zwar war sie noch klein, als sie die erste Therapie aus ihrem Alltag riss, aber diese Erlebnisse waren sicherlich trotzdem in ihren Erinnerungen abgespeichert. Den restlichen Tag waren wir in unserem Denken und Fühlen wie gelähmt. Die Angst vor morgen war schrecklich.

Am nächsten Tag lieferten wir Sophia und Sarah bei Oma und Opa ab, fuhren los nach München. Auf dem Weg dahin sprachen wir gar nicht miteinander, jeder hing seinen Gedanken nach. Die Ärztin empfing uns und führte uns gleich in ihr Büro, wo sie – sichtlich getroffen – alles noch einmal für mich wiederholte, was ich schon von Karen wusste. Es war so etwas von verrückt. Während des Gesprächs dachte ich immer wieder an Sophia, wie sie gerade bei Oma und Opa mit Sarah spielte. Ihre langen blonden Haare, auf die sie so stolz war. Alles sollte der Vergangenheit angehören: Die Haare, bald wieder weg. Spielen bei Oma und Opa, ersetzt durch das Klinikbett. Ein Alptraum. Wir wussten ja, was auf Sophia zukam, die erste Therapie hatten wir noch genau vor Augen.

Bereits morgen früh, sagte die Ärztin, müssten wir uns mit Sophia auf der Krebsstation einfinden. Gleich am ersten Tag sollte der Hickman-Katheter gesetzt werden, damit sofort die Chemo beginnen konnte. Karen und mir reichte es nun vollkommen, wir wollten nur noch weg von hier. Nach Hause zu Sophia.

Die Heimfahrt verlief schweigend und unter Tränen. Nun mussten wir es Sophia – und auch Sarah – beibringen. Immer noch hatte ich nicht die geringste Idee, wie. „Dir wird was einfallen, ganz bestimmt", kreiste es in meinem Kopf. Ich vertraute darauf. Wir kamen bei meinen Schwiegereltern an, Karen stieg aus, ich zögerte. Am liebsten wäre ich für alle Ewigkeit im Auto sitzen geblieben, hätte am liebsten die Zeit angehalten. Aber dann gab ich mir einen Ruck, zusammen gingen wir ins Haus. Sophia und Sarah waren gerade in ein Spiel mit der Oma vertieft. Meine Schwiegermutter deutete unsere Blicke richtig, kämpfte mit den Tränen. Ich nahm Sophia beiseite, umarmte sie und erklärte ihr:

„Mausi, du hast sicherlich schon gemerkt, dass Mama und Papa in den letzten Tagen etwas anders zu dir waren. Du warst ja auch in München, und die Ärzte haben festgestellt, dass die bösen Krebszellen, die der Chemokasper doch schon mal aus deinem Körper gejagt hat, wieder da sind. Wir müssen morgen wieder zurück in das Krankenhaus, damit der Chemokasper die Krebszellen wieder kaputt machen kann. Ich weiß, dass du sehr stark bist. Du, Mama und ich, wir werden dem Chemokasper helfen. Wir werden ganz fest zusammenhalten und den bösen Zellen zeigen, dass sie in deinem Körper nichts verloren haben. Die schmeißen wir raus!"

Sophia nickte zustimmend: „Ja, dann gehen wir halt zum Chemokasper, damit er mir helfen kann." Sie sagte das so, als hätte ich sie gefragt, ob sie mich zum Einkaufen begleiten will. Sie nahm es hin mit einem eigentümlichen Gleichmut, wie ihn vielleicht nur Kinder haben. Ich befürchtete allerdings Sophias starken Widerstand, wenn wir am nächsten Tag tatsächlich durch die Tür der Krebsstation gehen würden. Ihre Erinnerungen an die erste Therapie würden sie einholen.

Der letzte Tag in Freiheit, in Sophias „normalem" Leben, neigte sich dem Ende zu. Meine Frau und ich lagen wach im Bett, unsere schlafende Sophia zwischen uns. Ich war immer noch nicht überzeugt davon, dass Sophia wieder durch die

Hölle musste. Ich war nicht in der Lage, das an- und aufzunehmen, was uns die Ärztin gesagt hatte. Ich hatte das Gefühl, übel zu träumen und die Hoffnung, dass jemand käme, der mich wachrüttelte. Nach dem Aufwachen würde ich dann erleichtert feststellen, dass alles nur ein Alptraum war.

Wieder Kampf mit den Krebszellen – Sophia will nicht

Am nächsten Morgen packten wir die nötigsten Sachen ein. Sarah war gestern gleich bei der Oma geblieben, worüber sie sogar froh war. Die Hunde versorgte für die ersten Tage unser Freund Roger. Cindy gebärdete sich so, als wüsste sie genau, was passieren würde. Die ganze Zeit, während wir noch in den Vorbereitungen steckten, winselte sie und strich uns ständig zwischen den Füßen herum. Nur wenn Sophia zu ihr kam, vertrauensvoll ihren Kopf auf den Rücken unserer Hündin legte, beruhigte sie sich für diesen Moment. Sophia ließ sich von der Geschäftigkeit im Haus nicht anstecken. Sie saß auf den Stufen der Treppe, die nach oben führt, und streichelte ab und zu Cindy. Es hatte wirklich den Anschein, als würde sie die Fahrt nach München, die Einweisung in die Klinik leicht nehmen. Nichts war ihr anzumerken von dieser schweren Krankheit. Keine Müdigkeit oder Unwohlsein, nur diese verdammten Punkte. Ich war kurz vorm Durchdrehen.

In München angekommen, war Sophia immer noch ganz ruhig und kein bisschen besorgt über die Tatsache, dass wir vor der Klinik standen. Wir gingen hinein, setzten uns auf ein Sofa und warteten auf die Dienst habende Ärztin. Als wir uns niedergelassen hatten, veränderte sich Sophias Verhalten jedoch schlagartig. Es passierte genau das, was ich befürchtet hatte. Sophia ging zur Eingangstür und sagte ziemlich beiläufig: „Jetzt gehen wir wieder, ich will heim zu meiner Freundin Theresa." Theresa war eigentlich vorher nie so eine enge Freundin gewesen, aber nun schien sie plötzlich sehr wichtig zu sein. „Ich will jetzt mein schönes Kleid anziehen und zur Theresa gehen. Ich will weg hier." Karen sagte zu Sophia, wir hätten doch besprochen, dass sie erst mal hier bleiben müsse. Dann folgte die Explosion.

Sophia hängte sich an den Türgriff, zog wie eine Wilde daran, schluchzte und brüllte: „Theresa, Theresa, ich will zur Theresa!" Jetzt hatte sie begriffen, was auf sie zukam; sie erinnerte sich an alles. Karen war so schockiert über den plötzlichen Wandel, dass sie wie erstarrt war. Ich weinte, während ich mich bemühte, Sophia von der Tür zu entfernen. Ich spürte genau, was in ihr vorging, mit irgendetwas musste ich sie in den Griff bekommen, egal, was das war – sie schrie mittlerweile die ganze Klinik zusammen: Ein schreckliches Geschrei aus Leid und Wut. Ich versuchte, sie festzuhalten und sie daran zu hindern, wirklich abzuhauen. Wie ein Fisch glitt sie mir immer wieder aus den Fingern. Sie war vom Schreien total rot im Gesicht, und trotzdem gab sie alles, was sie an Kraft hatte, um diese verdammte Tür zu erreichen. Mir lief der Schweiß von der Stirn, doch Sophia war einfach nicht zu bändigen. Während ich mit ihr rang, versuchte ich, möglichst ruhig auf sie einzureden: „Sophia, hör mir zu! Wir haben doch über den Chemokasper geredet. Du musst jetzt stark sein, der Chemokasper alleine ist zu schwach, der braucht dich. Du musst ihm helfen, die Krebszellen zu zerstören, das kannst nur du. Papa wird auch helfen. Wir nehmen einen großen Hammer, dann hauen wir die bösen Dinger kaputt. Das können wir aber nur zusammen. Sophia, ich weiß, wie stark du bist. Wir zwei machen die Krebszellen platt."

Die Eltern auf der Station, die unseren Kampf mitbekamen, spürten Sophias seelischen Schmerz. Glücklicherweise gab keiner irgendwelche gut gemeinten Ratschläge. Die meisten werden wohl ähnliche Verzweiflungsausbrüche bei der Einweisung ihrer Kinder miterlebt haben. Willkommen in der Schicksalsgemeinschaft, schienen die Blicke zu sagen.

Nach einer mir endlos erscheinenden Zeit beruhigte sich Sophia. Ob sie nun körperlich einfach nicht mehr konnte oder meine Worte an sie etwas bewirkt hatten, sei dahingestellt. Sie hing in meinem Arm, total fertig. Nun wollte sie zur Mama und nur noch kuscheln. Die Erinnerung an diesen Anblick, wie sie verschwitzt und zusammengerollt auf Karens Schoß lag, zerreißt mich immer noch. Dort lag sie nun, weinend am Ende ihrer Kraft. Meine Tochter, der ich etwas aufgezwungen hatte, was nicht ihrem Willen entsprach. War das meine Aufgabe? Ihren Widerstand zu brechen? Ich liebte sie doch ...

Da der Hickman-Katheter nun doch erst am nächsten Tag eingesetzt werden konnte, musste ihr ein Venenzugang gelegt werden. Sophia streikte völlig. Karen redete mit Engelszungen auf sie ein, was nichts nützte. Sie saß, sich trotzig verweigernd, auf dem Bett wie ein kleiner Buddha. Ich setzte mich zu ihr und sagte: „Mausi, ich mach dir einen Vorschlag. Ich weiß, dass es ein bisschen weh tut. Aber wir zwei halten zusammen. Wenn du dir die Nadel legen lässt, lass ich mir auch eine legen." Ihr Blick taute daraufhin auf. Ich fügte noch hinzu: „Na, sollen wir es so machen? Wir gehen beide in das Arztzimmer. Einmal Zähne zusammenbeißen, und das Ding ist drin!" – „Okay", sagte sie, „aber du zuerst!"

Da ich meist wusste, was in ihrem Kopf vorging, dachte ich mir eigentlich schon, dass sie mich nur vorschieben wollte, aber ich hatte sie wenigstens so weit überzeugt, mich in das Arztzimmer zu begleiten. Hand in Hand gingen wir zur Ärztin, die im ersten Moment ziemlich verblüfft über meine Bitte war, auch einen Venenzugang zu bekommen. Sie ahnte natürlich, warum, und erklärte sich einverstanden. Gesagt, getan. Mein Zugang war schnell gelegt, nun war Sophia dran. Erst einmal streikte sie wieder, aber da sie sah, dass ich die Nadel bereits hatte, gab sie bald nach. Frau Lenzen legte nun auch bei ihr den Zugang, was natürlich nicht ohne Tränen abging.

Als ich wie bei der ersten Therapie wieder eine Nadel

in Sophias Haut verschwinden sah und Sophia vor Schmerz weinte, fragte ich mich, wie viel Leid ihre Seele wohl noch ertragen konnte. Da saß sie nun mit der Nadel im Arm, ein bisschen verloren wirkend. Wie schon beim ersten Mal hätte ich sie am liebsten geschnappt und nach Hause gebracht. Sie beschützt vor dem, was kommen sollte. Aber blieb uns eine andere Wahl, als ihr das hier anzutun? Die Alternative wäre gewesen, dem Tod Tür und Tor zu öffnen. Den Gedanken, die Therapie abzubrechen, vertrieb ich schnell aus meinem Kopf. „Das lasse ich nicht zu!", war damals mein Standardsatz. Sophia eignete sich auch einen oft wiederholten Satz an: „Nein, nein, auf gar keinen Fall, ausgeschlossen!", hörten wir in der nächsten Zeit immer wieder von ihr. Ich war überzeugt davon, dass wir mit aller Macht kämpfen, den gesamten Willen in Sophias Genesung legen mussten. Und dann würde es auch so kommen. So überheblich war ich, denn in Wirklichkeit hatten wir gar nichts in der Hand. Wir waren machtlos, auch wenn ich es damals nicht begriff.

Sophia stand von der Liege im Arztzimmer auf, der Infusomat – dieses verhasste, widerwärtige Ding – war wieder angeschlossen, zusammen gingen wir zurück in ihr Zimmer. Sophia legte ihren Kopf auf die Bettdecke und starrte den Infusomaten an. Das war zu viel, ich drehte mich weg, damit sie meine Tränen nicht sah. Während der zweiten Therapie haben Karen und ich viele Fotos von Sophia gemacht. Auch am ersten Tag sind ein paar entstanden. Wenn man sie mit denen aus ihrem „normalen" Leben vergleicht, erkennt man eins sehr genau: Sophia lachte vorher so viel und gerne – an diesem Tag erstarb ihr Lachen. Der Ernst war in ihr Leben und in ihr Gesicht zurückgekehrt. Ich wollte diesen negativen Kreislauf durchbrechen. In mit aller Energie hervorgebrachter Fröhlichkeit sagte ich zu ihr: „Komm Mausi, wir gehen ins Spielzimmer, da warst du auch früher so gerne." Sophia ging mit, wahrscheinlich, um mir einen Gefallen zu tun.

Am nächsten Morgen musste Sophia wieder nüchtern bleiben, die Operation für das Einsetzen des Hickman-Katheters war für den Vormittag angesetzt. Natürlich wurde es Nachmittag. Wir waren ja gerade erst kurz wieder hier, aber diese Warterei war schon jetzt nicht mehr auszuhalten. Chirurgie ist Fließbandarbeit. Warum sollte es die Chirurgen kümmern, wenn ein Kind vor Hunger jammert? Wenn ich, ich weiß nicht zum wievielten Mal, im Arztzimmer nachfragte, was denn nun mit der OP sei, bekam ich immer die gleiche Antwort: „Wir warten auf das Okay aus dem Operationssaal."

Mit etlichen Disney- und Kinderfilmen versuchten wir, Sophia von ihrem Hungergefühl abzulenken. Endlich war es so weit, die Schwester brachte den Einschlafsaft. Sophia wollte zuerst nicht, trank ihn dann aufgrund unserer Überredungskünste aber doch. Lange im Magen blieb er nicht, Sophia spuckte alles wieder aus, was sie mit „bäh" und Geschrei kommentierte. Nach einer kurzen Verschnaufpause zweiter Versuch. Mit Engelszungen redete ich auf Sophia ein: „Der Saft hilft auch dem Chemokasper, danach kannst du gut schlafen, nach dem Aufwachen bekommst du was zu essen, ich hole dir dann gleich Pommes." Irgendwie wirkte die Aussicht auf Pommes, Sophia trank den Saft. Diesmal blieb er drin. Als er wirkte, fing Sophia an zu lachen. Mit ihrer Spucke bildete sie kleine Bläschen auf den Lippen, sie fand das furchtbar lustig.

Die Schwester und wir fuhren sie in ihrem Bett nach oben zum Operationssaal. Im Vorraum hatten sich schon die Anästhesistin und ein paar blau bekittelte Schwestern versammelt. Einer von uns Eltern sollte mit rein, bis die Narkose wirkte, der andere musste draußen bleiben. Wir zogen Sophia ihre Sachen aus und einen OP-Kittel an, dabei summte sie, fast nicht verständlich, ein Liedchen vor sich hin. Ich beugte mich ganz nah zu ihr hin, nichts hätte mich jetzt von ihr weggebracht. Ich bat Karen, draußen zu warten, was sie dann auch tat.

Ich begleitete Sophia in einen kleineren Raum, wo ihr die Narkose verabreicht wurde. Ich streichelte ihr Haar, ihr Gesicht, sie summte immer noch ein bisschen. Dann war sie eingeschlafen. Sie so liegen zu sehen und jetzt zu gehen grenzte für mich an Verrat. Ich drehte mich in der Tür um und sah gerade noch, wie sie in den Operationssaal geschoben wurde. Ich ließ sie allein, allein mit Menschen, die sie nicht kannte. Ich weiß, dass mir gar nichts anderes übrig blieb, es darf ja niemand mit hinein in den Operationssaal, aber es war so unerträglich, sie nicht beschützen zu können. Ihr Leben zu beschützen: Das war doch meine Aufgabe als Vater! Wir alle wurden wieder beraubt: Wir als Eltern waren zu einem gewissen Teil entmündigt, denn das Wohl und Wehe lag wieder in den Händen der Ärzte. Sophia konnte nun kein schönes Kleid mehr anziehen und zufrieden mit Theresa spielen.

Glücklich durch den Tag spazieren. Der Dieb Leukämie nahm ihr so viel normale Kindheit weg. Ein Punkt war in dieser Zeit der wichtigste: „Koste es, was es wolle, Sophia wird überleben" – sehr oft war dieser Satz in meinem Kopf. „Koste es, was es wolle" – die nächsten Monate sollten mir hart klarmachen, was das hier wirklich bedeutete.

Nach dem Aufwachen war das erste, wonach sie fragte: „Pommes, Papa, du hast gesagt, ich kriege Pommes!" Die Schwestern hatten uns empfohlen, noch ein bisschen mit dem Essen zu warten, weil es sich nicht mit der Narkose vertrug. Alle gut gemeinten Ratschläge wurden über Bord geworfen und die Pommes besorgt: versprochen ist versprochen. Sophia aß ihre heißgeliebten Pommes nicht – sie verschlang sie. Beim Zusehen drängte sich auch mir der Verdacht auf, dass ihr Magen sich dagegen wehren würde. Nichts da! Sie vertrug die Pommes und war zufrieden.

Nun hatte Sophia wieder diesen verhassten Schlauch in sich, die Ärzte verloren keine Zeit und sobald die Nachwirkungen der Narkose überwunden waren, begann erneut die Chemotherapie. Der erste Therapieblock sollte nicht so lange dauern wie beim ersten Mal. Nach zwei Wochen, so wurde uns in Aussicht gestellt, durfte Sophia für ein paar Tage nach Hause. Außerdem wurden wir auf eine Neuheit hingewiesen, die es bei der ersten Therapie noch nicht gab. Sie nannte sich „MRD-Auswertung". Mit ihrer Hilfe konnte nach einigen Wochen genauer festgestellt werden, wie viele leukämische Zellen die Chemobehandlung überstanden hatten.

Anscheinend litt Sophia mehr unter den Medikamenten als früher. Doch vielleicht hatten wir einfach nur vieles nicht bemerkt, als sie noch nicht sprechen konnte – jetzt teilte sie sich mit. Die Nebenwirkung des Medikamentes MTX, das Angreifen bzw. Auflösen der Schleimhäute, bekam sie unerträglich hart zu spüren. Ich begleitete sie zur Toilette. Einfach um ihr zu helfen. Diese Minuten, wie sie da saß, mit schmerzverzerrtem Gesicht auf der Toilette, vergesse ich nie. Ich war in der Hocke vor ihr, damit sie mich anschauen konnte. Versuchte lustiges Zeug zu reden, um sie ein bisschen abzulenken. Mit ihrem Ärmchen hielt sie sich an meinen Schultern fest. Um immer wieder der Satz: „Papa, es tut so weh, mein Popo tut so weh."

Wenn es ihr schlecht ging, veränderten sich ihre sonst so lebendigen Gesichtszüge: Sie wurden hart. Hatte sie aufgrund der Medikamente starke Bauchschmerzen, verlangte sie nach ihrem Kirschkernkissen. Mit dem Kissen auf dem Bauch, eng an Karen oder mich gekuschelt, lag sie dann in ihrem Bett und guckte Disney-Filme.

Ihre Haare verlor sie diesmal ziemlich schnell. Was sie – im Gegensatz zu uns – nicht zu erschüttern schien. Als Sophia merkte, dass ihr geliebtes langes Blondhaar auszufallen begann, forderte sie energisch eine Rasur. Das hatte sie schon bei anderen Kindern in ihrem Krankenzimmer mitgekriegt. Ganz genau verfolgte sie, was die Mamas und Papas da mit Rasierapparaten auf den Köpfen der Zimmerkollegen veranstalteten. Für uns war es immer qualvoll, mit ansehen zu müssen, wie die Kinder von einer Minute auf die andere eine Glatze bekamen. Bei Sophia schien das keine große Gefühlsregung auszulösen. Sie beobachtete es mit interessiertem Blick. Trotz ihres jungen Alters akzeptierte sie Unausweichliches.

Irgendwie wollte ich die Rasur so lange wie möglich hinausschieben. Aber Sophia ließ nicht locker. Schließlich bat ich eine Krankenschwester um einen Rasierapparat. Da saß ich nun auf der Bettkante und wäre am liebsten im Erdboden versunken. Sophia schaute abwechselnd den Rasierer, dann wieder mich an. Ich sollte das jetzt tun! Vom Ablauf her recht einfach: einschalten und ansetzen. Umständlich fummelte ich an dem Gerät herum, um bloß noch ein paar Sekunden zu gewinnen. Am liebsten hätte ich Karen den Rasierer in die Hand gedrückt, aber nein, Sophia wollte, dass ich ihr die Haare abschneide. Es war nicht zu umgehen, ich musste anfangen. Plötzlich sagte sie zu mir: „Nein, Papa, doch nicht rasieren, lassen wir sie ausfallen."

Vielleicht war ich feige, aber ein Stein fiel mir vom Herzen. Natürlich war es die Chemotherapie, die ihr die Haare raubte. Aber ich hatte das Gefühl, dass ich es wäre, wenn ich ihr die Haare abrasierte. Sophia spürte, was in mir vorging, und handelte. Sie riss sich ein Haarbüschel aus, „nahm" es von ihrem Kopf herunter, es schien dort überhaupt nicht mehr verwurzelt zu sein. Drehte es ein wenig zusammen und steckte es mir mit Begeisterung ins Ohr. Dabei lachte sie und rief: „Pinsel, Pinsel! Ich hab einen Pinsel und kann dich damit kitzeln."

Diesen seltsamen Humor zeigte sie nun öfters. So, als wollte sie ausdrücken: Nichts kann mich unterkriegen, ich schwimme immer obenauf! Das Pinsel-Spiel praktizierte sie nun täglich mit Hingabe bei Karen und mir. Mir ist bewusst, dass sie damit ihre Seelenschmerzen zu übertünchen versuchte. Aber sie wollte es auch uns leichter machen. Sophia war noch keine vier Jahre alt, aber in ihrem Einfühlungsvermögen war sie weiter als mancher Erwachsene. Sie konnte aggressiv sein, ja. Sie konnte sehr durchsetzungsfähig und dominant sein, ja. Aber gleichzeitig war sie voller Weisheit.

Niemals in dieser ganzen Zeit machte Sophia sich Sorgen um sich selber. Welcher Erwachsene kann so etwas von sich sagen? Ihre Kindergartenkameraden hatten sie nicht vergessen, Sophia bekam eine große, buntbemalte, schön verzierte „Schatzkiste" von ihnen. Jedes Kind aus der Gruppe hatte etwas sehr Persönliches hineingelegt. Spielzeug, einen Teddy oder selbstgemalte Bilder waren darin. Die Gruppenleiterin teilte uns mit, dass die Kinder ständig nach Sophia fragten. Wann sie denn wiederkomme und wieder gesund sei usw. Ein wichtiger Teil war aus der Gruppe gerissen worden.

Wir zwei hatten auch ein besonderes Spiel, das nur uns beide betraf. Sophia knabberte und schmuste gern an meinem Ohr herum. „Schokoladenohr", sagte sie dann ganz genussvoll. „Hmm, Schokoladenohr schmeckt heute wieder gut." Da das ja bekanntlich ganz gehörig kitzelt, machte ihr das einen wahnsinnigen Spaß. Ich revanchierte mich auf gleiche Weise bei ihrem Ohr: „Erdbeerohr, hmm, schmeckt heute wieder ausgezeichnet." Nach diesem Spiel verlangte sie immer nach Untersuchungen, Behandlungen etc. Sie brauchte dieses Ritual, um die unangenehmen Erlebnisse von sich abzuschütteln. Im Laufe der Therapie brauchte auch ich es. Ein bisschen Lachen, sehr viel Nähe – das tat uns beiden gut.

Bei einer Sache blieb sie stur: Medikamente. Sophia weigerte sich beharrlich, die Tabletten zu schlucken. Beim Anblick dieser oft monströsen Tabletten konnte ich die Weigerung absolut verstehen. Karen war mit Sophia gerade in der Stationsküche, um ihr nach dem Abendessen die Tabletten zu verabreichen. Ich hörte das übliche Geschrei, mit dem Unterschied, dass bei Karen, deren Nerven natürlich auch angespannt wie Drahtseile waren, diesmal der Geduldsfaden riss. Ich machte schnell, dass ich in die Küche kam, am Schreien konnte ich schon hören, dass Karen es mit Gewalt probierte. „Mit Gewalt geht bei uns gar nichts", ging mir durch den Kopf. In der Küche angekommen, sah ich, wie Karen der sich heftig wehrenden Sophia eine Tablette in den Mund schob. Sophia entwand sich dem Griff ihrer Mutter, versuchte zu entkommen, dadurch riss sie an ihrem Katheterschlauch, der ja mit dem Infusomaten verbunden war. Blut lief in den Katheter, das passierte immer wieder mal und war nicht unbedingt ein Grund zur Beunruhigung. Aber Karen war völlig am Ende. Ich schickte sie nach draußen, nahm Sophia, die immer noch schluchzte, in den Arm und horchte in mich hinein. Was wirkte bei mir am meisten? Wo war ich am besten zu packen? Plötzlich war mir klar, wie ich mich verhalten musste. Ich wusste ganz einfach, dass es funktionieren würde.

„Guck mal, Sophia", sagte ich, „du weißt ja, dass der Chemokasper mithilft, die bösen Krebszellen zu zerstören. In diesen Tabletten sitzt auch der Chemokasper drin, er kann es kaum noch erwarten, dir zu helfen. Aber du musst ihn unterstützen und die Chemokaspertabletten nehmen. Was meinst du, wie froh er dann ist. Aber ich verstehe das schon, dass du ihm nicht helfen kannst, denn du bist ja noch so klein, und die Tabletten sind so groß."

Plötzlich hörte Sophia auf zu schluchzen, und ihr Kampfgesicht kam zum Vorschein. Mit bissigem Trotz entgegnete sie: „Bin nicht klein, ich bin schon groß, und helfen kann ich dem Chemokasper auch." Sprach's, setzte sich an den Tisch, schluckte eine Tablette nach der anderen.

Zugegebenermaßen war ich auf diese Manipulation nicht gerade stolz, aber Sophia war eben aus dem gleichen Holz wie ich geschnitzt. Bei mir hätte diese Argumentation in dem Alter bestimmt auch gewirkt. Ich ließ mir im Laufe der Therapie einige dieser Geschichten einfallen.

Es gab auch immer wieder Probleme beim so genannten Systemwechsel. Dabei wurden sämtliche Schläuche erneuert, die Sophias Katheter mit dem Infusomaten verbanden. Immer, wenn das anstand, verweigerte sie sich völlig. „Systemwechsel ist blöd." Sie ließ die Schwester einfach nicht an sich heran, und der Chemokasper musste wieder herhalten. Weil er ja schnell helfen wolle, erklärte ich Sophia, müsse er sehr schnell durch die Schläuche laufen. Dabei bleibe immer ein bisschen von seinen großen Schuhen hängen. Darum werde der Durchgang immer enger. Wenn wir die Schläuche nicht wechseln würden, käme der Chemokasper gar nicht mehr durch. Das überzeugte Sophia.

Wir alle gewöhnten uns wieder an den Klinikalltag. Wir lernten neue betroffene Eltern kennen. Schlimm war es, alte Bekannte aus der ersten Therapie wieder zu treffen. Sophia war nicht die Einzige, die einen Rückfall erlitten hatte. Das Hicki-ex-Lied, das öfters auf dem Klinikgang gespielt wurde, hatte für uns einen schalen Beigeschmack. In einer Liedstrophe hieß es: „Vom Hickman bist du frei, die Chemo ist vorbei." In Gedanken ergänzte ich bitter: „Bis zum nächsten Mal." Wenn ein Kind mit einem Rückfall eingeliefert wurde, merkte man auch den meisten Ärzten ihre Niedergeschlagenheit an. Bis auf wenige Ausnahmen waren sie wirklich einfühlsam und sahen sehr wohl, dass sie es mit Kindern zu tun hatten. An einen Vorfall erinnere ich mich noch sehr genau.

Wieder mal war ich mit Sophia in Richtung Spielzimmer unterwegs, als ich ein Mädchen still und ernst auf einem Stuhl im Gang entdeckte. Ich kannte sie von unserem ersten Aufenthalt. Meine Befürchtung, dass sie nicht nur zur regelmäßigen Blutkontrolle hier war, bewahrheitete sich durch einen Blick in ihre traurigen Augen. Die Mutter bestätigte mir kurze Zeit später, dass ihre Tochter einen Rückfall hatte. Wieder ein Schlag ins Gesicht von allen, die sich voll und ganz dafür eingesetzt hatten, Heilung zu erreichen. Wieder mal Chemotherapie und Einsatz umsonst. Man sah es deutlich in den Augen der Ärzte. Ratlosigkeit und sogar ein Stück Verzweiflung.

Auf der Station sprach sich dies immer schnell herum. Sofort waren Beklemmung und Angst zu spüren. Die Eltern von Kindern in Ersttherapie dachten: „Hoffentlich trifft es uns nicht auch." Diejenigen, die zum zweiten Mal hier waren, reagierten mit Trotz: „Wir ziehen das durch, wir schaffen es!" Alle Eltern und Kinder bildeten gewissermaßen eine Schicksalsgemeinschaft. Die Gedanken kreisten nur ums Überleben, um die Heilung. Auch diejenigen mit den schlechtesten Voraussetzungen kämpften um jeden weiteren Tag.

Mit Späßen und zur Schau gestellter Lebensfreude gingen wir durch den Tag. Die ruhigen Minuten waren schwer, sehr schwer. Die schwarzen Gefühle kletterten wie Kälte in einem hoch. So sehr man es auch vermied, mit seinen Gedanken allein zu sein, irgendwann war immer Zeit für sie, die Oberhand zu gewinnen.

Das geschah auch, als das Medikament Asperginase eingesetzt wurde. Schon in der ersten Therapie waren mit diesem Mittel Komplikationen aufgetreten. Andererseits war Asperginase eine wichtige Säule der Chemo. Darum entschieden sich die Ärzte, es Sophia zu verabreichen – es sollte eine Katastrophe werden.

Mit mulmigem Gefühl beobachteten wir die Infusionsflasche und gleichzeitig Sophia, die an ein Pulsmessgerät angeschlossen war. Zuerst schaute sie noch putzmunter „Michel aus Lönneberga". Plötzlich fing sie an zu husten, sie wurde knallrot und kriegte kaum noch Luft. Karen war schon auf dem Weg in Richtung Ärztezimmer, um Hilfe zu holen. Ich blieb bei Sophia und streichelte ihre Hand. Das Luftholen fiel ihr immer schwerer, der Pulsmesser war schon auf 199. Sie jammerte nicht, sie wurde richtig wütend. Ich beschwor sie, sich nicht aufzuregen, es würde dadurch nur noch schlimmer. Sie wollte bekämpfen, was nicht bekämpft werden konnte, sie wehrte sich mit aller Macht.

Dann standen zwei Ärzte und zwei Schwestern im Zimmer. Sie hängten die Flasche ab und gaben Sophia intravenös Fenistil, um die Reaktion zu stoppen. In die Kabel wurde etwas zum Spülen eingeleitet, um schnellstmöglich das Medikament herauszubekommen. Und nun blieb allen bloß zu warten. Sophia hatte sich mittlerweile beruhigt. Sie schlief nach dieser Kraftanstrengung sofort ein. Eine Schwester setzte ihr eine

Sauerstoffmaske auf, um den ziemlich niedrigen Sauerstoffgehalt in ihrem Blut zu erhöhen. Als der Puls wieder normal war, verließen sie uns wieder – da saßen wir nun.

Ich schaute in das Gesicht von Sophia und war erschüttert. Gleichzeitig fühlte ich tiefe Schuld, die Gabe dieser Chemo zugelassen zu haben. Mit der Sauerstoffmaske über dem Gesicht lag mein Schatz da. Als hätte das Leben sie schon verlassen. Was für ein Horror! Was, verdammt noch mal, musste sie noch ertragen? Andere Kinder spielten und freuten sich des Lebens. Und meine Sophia kämpfte mit massiven Reaktionen auf toxische Medikamente.

Vielleicht wirkt es befremdlich, dass ich in diesem Zustand ein Foto von ihr gemacht habe. Doch dieses und all die anderen aus der zweiten Therapie waren für sie: Später einmal, wenn sie erwachsen sein und mit vergleichsweise kleinen Schwierigkeiten kämpfen müssen würde, sollten die Fotos sie daran erinnern, welch alptraumhafte Schwierigkeiten sie schon gemeistert hatte.

Als Sophia nach ein paar Stunden die Augen wieder aufschlug, wollte sie sofort wieder fernsehen. Ich war darauf eingestellt, dass sie müde und schlapp sein würde. Aber nein, nicht diese große Kämpferin. Immer vorwärts in das Leben hinein schien ihre Devise zu sein.

Auch die Knochenmarksuntersuchungen stellten uns vor schwere Zerreißproben. Sie wurden unter Vollnarkose gemacht. Sophia musste wieder nüchtern bleiben, wieder mussten wir warten. Nach etlichen Stunden schoben wir sie im Bett in den Operationsraum. Die Narkose wurde eingeleitet, Sophia brabbelte und lachte noch ein bisschen vor sich hin. Dann war es still. Das Gesicht bleich, vom Cortison aufgedunsen, die Augen geschlossen. Keinen Laut gab sie von sich, sie schien nicht mal zu atmen. Und etwas kroch in mir hoch. Ich wehrte mich gegen diese dunkle Stimme, diesen verhassten Gedanken, für den ich mich so unendlich schämte. „So wird meine Maus aussehen, wenn sie tot ist." Oh, lieber Himmel, ich schäme mich jetzt beim Schreiben immer noch dafür! Der Anblick von Sophia in der Narkose ließ in mir alles dunkel werden. Das schreckliche Gefühl hielt an, bis Sophia ihre Augen wieder aufschlug und endlich verkündete: „Papa, ich hab Hunger! Du hast gesagt, ich krieg nach dem Aufwachen Pommes." Sophia machte sich keine Sorgen. Sophia wollte nur ihre Pommes. Das Versprechen, nach dem Aufwachen Pommes zu besorgen, hielt ich immer.

Das neue Chemoprotokoll war derart intensiv, dass MTX (das Medikament, das u.a. die Schleimhäute angreift) direkt in die Wirbelsäule gespritzt wurde. Trotz des Betäubungspflasters auf der Einstichstelle wehrte sich Sophia mit aller Macht dagegen. Immer, wenn wieder eine MTX-Spritze oder Liquor-Untersuchung (auch mittels einer Nadel in der Wirbelsäule) anstand, saß Sophia mit entblößtem Rücken zum Doktor und schrie aus vollem Hals: „Nein, nein, nicht in den Rücken stechen, nein, nein, aua, das will ich nicht!"

Ein solcher Eingriff ist gefährlich, der Arzt sollte nicht danebenstechen. Sophia wollte natürlich weg vom Behandlungstisch. Aber ich hielt sie fest, eisern und mit Gewalt. Sie durfte sich doch unter keinen Umständen bewegen. Sie weinte, schrie, kämpfte gegen meinen Griff, schwitzte vor Anstrengung und Wut, doch es war zu gefährlich, auch nur eine Bewegung zu dulden. Jede Sekunde dehnte sich zur Ewigkeit. Bei einer der Liquor-Untersuchungen wurde Sophia dreimal hintereinander gestochen, weil die Ärztin die richtige Stelle nicht traf. Allen, die mit im Raum waren, stand der Schweiß auf der Stirn: Aus, Ende. Es ging nicht mehr. Die Ärztin brach ab, verschoben. In den nächsten Tagen würde man es wieder versuchen. Erneut die Quälerei.

Kein Ereignis, und war es auch noch so schlimm, war für Sophia ein Grund, die Lust am Leben aufzugeben. Oft saßen wir im Zimmer oder in der Küche, machten Faxen und lachten.

Kleine, große Kämpferin

Das erste Mal, als Sophia wieder nach Hause durfte, war wieder ein gutes Beispiel für ihre immense innerliche Stärke. Das Taxi brachte uns von München nach Memmingen. Rudi, der Taxifahrer, der uns schon während der ersten Therapie gefahren hatte, war eine Seele von Mensch. Dass Sophia wieder krank geworden war, hat auch ihn schwer getroffen. Wir stiegen aus seinem Taxi aus, Sophia mittlerweile ohne Haare. Die Nachbarskinder wussten ja durch die Eltern schon Bescheid über den Rückfall, neugierig musterten sie Sophia, und mein Herz krampfte sich zusammen. Ich schloss die Haustüre auf, die Kinder sehr nah dabei. Mit hocherhobenen Kopf, Würde in den Augen, marschierte Sophia ins Haus hinein, mit den Worten: „Ich will jetzt meine Ruhe." Sie ließ sich nicht angaffen wie im Zoo. Zu dieser Zeit rief uns der evangelische Gemeindepfarrer Klaus Dinkel an. Erkundigte sich nach Sophia. Er lud uns ein, am „Familienkreis" der Gemeinde teilzunehmen. Die Emotion von mir, das weiß ich noch genau, war Aggression. Wer hatte sich denn in der ersten Therapie großartig um uns gekümmert? Wie konnte dieser Mann jetzt mit Gott kommen? Sophia musste wieder durch die Hölle. Wo war denn „sein" Gott? „Wissen Sie, ich hab mit dem ganzen kirchlichen Zeug nichts am Hut", antwortete ich knapp. Das Telefongespräch war schnell beendet. Dem reicht's, den seh' ich nie wieder – dachte ich. Das war aber nicht so.

Sophia hatte auch bei den Ärzten aus der ersten Therapie einen bleibenden Eindruck hinterlassen. Bei einer meiner Zigarettenpausen in München traf ich zufällig einen Arzt, der bei der ersten Behandlung einer unserer Lieblingsärzte gewesen war. Dieser Doktor mit Herz für Kinder war mittlerweile in einem ganz anderen Bereich eingesetzt. Diese Universitätsklinik war groß, und ich nahm nicht an, dass er von unserer Rückkehr auf die Krebsstation Kenntnis hatte. Als er mich sah, machte er auf der Stelle kehrt, kam zu mir rüber und sagte: „Ich habe es schon gehört. Es hat mich sehr getroffen, dass Sophia einen Rückfall erlitten hat. Damit hatte ich nicht gerechnet. Ich wünsche Ihnen viel Kraft. Wir werden uns bestimmt wiedersehen."

Entscheidungen – niemand nimmt sie dir ab

Die Ultraschalluntersuchungen wurden nun auch wieder Routine. Dabei spielte Sophia so gut es ging mit. Bei einer dieser Untersuchungen kam der nächste Alptraum auf uns zu, der Doktor sagte uns, der linke Eierstock sei stark vergrößert. Er vermutete, dass die Leukämiezellen dafür verantwortlich waren. Allerdings müssten sich das erst die spezialisierten Ärzte anschauen, das sei noch keine feststehende Diagnose.

Als wir kurz danach auf der Station in das Arztzimmer gerufen wurden, war uns schon klar, warum man mit uns sprechen wollte. Aber was für eine Entscheidung man uns abverlangen würde, ahnten wir nicht. Zwei Ärzte und ein Psychologe erwarteten uns. Wir wussten, wenn der Psychologe anwesend ist, kann nur etwas Schlimmes kommen. Die Empfehlung seitens der Ärzte war, den Eileiter zu entfernen. Mit Sicherheit könnten sie auch nicht sagen, ob von ihm eine Gefahr ausginge, aber das Risiko sei sehr groß. Die Konsequenz aus dem Eingriff sei aber, dass Sophia später keine Kinder bekommen könne. Der Schlag saß. Meine Gedanken wirbelten durcheinander. Den Eierstock entfernen und Sophia zur Kinderlosigkeit verdammen? Oder das Risiko der Nichtoperation eingehen und Sophia die Möglichkeit, Kinder zu bekommen, erhalten?

Die Ärzte rieten uns, die Entscheidung möglichst bald zu treffen.

Nachdem wir das Arztzimmer verlassen hatten, sagte Karen sofort, sie sei für die Operation. In meinen Gedanken spielte – wie sollte es auch anders sein? – Sophias Zukunft eine große Rolle: Sie wird wieder gesund: Platz Nummer eins in meinem Kopf. Wie sollte ich damit umgehen, wenn sie mir später schwere Vorwürfe wegen ihrer Kinderlosigkeit machen würde? Doch was würde es bedeuten, wenn wir uns gegen die Operation entschieden? Sollten sich tatsächlich bösartige Zellen in dem vergrößerten Eierstock verstecken, würde das sicherlich die Therapie erschweren, wenn nicht gar unmöglich machen. Nachdem wir intensiv miteinander geredet hatten, entschieden wir uns für die Operation. Wie glücklich müssen Eltern doch sein, wenn sie über so einfache, profane Dinge wie Ausbildung und Schule entscheiden dürfen.

Sophia hatte gerade viel Spaß beim Spielen, als wir sie abholen kamen. Ich sah sie an und hoffte nur, dass sie es später verstehen würde. Was, wenn sie später deshalb nichts mehr von mir wissen wollte? Vollkommen verrückt, Sophia stand in der Intensivchemotherapie, und ich machte mir Sorgen, was in fünfzehn Jahren sein würde. Bedingungslose Liebe ist nicht daran geknüpft, zurückgeliebt zu werden.

Sophia wurde für den Zeitraum der Operation in die chirurgische Abteilung verlegt. Wieder neue Ärzte, wieder neue Schwestern. Sie war irritiert über den Wechsel. Ich erklärte ihr, dass die bösen Zellen in ihrem Bauch feiern und ganz viel darin kaputtmachen. „Und das dürfen die doch nicht. Deswegen geht der Doktor bei der Operation da hinein und schmeißt die ganzen frechen Zellen raus." Sophia war entrüstet: „Denen werden wir es zeigen! Solche frechen Zellen, raus mit denen! Die schmeißen wir alle raus." Wieder mal war ihr Widerstandswille entfacht. „Die haben mich gar nicht gefragt, ob die da reindürfen bei mir, denen zeig ich's", sagte sie mit eisernem Blick.

Ja, das stimmt, niemand hat dich gefragt, ob die da reindürfen. Trotzdem sind sie da, diese Zellen, die deinen Körper zerstören. Dein Leben wollen sie haben und dich von uns fortholen.

Mein Hass auf diesen nicht fassbaren Gegner war so immens, dass ich aufpassen musste, dass er mich nicht auffraß. Ich konnte ihn nicht packen und zur Rechenschaft ziehen. Wahrscheinlich kann man die immer latent vorhandenen Aggressionen, die mich wegen jeder Kleinigkeit in die Luft gehen ließen, darauf zurückführen. Mein Wunsch war doch immer, Sophia vor allem Schlechten zu beschützen – und nun stand ich wieder da und musste zuschauen, wie sie erneut narkotisiert wurde.

Der Balkon – ein bisschen Freiheit

Die chirurgische Station war sehr schön, im Vergleich zur Krebsstation. Sogar ein Balkon war vorhanden. Sophia war begeistert. Trotz des Infusomatenständers konnte sie mit mir ein bisschen an die frische Luft. Bis zur Operation nutzten wir jede Minute, um draußen zu sitzen und zu spielen. Wenigstens das Wetter meinte es gut mit uns. Die Sonne schien, Sophia lachte wieder, man hätte fast vergessen können, dass sie operiert werden musste. Der Balkon ließ mich nachdenken: Wer nur hatte die Krebsstation so angelegt? Die Kinder verbrachten manchmal Wochen an einem Stück da. Was für ein Luxus wäre es für sie, auf einem Balkon zu sitzen.

Ein Chirurg dieser Abteilung ist mir noch in guter Erinnerung: Wie Till Eulenspiegel war auch er ein richtiger Faxenmacher. Im Gegensatz zu seinen ernsten Kollegen war er immer für ein Späßchen zu haben. Einmal konnte ich beobachten, wie er mit einem Kind mitten auf dem Stationsgang saß und spielte. Ein richtiger Mensch und Kinderseelentröster. Solche Ärzte sind leider die Ausnahme. Dieser Arzt operierte Sophia. Im Vorfeld erklärte er nicht nur uns, sondern auch ihr, was er tun würde. Kindgerecht machte er ihr die Notwendigkeit der Operation klar. Wir waren so dankbar, auf dieser Station zu sein und diesen Arzt zu haben. So wurde es für Sophia viel leichter. Er wollte die Operation, wenn möglich, nur punktuell durchführen. Durch die Haut einstechen, das betreffende Stück entfernen. Sophia sollte so wenig Narben wie möglich davontragen.

Der Chirurg schaffte tatsächlich, was er sich vorgenommen hatte. Drei Tage Bettruhe sollte Sophia einhalten, aber weit gefehlt. Meine kleine Kämpferin war bereits ein paar Stunden nach dem Eingriff wieder putzmunter und wollte unbedingt aus dem Bett. Mit aller mir verfügbaren Überzeugungskraft konnte ich sie daran hindern. Doch sie wollte unbedingt auf den Balkon! Ich riskierte es nicht, ihr diesen Wunsch zu erfüllen: Die Operationsnarbe war klein, aber frisch. Am zweiten Tag setzte sie sich durch. Mit aller Kraft wuchtete sie sich aus dem Bett. Sie hatte Schmerzen, ganz klar. Aber Sophia wäre nicht Sophia gewesen, hätte sie sich davon abhalten lassen. Natürlich erntete ich tadelnde Blicke seitens der Ärzteschaft. Aber was sollte man schon gegen so viel geballte Willenskraft tun? Sophia erholte sich sehr schnell von der Operation und betonte immer wieder, dass die bösen Zellen nun alle rausgeschmissen worden wären aus ihrem Bauch.

Da die Stationen ja nicht so weit auseinander lagen, besuchte ich die Kinderkrebsstation, um anderen Eltern von den positiven Örtlichkeiten zu berichten. Ich hätte mir keinen schlechteren Zeitpunkt aussuchen können. Schon im Eingangsbereich sah ich die Mama von Bianca weinend sitzen, neben ihr eine Psychologin. Ich wusste es sofort, wollte es aber nicht wahrhaben – Bianca war tot. Erst vierzehn Jahre alt. Ein sportliches Mädchen. Sie spielte so gerne Tennis. Auf der Station war es ein offenes Geheimnis gewesen, dass es Bianca sehr schlecht ging. Vor wenigen Tagen hatte ich sie noch, blass und abgemagert, über den Gang gehen sehen. Vor Schmerzen gebeugt, hielt sie sich am Infusomatenständer fest. Bianca hatte am Ende der ersten Therapie einen Rückfall. Kurz vor dem ersehnten Hicki-ex hatte der Krebs sie wieder eingeholt. Danach schlugen die hochdosierten Medikamente überhaupt nicht mehr an. Jeder wusste, was das bedeutet. Aber hier galt die Regel: Die Hoffnung wird nicht aufgegeben. Bis jetzt. Auf der Station war kein Lächeln auf den Gesichtern der Ärzte und Schwestern zu sehen. Wieder ein Kampf verloren, ein Leben zu Ende. Jeder war um Haltung bemüht, machte weiter seine Arbeit. So viele Kinder hier, für die der Kampf weiterging.

Vor ein paar Wochen hatte ich Biancas Mutter auf dem Klinikgang angesprochen. Mir war aufgefallen, dass Bianca nie mehr lachte; auch die Mutter schien eine starre Maske zu tragen. Lachen bedeutet Leben, das bisschen Leben, was die Kinder auf der Station hatten, mit Freude füllen. Irgendwie wollte ich das auch Biancas Mutter vermitteln. Das scheint leicht für jemanden, der kurz zuvor die gute Nachricht bekommen hatte, dass das Knochenmark der eigenen Tochter keine bösartigen Zellen mehr enthielt. „Machen Sie eine Flasche Sekt auf!", hatte die Ärztin zu meiner Frau gesagt. Obwohl diese Nachricht eigentlich ein Grund zum Freudensprung war, stellte sich bittere Unruhe bei mir ein. Der Gedanke an die noch bevorstehende MRD-Auswertung quälte mich. Innerlich war ich tief verunsichert, aber nach außen versprühte ich Positivität, Lebensfreude; besonders mit Sophia und den anderen Kindern. Wie man Puppen anzieht oder welches Spielzeugauto besser aussah, das war das Zentrum der Welt.

Die katholische Seelsorgerin teilte uns mit, dass ein Gedenkgottesdienst für Bianca stattfinden sollte. Ja, ich war feige, und ehrlich gesagt: froh darüber, an diesem Tag arbeiten zu müssen. Mir ist klar, wie gemein und rücksichtslos das von mir war. Ich konnte es damals nicht. Vielleicht ging es mir wie den Rennfahrern, bei denen es eine ungeschriebene Regel gibt, dass man, wenn ein Kollege auf der Rennbahn verunglückt und stirbt, nicht auf die Beerdigung geht. Sie wollen nicht an die Möglichkeit eines eigenen Unfalls, des Sterbens erinnert werden. Auch ich wollte nur das Ziel, das Überleben, sehen. Mein stures Verdrängen der Möglichkeit, dass der Tod auch Sophia treffen könnte, bröckelte in diesen Momenten. Am Gottesdienst teilzunehmen hätte bedeutet, sich mit der Möglichkeit zu konfrontieren. Der Tod durfte in meiner Gedankenwelt nicht vorkommen.

Cindys Veränderung – das darf doch alles nicht wahr sein

Wir waren knapp eine Woche auf der Station mit dem herrlich sonnigen Balkon, dann wurde Sophia für ein paar Tage nach Hause entlassen. Rudi holte uns ab. Sophia freute sich immer sehr, wenn er mit seinem Taxi kam. Sie wusste, dass er ihr eine Brezel mitgebracht hatte, die sie dann auch gleich mit Genuss verspeiste. Ich glaube, ein einziges Mal hat er die Brezel vergessen, Sophia war ziemlich sauer darüber. Rudi wollte natürlich einen gut gelaunten kleinen Fahrgast haben und steuerte gleich die nächste Bäckerei an. Auch mit Gummibärchen ließ sich unser Taxifahrer nie lumpen, Sophia wurde immer gut versorgt.

Zu Hause fiel mir die Veränderung von Cindy auf. Roger hatte mir schon erzählt, dass sie wenig fraß, sich komisch verhielt. Aber nun sah ich es selbst: Cindy kam mir völlig kraftlos entgegen, die Augen wirkten müde. Als sie Sophia entdeckte, kehrte ein wenig Glanz in ihre Pupillen zurück. Irgendwie hatte ich ein richtig schlechtes Gefühl. Von mir nahm sie kein Fressen an, Sophia versuchte es, und siehe da: Cindy fraß! Nicht viel, aber wenigstens etwas. Ich habe ein Foto von den beiden vor dem Fressnapf gemacht. Es begleitet mich wie viele andere Bilder. Und doch hat es eine besondere Aussagekraft – die zwei waren einfach miteinander verbunden.

Da ich wieder einige Tage arbeiten musste, bat ich Karen, mit Cindy zu unserer Tierärztin zu fahren. Den ganzen Vormittag hatte ich ein mulmiges Gefühl. Mittags klingelte das Telefon, und als mir Karen sagte, dass Cindy nicht mehr lange zu leben hätte, passierte etwas Seltsames. Plötzlich geisterte ein

Bild durch meinen Kopf. Es erschreckte mich zutiefst, aber ich konnte es nicht vertreiben. Ich sah Sophia, ihre Hand fest in Cindys Halsband gekrallt. Mit strengem Blick schaute sie mich an, Cindy hechelte, und mir war bewusst, dass beide nicht mehr bei uns sind. Dieses Bild war nur für einen Sekundenbruchteil da. Aber ganz klar und deutlich. Ganz schnell wollte ich dieses Bild loswerden, verdrängen. Mein Verstand war ja auch ziemlich überreizt. Er musste ja solche Bilder produzieren. Das jedenfalls wollte ich zu diesem Zeitpunkt glauben.

Karen erzählte mir, dass Cindys Nieren nicht mehr richtig arbeiten: Die Tierärztin weiß nicht, wie lange Cindy das noch durchhält. In meinem Kopf drehte sich alles. Nicht jetzt, nein, nicht jetzt! Was für Auswirkungen hat der Tod Cindys auf Sophia und die Chemotherapie? Die Hündin war doch gerade erst ein bisschen was über vier Jahre alt, das durfte doch nicht wahr sein! Wann war es endlich genug? Alles Menschenmögliche musste nun getan werden, um Cindys Leben zu erhalten. Sophia durfte nichts von alldem erfahren. Ich war dumm genug zu glauben, dass wir ihr etwas vormachen konnten. Cindy ging es immer schlechter, kraftlos lag sie herum. Sobald Sophia in der Nähe war, schien die Hündin das letzte bisschen Kraft zusammenzunehmen, um schwanzwedelnd in die Nähe ihres kleinen Frauchens zu kommen.

Als wir zusammen wieder in die Klinik mussten, bat ich Roger, mit Cindy zu einem anderen Tierarzt in unserer Nähe zu gehen. Doch die Diagnose blieb die gleiche. Als der Arzt von Sophias schwerer Krankheit erfuhr, machte er den Vorschlag, Cindy mit Infusionen zu behandeln: Vielleicht bessere sich der Zustand der Hündin dann, auf alle Fälle wäre es ein Aufschub. Dieser liebe Mensch hatte das Herz auch auf dem rechten Fleck und tat alles, was in seiner Macht stand.

In der Klinik wollte Sophia immer wieder wissen, wie es denn Cindy gehe. Ausweichende Antworten hinterfragte sie hartnäckig. Sie drängte mich so in die Ecke, dass ich schließlich sagte: „Cindy ist sehr krank." – „So wie ich? Hat sie auch solche bösen Krebszellen?" – „Nein, sie hat eine andere Krankheit! Wir wissen nicht, wie lange sie noch bei uns ist." Jetzt war es heraus, im gleichen Moment hätte ich mich ohrfeigen können, aber Sophia wäre so oder so auf die Wahrheit gekommen. Wie sie darauf reagierte, hatte ich nun gar nicht erwartet. Ich dachte, dass sie heulen, schreien und wüten würde. „Cindy soll nicht sterben, ich will sie behalten!" Oder so ähnlich. Nichts davon! Sophia blieb vollkommen ruhig. „Oh, dann geht Cindy da hinauf", sagte sie und zeigte mit ihrem kleinen Finger zur Zimmerdecke. Nach der ersten Sekunde Verblüffung erklärte ich ihr, dass Cindy dann keine Schmerzen mehr hätte und sie von oben beobachten würde. „Es ist gut, wenn sie keine Schmerzen mehr hat", sagte Sophia und wandte sich wieder ihrem Disney-Film zu. Meine Tochter war noch keine vier Jahre alt, aber ihr Einfühlungsvermögen in andere Lebewesen und ihre Fähigkeit, loszulassen und den Tod zu akzeptieren, flößte mir Respekt ein.

In diesen Tagen versuchten die Ärzte es ein letztes Mal mit Asperginase bei Sophia, was wiederum mit einem allergischen Schock endete, wenn auch nicht so massiv wie früher. Wieder lag sie da, mit Sauerstoffmaske, wie leblos, angeschlossen an etliche Kabel, aber bereits nach einer halben Stunde schlug sie die Augen wieder auf. Die Ärztin sagte trotzdem, unter diesen Umständen müsse auf das Medikament endgültig verzichtet werden, obwohl es sehr wichtig für den Therapieerfolg wäre. Einerseits war ich froh über diese Mitteilung, Sophia wurden weitere Atemnotanfälle erspart. Andererseits war ich besorgt, weil kein Ersatzmedikament mit der gleichen Wirkung zur Verfügung stand. Was bedeutete das für Sophias Heilungschancen? „Wir wissen es nicht", lautete die Antwort der Ärzte – wie schon so oft. Wie man fast nichts weiß über die Chancen des einzelnen Kindes. Die ganzen Überlebensprozent-Statistiken sind nichts wert. Im Einzelfall werden die Eltern immer nur eine Auskunft bekommen: Wir wissen es nicht oder wir vermuten es. – Nichts zum Festhalten oder zum darauf Bauen.

Begegnungen

Wieder mal stand auch Arbeitsalltag an. Die Tage im Laden, getrennt von Sophia, vergingen zäh. Die zwei Hunde hatte ich dabei, damit mittags wenigstens ein Spaziergang für uns drin war. Da der Wohnort und meine Arbeitsstelle etliche Kilometer auseinander lagen, war das die beste Lösung. Cindy ging es beim Laufen immer schlechter, oft konnte ich sie nicht mehr dazu bewegen, aufzustehen. Sie lag dann nur da, auf der Kuppe des Hügels, der mittags immer unser Ziel war, schaute müde umher, reagierte auf kein Kommando. Nach etlichen Versuchen stemmte sie sich hoch und folgte Jerry und mir. Ihre Kraft schwand zusehends, ihre müden Augen begegneten immer wieder den meinen. Doch was darin zu lesen war, wollte ich immer noch nicht wahrhaben. Cindy musste durchhalten. Ich dachte wirklich, ich könnte es irgendwie beeinflussen.

In diesen Tagen kam ein älterer Mann mit Krücken herein, um Bastelmalfarben bei mir zu kaufen. Wir kamen ins Gespräch, er erzählte mir von seiner Krebserkrankung, seiner Therapie und der darauf folgenden Scheidung von seiner Frau. Um seine Krankheit zu vergessen, habe er viel Kinderspielzeug handwerklich gefertigt, sagte er. Als ich ihm berichtete, dass meine Tochter Leukämie hat, war er sichtlich erschüttert. „Sie wird es schaffen, sie ist jung, sie schafft es", sagte er noch, bevor er ging. Ich sollte ihn wiedersehen.

Hoffen

Die MRD-Auswertung rückte langsam näher. Im Knochenmark zeigte sich nicht mehr auch nur die geringste Spur der heimtückischen Zellen. Die Chance war sehr groß, dass bei dieser absolut genauen Untersuchung das gleiche Ergebnis herauskam. Trotzdem hatte ich das dunkle, undefinierbare Gefühl, dass es nicht so sein würde.

Während der endlosen Tage im Krankenhaus konnte es schon mal vorkommen, dass bei Sophia trotz des Spielzimmers und des Fernsehers Frust und Langeweile aufkamen. An Regentagen, wenn auch drinnen alles grau in grau schien, war es besonders schlimm. An einem solchen Tag fiel mir auf, dass der Klinikgang seit der ersten Therapie neu mit einem blauen Linoleumboden ausgelegt worden war. Dieser war in der Mitte, wo die Bahnen zusammenliefen, hell verfugt worden. Die Fuge sah, beim genaueren Betrachten, wie ein Seil in luftig blauer Höhe aus. „Seiltanzen, Sophia, komm, wir gehen Seiltanzen!", rief ich ihr zu. Sophia schaute mich im ersten Moment ein wenig misstrauisch an. Aber als sie sah, wie ich vorsichtig auf Zehenspitzen, einen Fuß nach dem anderen, immer genau auf der Linie ging, folgte sie mir mit Feuereifer. Die Linie verlief auch an der Küche vorbei, so konnten sich die todesmutigen Seiltanzakrobaten nach erfolgreichem Abenteuer auch noch ordentlich stärken. Es wurde eines ihrer liebsten Spiele. Immer wenn sie Lust dazu hatte, zog sie ihre hellblauen Lieblingsclogs an, die machten ja durch die Holzsohlen so richtig schön Krach, und ging hinaus auf den Gang. Konzentriert, mit ausgestreckten Armen, als gäbe es nichts außer dem Seil in luftiger Höhe, war sie „Sophia, die Seiltänzerin". Wir überbrückten damit Stunde um Stunde.

Wir waren gerade in der Tagesklinik, als man uns in das Besprechungszimmer bat. Der MRD-Bericht aus Berlin war da. Wir traten ein, ich sah den Psychologen und zwei unserer Lieblingsärzte, das schlechte Gefühl explodierte. Die Fachärztin erklärte uns, dass immer noch viele leukämische Zellen vorhanden seien. Diese neue Untersuchungsmethode hatte es bei Sophias erster Therapie noch nicht gegeben. Die Vermutung lag nahe, dass es damals genauso schlecht ausgesehen hatte wie jetzt. Diese verdammte Krankheit hatte sich nur versteckt, zurückgezogen. Im Mikroskop nicht mehr zu entdecken, hatte sie nur darauf gewartet, wieder zuschlagen zu können. Da es auch die viel intensivere zweite Chemotherapie nicht geschafft hatte, diesen teuflischen Gegner zu besiegen, empfahlen uns unsere beiden Lieblingsdoktoren eine Knochenmarktransplantation. Sollten wir uns dagegen entscheiden, wäre die Gefahr eines erneuten Rückfalls sehr groß. Dann würde eine Transplantation nicht mehr durchführbar sein, eine Chemotherapie würde auch nichts mehr nützen – Sophia müsste sterben.

In mir bäumte sich alles auf, ich weinte, war wütend. Allein, dass sie die Möglichkeit des Todes erwähnt hatten, brachte mich fast zur Raserei. Sophia wird nicht sterben, sie nicht! Sie ist stark! So stark, wie ihr alle, die ihr da sitzt, euch nicht in euren kühnsten Träumen ausmalen könnt! Sophia wird siegen, und wenn eine Transplantation dazu notwendig ist, dann wird sie da durchgehen! Und wir mit!

Für mich war das keine Frage, aber für Karen. Meine Frau wollte die Transplantation nicht, sie meinte, Sophia hätte nun wirklich genug mitgemacht. Ich konnte nicht glauben, was ich da hörte. Wie bitte? Ihrer Meinung nach sollten wir auf diesen lebensrettenden Eingriff verzichten? Auf einmal waren mächtige Aggressionen in mir. Wie konnte sie nur! Ich verstand sie überhaupt nicht. Nicht ein einziges Mal in der ganzen Zeit, die wir zusammen verbracht hatten, hatte ich an Trennung gedacht, aber jetzt. Meine Wut trat offen zutage, ich fuhr Karen an: „Sophia wird ohne Transplantation höchstwahrscheinlich sterben, es gibt keine Alternative!" Sie erwiderte, ihr Gefühl sage ihr, dass Sophia die Transplantation nicht überstehen würde. Unser Homöopath habe beim letzten Besuch festgestellt, dass Sophias Herz schon sehr durch die Chemo angegriffen war, ebenso die anderen Organe. Sie glaube fest, dass Sophia die Transplantationsräume nicht lebend verlassen würde. Karen bremste meine Wut aus.

Ich wusste auch, dass der Eingriff risikoreich ist. Wir mussten mit einer vier- bis achtwöchigen Isolation rechnen. Manche Kinder schafften es tatsächlich nicht. Starben, ohne auch nur noch ein Mal nach draußen zu können. Aber was war die Alternative? Sophia sterben lassen? Plötzlich war ich mir nicht mehr so sicher, ob wir wirklich auf der gleichen Seite standen. Meine Frau, mit der ich durch dick und dünn gegangen war, schien mir nun ein Gegner zu sein. „Ich könnte nicht damit leben, die einzige Chance, die Sophia hat, ungenutzt zu lassen", sagte ich bitter. „Mir war klar, dass du so reagieren wirst", hielt Karen mir vor, „ich wusste, dass du mit Sophia auch noch den letzten gangbaren medizinischen Weg gehen willst. Ohne Rücksicht auf Verluste. Du siehst nur die Zukunft, die Zeit nach der Krankheit. Aber die Hölle, in die wir Sophia schicken und schon geschickt haben, die siehst du nicht, oder willst sie nicht sehen." Mit einer Sicherheit knallte sie mir diese harten Brocken an den Kopf, wie es sonst ganz bestimmt nicht ihre Art war.

Karen hatte Recht. Nicht, dass ich nicht in der Lage war, Sophias Qualen wahrzunehmen. Aber ich war bereit, zu allem ja und amen zu sagen, was die Ärzte sicherlich nach bestem Wissen und Gewissen vorschlugen. Meine Tochter sollte leben, koste es, was es wolle. Koste es, was es wolle? Was, wenn Sophia schwer geschädigt aus der Transplantation kommt? Sie überhaupt keine Lebensqualität mehr besitzt? Schwere Medikamente ein Leben lang? All das könnte passieren. Konnte ich so menschenverachtend sein und die Seele meines Kindes vollkommen außer Acht lassen? Ein Teil in mir wand und sträubte sich vor der Möglichkeit der Komplikationen. Dieser Teil rief immer wieder nur eines: „Leben, Sophia muss überleben!" Ich war schockiert über mich selber. Ich liebte Sophia über alles, aber hatte ich das Recht, über ihr Schicksal zu entscheiden, ohne sie einzubeziehen? Nach dem Motto: Wir sind erwachsen, wir wissen schon, was gut für dich ist. Karen hatte mir die Augen geöffnet, und dafür war ich dankbar. Sophia war nicht mein Besitz, sondern ein eigenständiger Mensch, klein zwar, aber um so viel weiter gereift in ihrer inneren Entwicklung als mancher Erwachsene. Karen willigte ein, als ich ihr vorschlug, dass wir mit Sophia darüber sprechen würden, was sie intuitiv für das Richtige hielte. Ich vertraute auf Sophias Kampfgeist, ihren Willen, zu überleben. Die Entscheidung konnte nur mit ihr gemeinsam getroffen werden.

Wir hatten nicht viel Zeit, uns auf dieses schwere Gespräch vorzubereiten, falls wir uns für den Eingriff entschieden, sollte schnell ein Spender gesucht werden. Nachdem wir Sophia möglichst kindgerecht erklärt hatten, was bei einer Knochenmarktransplantation auf sie zukommen würde, verhielt sie sich seltsam. Wir fragten sie mehrfach, ob sie das will, und sie antwortete nur mit „ja, ja" oder „ja, machen wir", um sich im selben Moment wieder wesentlich wichtigeren Dingen wie Disney-Filmen oder mein „Schokoladenohr" abzuschlecken zuzuwenden. Sie hörte irgendwie nicht richtig zu, als ginge sie das Ganze gar nichts an. Mir wurde seltsam zumute, das bedeutete nichts Gutes. Ich ahnte wohl, was sie, versteckt in ihrem Hinterkopf, wusste. Doch Erwachsene sind Künstler im Verdrängen. Sophia war einverstanden, und die Spendersuche konnte beginnen.

Diese weltweiten Datenbanken sind so wichtig. Ohne sie hätte wahrscheinlich fast kein Kind eine Chance zum Überleben, weil Familienangehörige ja so oft als Spender nicht geeignet sind. Es glich einem Glückstreffer, einen hundertprozentig passenden Spender zu finden.

„Musst keine Angst haben, Cindy"

Das „Sommerfest" des Kindergartens fand statt. Sophia war gerade für ein paar Tage zu Hause. Meine Frau erzählte mir nach der Arbeit, was sich an diesem für Sophia wichtigen Tag ereignet hatte. Sie durfte ja eigentlich nicht dorthin, wegen der Chemo und der daraus resultierenden Ansteckungsgefahr durch die anderen Kinder. Aber sie wollten wenigstens „Zuschauer" sein. Beide standen vor dem Zaun, verfolgten das lustige Treiben. Die Krankheit sperrte Sophia aus. „Komm Mama, wir gehen wieder, da sind zu viele Leute", sagte Sophia zu Karen.

Später, alle Kinder waren schon gegangen, kehrten beide zurück. Einfach noch einmal schauen. Die Kindergärtnerin war noch da, übergab Sophia ein Indianerstirnband und einen Holzspeer. Die Kinder hatten wieder für Sophia gebastelt: für die Indianerin, die keinen Schmerz kennt. Stolz trug Sophia beides. Sie mussten auch mit auf unseren nächsten Waldspaziergang. Karen machte ein Schwarz-Weiß-Foto bei dieser Gelegenheit: Sophia, der stolze Indianer. Mit der Kraft von tausend Winnetous.

In den Therapiepausen zu Hause sah ich, wie Cindy immer mehr verfiel. Die Wässerung der Nieren hatte nichts gebracht, das Blutbild wurde immer schlechter. Mit traurigen Hundeaugen schaute sie mich an, als wollte sie sagen: „Ich kann einfach nicht mehr." Sie hatte große Schmerzen, sobald sie auch nur eine Kleinigkeit des von Sophia verabreichten Futters gefressen hatte, musste sie würgen und spucken. Cindy verhungerte vor dem vollen Fressnapf, und ich war immer noch zu stur, um sie zu erlösen. Karen und unsere Tierärztin redeten beide auf mich ein, nun endlich Schluss zu machen. Ich blieb stur, bis zu einem Freitagabend im August. Cindy lag kraftlos im Garten, und es fiel mir wie Schuppen von den Augen: Nur noch ein Schatten war übrig geblieben von der prächtigen Berner Sennhündin, die sie früher gewesen war. Ich rief unsere Tierärztin an, sie erklärte sich sofort bereit, am Montag zu uns zu kommen, um Cindy einzuschläfern.

Ich setzte mich zu ihr ins Gras, vergrub mein Gesicht in ihr Fell und weinte. Meine Frau kam hinzu, die Augen auch mit Tränen gefüllt, da saßen wir nun, ein Bündel Elend. Urplötzlich war das Bild wieder da, das durch meinen Kopf gegeistert war, als Karen mir die Diagnose der Tierärztin mitgeteilt hatte. Ging Cindy voraus? Sollte sie Sophia abholen, wenn es so weit war? „Nein", schrie es in mir, „nichts von dem, was du gesehen hast, wird wahr! Sophia wird leben. Irgendwann kommen dir diese Bilder wie ein böser Spuk vor."

Am nächsten Tag sagte ich Sophia, dass Cindy nun bald von uns gehen müsse. Sophia setzte sich zu Cindy. Die beiden schauten sich eindringlich an. „Cindy, im Himmel hast du keine Schmerzen mehr, geh in den Himmel!", sagte Sophia, während sie die Hündin streichelte, „wir werden dich nicht mehr sehen, aber trotzdem wirst du da sein und mich immer sehen. Ich hab dich lieb." Dann stand sie auf und ging wieder spielen. Unsere kleine Tochter zeigte uns den Umgang mit dem Tod. Für sie war es das Natürlichste überhaupt, Cindy loszulassen.

Sonntagabend schlief ich im Wohnzimmer, weil ich die letzte Nacht in Cindys Nähe verbringen wollte. Sie spuckte und würgte fast die ganze Zeit nur noch Magensäure, seit Samstag fraß sie nichts mehr, auch von Sophia nahm sie nichts an. Der Morgen kam. Sarah, die zur Schule musste, verabschiedete sich tränenüberströmt von Cindy. In diesem Moment schwor ich mir, nie wieder einen Hund in die Familie zu bringen. Sarah so verzweifelt zu sehen tat nicht nur weh, das ging tiefer hinein.

Ich wollte mit Cindy noch einmal unsere gewohnten Spazierwege aufsuchen. Die Hündin konnte nicht mehr aufstehen, ich hob sie hoch und trug sie ins Auto – und hoffte auf ein Wunder. Ich hoffte, dass Cindy noch einmal aus dem Auto springen, mit mir den alten Weg gehen würde. Stattdessen hob sie müde den Kopf und schaute sich ganz langsam um. Danach legte sie ihr Haupt wieder auf die Pfoten und schaute mich endlos lange an. Ihre Augen sprachen mit mir, sie verabschiedete sich. Meine Tränen flossen, ich umarmte sie, streichelte ihr Fell. Dann schloss ich die Klappe unseres Kombis wieder und fuhr zurück.

Sophia sollte den Vormittag bei meiner Mutter verbringen, denn das Setzen der Spritze musste sie nicht mitbekommen. Karen nahm Cindy mit, als sie Sophia zu meiner Mutter brachte, damit die sich von der Hündin verabschieden konnte. Meine Mutter weinte fürchterlich, Sophia streichelte ihren Rücken und sagte: „Oma, brauchst nicht weinen, Cindy geht in den Himmel, da geht es ihr gut." Meine Tochter tröstete die

Oma. Auch heute redet meine Mutter immer noch von der Stärke und Gewissheit, die damals von Sophia ausging. Sophia verabschiedete sich nochmals von Cindy mit einer Liebkosung auf den Kopf und dem Satz: „Musst keine Angst haben."

Als sie wieder zu Hause war, betteten wir Cindy auf ihre Lieblingsdecke und warteten auf die Tierärztin. Sie war pünktlich. Am liebsten hätte ich, wie ein kleiner Junge, die Tür nicht aufgemacht. Die erste Spritze brachte Cindys Herz nicht zum Stillstand, sie musste eine zweite direkt ins Herz setzen. In diesem Moment stand Jerry von seinem Platz auf, legte eine Pfote auf Cindy und kuschelte seinen Kopf an ihren Rücken. Sogar die Tierärztin war sprachlos. In der ganzen Zeit, in der die beiden zusammen gewesen waren, hatten sie einander kaum beachtet. Aber nun verabschiedete sich Jerry von Cindy. Einen solchen Moment kann man nicht vergessen. Cindys Herz stand still, sie war tot. Nur viereinhalb Jahre war sie bei uns gewesen. Unter Tränen wickelten wir sie in die Decke und begruben sie im Garten. Sarah hat noch einen Brief geschrieben, den ich mit in das Grab legte. Während ich schaufelte, lag Jerry still und unbeweglich neben mir. Die Überzeugung, dass Tiere genauso fühlen wie wir, ist für mich eine Gewissheit.

Freude und Zeichen

Eine Woche darauf näherten sich mal wieder das Kinderfest und der Fischertag. Die Erzieherin aus Sophias Kindergarten hatte es ermöglicht, dass Sophia das traditionelle Singen aller Schulkinder auf dem Marktplatz von einem Fenster des Stadtamtes aus beobachten durfte. Dieser Tag war besonders wichtig für sie. Ansteckungsgefahr hin oder her. Glücklich schaute sie aus dem Fenster, ihre Augen strahlten über dem weißen Mundschutz.

Am Fischertag war zwar eine intravenöse Chemo in München geplant, aber die Ärzte gaben uns dann doch am Samstagvormittag frei. Natürlich hatte ich ihr versprochen, einen Fisch speziell für sie zu fangen. Der Gedanke, leer auszugehen, kam mir gar nicht, denn die Jahre vorher hatte ich immer etliche Fische im Netz gehabt. Mein Schwiegervater, mein Schwager und ich sprangen also wieder unter lautem Gejohle in den Stadtbach. Sophia und Sarah waren sichtlich aufgeregt, als der Papa mit dem „Bären", einem übergroßen Fischköcher, wie ein Wilder in dem braunen Wasser herumstocherte. Da sich bei diesem Fest immer Menschenmengen am Stadtbach versammeln, musste Sophia wieder einen Mundschutz tragen, was ihr viele neugierige, sogar verständnislose Blicke einbrachte. Aber das machte ihr nichts aus. Sie konzentrierte sich auf das Wesentliche, auf die fischende Bande im Wasser. Nun passierte, was noch nie geschehen war. Das Fischen war vorbei, und Schwiegerpapa, mein Schwager Bernd und ich hatten auch nicht die kleinste Forelle gefangen. Zu allem Überfluss war auch noch der Stiel an meinem Bären zerbrochen. Im Nachhinein war es für mich ein Zeichen.

„Sophia, es tut mir Leid, ich habe keinen einzigen Fisch gefangen." – „Papa, ist nicht so schlimm. Dann müssen wir den Fisch nicht totmachen." – „Sophia, wie sie leibt und lebt", dachte ich noch. Sobald wir zu Hause waren, fuhr auch schon das Taxi vor, um sie nach München zu bringen. Am Abend nach erfolgter Infusion und einer Wartephase durfte sie wieder heim, um sich wenigstens am Sonntag ein bisschen auszuruhen.

Sophias Lieder

Sophia liebte in dieser Zeit drei Musiktitel besonders: Grönemeyers „Mensch", Xavier Naidoos „Wo willst du hin?" und Laith al Deens „Jetzt, hier und immer". Wenn eines dieser drei Lieder gespielt wurde, sang sie ganz konzentriert mit. Wir sangen voller Inbrunst oft zu zweit. Wer diese Lieder kennt, weiß: Das ist nicht unbedingt der Musikgeschmack einer noch nicht mal Vierjährigen. Aber auch hier gilt: Sophia war weiter – weiter, als wir alle dachten.

Der August war angefüllt mit dauernd verschobenen Terminen zur Chemo. Sophia war einfach nicht fit genug, um zum jeweils festgelegten Zeitpunkt ihre Chemo zu erhalten. Nie wusste ich, ob Sophia den Tag zu Hause sein würde oder nicht: rein nach München, die Leukos wieder zu niedrig, ab nach Hause. Ein paar Tage warten. Das Ganze von vorn. Zwischendurch klappte es auch mal. Dieser Sommermonat war total verregnet, ganz wenig Sonnenschein. Irgendwie ging es uns genauso.

Vorbereitungen zur Transplantation

Im weiteren Verlauf der Therapie hatten wir ein Gespräch mit dem verantwortlichen Transplantationsarzt. Ein ziemlich grobschlächtiger Kerl, auf den ersten Blick eher in einem handwerklichen Beruf angesiedelt. Er klärte uns über die zahlreichen Risiken des Eingriffs auf und wies ausdrücklich auf die Möglichkeit hin, dass Sophia die Transplantationsräume nicht lebend verlassen könnte. Er zeigte uns Bilder von Kindern mit schwerwiegenden Folgeschäden, Hautveränderungen usw. Ein paar Tage später erfuhren wir, dass eine passende Spenderin in Spanien gefunden worden war. Der Transplantation stand nichts mehr im Wege. Sophia ging die ganze Zeit schon durch so viele Täler, wenn Gerechtigkeit existiert, wird Sie es schaffen. Ganz bestimmt.

Wir schauten uns Mitte September „das Zelt" an – so nennt man in der Klinik die völlig abgeschottete Transplantationsabteilung. Ein seltsames Gefühl stellte sich bei mir ein. Karen versuchte, Sophia ihr neues Zimmer, das durch eine Verglasung von den anderen Räumen getrennt war, schmackhaft zu machen. „Ja, ja." Ich spürte deutlich: Es war, als ginge sie das alles überhaupt nichts an. Sophia spazierte durch das Zelt wie ein Besucher durch den Zoo, immer im Bewusstsein, wieder gehen zu können.

Diese paar Quadratmeter sollten also für vier bis acht Wochen oder länger unsere Heimat werden. Wir wurden auch noch darüber aufgeklärt, dass wir, bis die neuen Zellen angewachsen sind, unser Kind allenfalls mit Handschuhen berühren dürfen. Mein Gott, gerade Sophia! Sie forderte doch immer Berührungen und gab sie auch so gerne. Die Hölle rückte immer näher und gleichzeitig die vermeintliche Erlösung von dieser schrecklichen Krankheit.

Sophias vierter Geburtstag

Ich musste an diesem Tag arbeiten, denn mein unbezahlter Urlaub stand an. So hatte ich keine Möglichkeit, noch einen zusätzlichen Tag einzuschieben. Erschreckenderweise sind meine Erinnerungen an diesen Tag nicht sehr groß. Alles in mir beschäftigte sich schon mit diesem Weg in die Heilung.

Sophia und Sarah waren noch vor uns wach. Wir gingen hinunter zum Frühstücken, um Sophias Lieblingskuchen zu verspeisen. Unsere Maus blies mit einem kräftigen Atemzug ihre Geburtstagskerzen aus. So fröhlich lachend, mit Sarah albernd. Sophia verschwendete keine Minute mit Gedanken an die Transplantation. Heute wird gefeiert. Am Vormittag rief meine Süße mich an und erklärte stolz, dass sie schon ein Päckchen bekommen habe. Die Seelsorgerin aus München hatte ihr ein Stofftier geschickt. Am Nachmittag war Kindergeburtstag angesagt. Mit ihren ausgesuchten kleinen Freundinnen genoss sie jede Sekunde. Am Abend, als ich zu Hause war, nahm ich mein Geburtstagskind auf den Schoß und wir schauten gemeinsam in den eingegangenen E-Mails, ob etwas von Wolfgang und Birgit dabei war. Tatsächlich, ein kleiner Videoclip, in dem die beiden, als Indianer verkleidet, Sophia zum Geburtstag gratulierten. Sie strahlte über beide Backen. Mich verließen die Gedanken an die Transplantation an diesem Tag nie. Bald sollte es nun so weit sein.

Terminverschiebung

Der Termin des Eingriffs wurde verschoben, da aufgrund der Personalknappheit die Transplantationseinheit für vierzehn Tage geschlossen werden musste. Das erfüllt mich heute noch mit Wut und Hilflosigkeit. Das ach so reiche und auf sein Gesundheitswesen so stolze Deutschland schließt überlebenswichtige Stationen wegen Personalmangels! Der neue Termin war für Ende Oktober festgesetzt. Um die Zeit bis zu dem Eingriff zu überbrücken und sicherzugehen, wurde noch mal ein Chemoblock eingeschoben. In diesem letzten Chemoblock ereignete sich ein unschönes Erlebnis mit einer Ärztin, die meiner Meinung nach nicht auf so eine Station gehört.

Nach ein paar Tagen Arbeit machte ich mich mit Sarah früh auf den Weg nach München. Ich hatte Sophia versprochen, zum Frühstück bei ihr zu sein und sie am Nachmittag mit dem roten Flitzer (ein alter japanischer Sportwagen, aber Sophia war immer stolz und fröhlich, wenn sie mitfahren durfte) zur Therapiepause nach Hause zu bringen. Wir kamen gut durch und waren um kurz vor acht in der Klinik. Bevor Sarah auf die Krebsstation durfte, musste ein Arzt sie anschauen, darum blieb sie vor der Glastür stehen. Im Gang auf der anderen Seite kam uns Sophia freudestrahlend entgegen. Karen schaffte es gerade noch, mit dem Infusomatenständer Schritt zu halten. Sophia wollte natürlich gleich bei ihrer Schwester sein. Aber die Glastür war dazwischen. Dieser Moment, wo beide ihre Nasen an der Scheibe platt drückten, so nah beieinander waren und doch nicht zueinander konnten, war herzzerreißend und gleichzeitig bezeichnend für das, was Geschwister in so einer Therapie durchmachen müssen.

Zufällig kam nun die oben genannte Ärztin auf dem Weg zu ihrem Dienst an uns vorbei. Ich fragte, ob sie kurz Sarah anschauen könne, es wären ja nur ein paar Sekunden, nur einmal in den Hals hineinleuchten. Sie antwortete mir recht schnippisch: „Herr Martensen, Sie wissen doch, dass mein Dienst erst um acht Uhr dreißig anfängt!" Damit ließ sie uns stehen und setzte ihren Weg fort. Ich kochte vor Wut. Schließlich half uns eine Schwester, einen anderen Arzt im Untergeschoss der Klinik zu finden.

Nachdem wir gefrühstückt hatten, ging ich ins Arztzimmer, um diese Ärztin zur Rede zu stellen. „Vielen Dank für Ihre nicht geleistete Hilfe! Sie sollten mal darüber nachdenken, wo Sie sich befinden. Sie arbeiten mit Kindern, die um ihr Leben kämpfen. Meine zwei Töchter sehen sich so selten, und ich habe Sie höchstens um zwei Minuten Ihrer kostbaren Zeit gebeten, nicht mehr." Eine andere Ärztin kam hinzu, die natürlich wissen wollte, was hier los sei. Wesentlich kleinlauter als vorher erzählte die Ärztin, was vorhin auf dem Gang vorgefallen war. Allerdings in sehr beschönigenden Worten. Damit war ich nicht einverstanden und schilderte meine Version. Der Blick der hinzugekommenen Ärztin in Richtung ihrer Kollegin sagte mehr als tausend Worte. Wir würden sowieso ständig Unruhe in die Station bringen, verteidigte sich besagte Ärztin. Damit konnte ich leben. Ich glaube, dass ein bisschen Unruhe, wenn sie angebracht ist, auch recht heilsam sein kann. In der langen Zeit im Krankenhaus hatte ich gelernt, nicht mehr zu allem ja und amen zu sagen.

Knochenmarkspunktion

Am Ende des zusätzlichen Chemo-Blocks wurde noch eine routinemäßige Knochenmarkspunktion gemacht. Diese sollte ausschließen, dass noch Anteile von Krebsblasten in Sophias Blut vorhanden waren. Bevor das Untersuchungsergebnis vorlag, durfte Sophia nach Hause, um das letzte Mal vor der Isolation Freiheit zu erleben. Meine Stimmung war seltsam. Teilweise gedrückt und ängstlich, teilweise euphorisch, weil Sophias Gesundung durch die Transplantation in greifbarer Nähe lag. Der unbezahlte Urlaub war ja schon geregelt, nur nach hinten verschoben. Keine zehn Pferde hätten mich in der Zeit des Eingriffs von ihr weggebracht. Nur noch durch dieses tiefe Tal, dann ist es geschafft. Bis dahin allerdings ging ich noch zum Arbeiten. Meine Frau nutzte jede freie Minute, um in der Stadt alle möglichen Spielsachen und Ablenkungen für die lange Isolationszeit zu kaufen. Alles, was mit in das Zelt genommen wurde und direkten Kontakt zu Sophia haben würde, musste entweder eingeschweißt oder desinfizierbar sein.

Zwischendurch fuhren wir nach München, um die Autoladungen an Spielzeug und Bekleidung in das Zelt zu schaffen. Die zuständigen Schwestern staunten nicht schlecht über die Mengen, die kaum in die vielen Schränke passten. Sophia war auch mit dabei, aber irgendwie unbeteiligt, und ich hatte wieder dieses undefinierbare Gefühl, dass sie etwas wusste, was uns verschlossen war. Die geistige Tür, hinter die nur sie schaute, öffnete sich auch kurz für mich, als ich sie so teilnahmslos sah. Plötzlich spukte die beunruhigende Frage durch meinen Kopf: „Was, wenn jetzt noch etwas passiert?" Schnell habe ich die Tür zugeworfen. Was sollte vor dem Eingriff denn noch passieren? Sophia ging es körperlich gut, die Voraussetzungen für die Transplantation waren ideal.

Am Abend, als wir im Bett lagen, gestand Karen mir: „Ich habe einfach Angst, furchtbar große Angst, dass Sophia in diesem geschlossenen Zimmer stirbt. Aber ich weiß auch, dass du niemals damit leben könntest, diesen Weg nicht gegangen zu sein." Meine Entgegnung war kurz: „Könntest du es?" Heftige Gedanken schwirrten durch meinen Kopf: Die einzige Möglichkeit auf Heilung aus Angst vergeben? Das Leben wird den Weg Sophias bestimmen, nicht der Tod.

Man steht nicht allein

Ich glaubte, dass die Außenwelt zwar von Sophias Krankheit Notiz nahm, aber in der Mehrheit lieber wegschaute als hinsah. Da bekam ich im Laden Besuch von dem älteren Herrn auf Krücken, er hatte ein Geschenk dabei. „Ihre Tochter wird es schaffen, ganz bestimmt! Ich hoffe, sie hat ein bisschen Spaß mit dem, was ich ihr mitgebracht habe." Ich konnte mich gerade noch bedanken, dann war er schon wieder weg. Ich besah mir das Präsent genauer, es war ein handbemaltes Memory-Spiel: Schmetterlinge, Blumen, wunderbar genau, in den schönsten Farben, auf weißen Holzplättchen. Wie lange musste dieser Mann daran gesessen haben? Ich war total überwältigt. Als ich es Sophia gab, strahlten ihre Augen – sie liebte Memory.

Karen berichtete mir, dass Frauen aus ihrem Bekanntenkreis gerne einen Bazar für Sophia veranstalten würden. Erst mal war ich fassungslos, gleichzeitig kroch leichtes Unbehagen in mir hoch. Was dachten diese Menschen? Konnte ich etwa nicht alleine für meine kranke Tochter sorgen? Zugegeben, unsere finanziellen Mittel waren fast aufgebraucht, aber wenn man es gewohnt ist, für sich selber einzustehen, ist es sehr schwer, Hilfe anzunehmen. Obwohl wir diese dringend benötigten. Die Frau des ortsansässigen Onkologen, der Sophia in den Therapiepausen versorgte, hatte die Idee mit dem Bazar. Und Pfarrer Dinkel organisierte mit ganzer Energie mit. Es ging um Sophia, da spielten Glaubensfragen keine Rolle. Nach dem Gottesdienst am Sonntag, einen Tag nach Sarahs Geburtstag, sollte er in den oberen Räumen der evangelischen Gemeinde stattfinden. Ich muss ehrlich gestehen, ich glaubte noch nicht so richtig daran. In mir war keine Vorstellung davon und ich hatte es auch noch nie erfahren, dass Menschen sich derart stark machen für andere.

Schon vor dem Gottesdienst schauten Karen und ich uns an, was so alles angeboten wurde. Staunend liefen wir durch die vollgestellten Räume mit liebevoll gesteckten Kränzen, Tischdekorationen usw. Später erfuhr ich, dass die Frauen Tag und Nacht gebastelt hatten, um diesen Bazar in so kurzer Zeit auf die Beine zu stellen. Für Kaffee und Kuchen war ebenfalls gesorgt, auch für den Verkauf. Ich kam mir vor wie in einer Bäckerei. Angesichts dieses Angebots dachte ich, ganz wie es meine Art ist: Was, wenn gar nicht so viele kommen? Ich sollte mich gewaltig irren.

Schon die Kirche war gerammelt voll. Nachdem Pfarrer Dinkel die Schlussworte des Gottesdienstes gesprochen hatte, ging ich nach vorne, um den Menschen, die den Bazar besuchen wollten, im Voraus zu danken. Ich hatte noch nie vor einer so großen Menge gesprochen, ich war sehr nervös. Kirche war nie ein Thema für mich gewesen, ist es auch jetzt nicht. Aber da sich hier so viele Menschen versammelt hatten, um Sophia zu helfen, war es mir ein unglaubliches Bedürfnis, einfach danke zu sagen. Ich flocht auch in mein Dankeschön ein, dass bei einer so enormen Hilfsbereitschaft und so viel Positivität für Sophia doch mit ihrer Genesung nichts mehr schief gehen könne.

Nun wurden die Außentüren aufgeschlossen, und Leute, die draußen gewartet hatten, strömten auch hinein. Es ging eine ganze Zeit lang fast nichts mehr auf der Treppe. Karen und ich schauten uns an, die Gefühle waren schwer zu kontrollieren. So viele Menschen waren da, um ihren Beitrag für Sophia zu leisten. Wie hatte ich mich in meinen Mitmenschen getäuscht! Sophias Schicksal war ihnen nicht egal. Aber anscheinend hatten viele nicht gewusst, wie sie helfen konnten. Der Bazar gab ihnen die Möglichkeit dazu. Die Tränen rannen mir übers Gesicht – es war schön, in Nächstenliebe geborgen zu sein.

Wir gingen, weil wir gleichzeitig an diesem Tag Sarahs Geburtstag mit Verwandten nachfeierten. Ihren eigentlichen Geburtstag, den 19.10., feierte sie zusammen mit ihren Freunden. Sie war nun acht Jahre alt. Und wir hatten so wenig Zeit für sie. Alles konzentrierte sich auf ihre kranke Schwester.

Am späten Nachmittag verabschiedeten wir uns kurz von Sarahs Gästen, da Karen und ich uns zum Abschluss auf dem Bazar noch einmal blicken lassen wollten. Bei unserer Ankunft erfuhren wir Geschichten, die uns schon wieder Tränen der Dankbarkeit in die Augen trieben: Eine unbekannte Frau habe ein Kuvert abgegeben. Wir öffneten es: Ein nicht gerade kleiner Betrag steckte drin. Die Karte war nur mit dem Vornamen unterschrieben. Ich hatte nicht mal die Chance, mich zu bedanken.

Ein Mann kam während unserer Abwesenheit herein, schaute sich nur kurz um, kaufte irgendetwas und zahlte mit einem größeren Geldschein. Das Rückgeld, was beträchtlich war, verweigerte er mit der Bitte, es Sophia zukommen zu lassen. Die hilfsbereiten Menschen existieren, das wurde mir durch den Bazar ganz deutlich gezeigt. Die Kuchenmassen: ausverkauft. Ein paar von den Frauen, die an diesem Nachmittag wirklich hart arbeiten mussten, holten daraufhin von zu Hause ihre Waffeleisen. Pfarrer Dinkel startete mit den anwesenden Kindern eine Luftballonaktion. Wie bei ihrem ersten Geburtstag befand sich daran ein Anhänger mit ihrem Namen und ihrer Erkrankung. Als Adresse stand das Evangelische Gemeindehaus drauf. Würden wieder viele Antworten kommen?

Als der Bazar dann schließlich zu Ende war, passten die übrig gebliebenen Waren in einen Wäschekorb. Mit dem Erlös konnten wir nicht nur finanziell für die Zeit der Transplantation durchatmen. Es war etwas viel Wichtigeres geschehen: Der Glaube an meine Umwelt war so stark wie nie vorher. Wir fühlten uns von den anderen Menschen aufgerichtet, mit frischem Mut würden wir Sophia weiter auf ihrem schweren Weg begleiten. Wir bedankten uns nochmals bei allen, die so viel geleistet hatten. Karen und ich halfen noch ein wenig beim Aufräumen, danach fuhren wir wieder nach Hause, mit leuchtenden Augen und tief bewegt.

Sarahs achter Geburtstag wird nun in meiner Erinnerung immer mit dem Bazar verbunden sein. Wegen der Abwehrschwäche konnten wir, gerade jetzt in dieser wichtigen Zeit, Sophia nicht zu diesen hilfsbereiten Menschen mitnehmen. Wir durften nun auf keinen Fall einen Infekt riskieren. Ich wünschte im Nachhinein so, dass sie gesehen hätte, was die Menschen für sie taten. Bis wir in die Transplantationseinheit gehen sollten, war es nur noch etwas über eine Woche. Sarahs Geburtstag ging unter in den Geschehnissen vor der anstehenden Transplantation.

Zwei Tage später sollte alles zusammenbrechen.

Zusammenbruch

Diese letzten Tage, bevor wir die Transplantationsräume beziehen sollten, arbeitete ich noch im Laden, als das Telefon klingelte. Ich beriet gerade einen Kunden. Karen war dran, mit tränenerstickter Stimme stammelte sie, dass die Ärzte etwas im Knochenmark gefunden hätten, dann hörte ich nur noch verzweifeltes Schluchzen. Der Rest von dem, was sie sagen wollte, ging in Tränen unter. Ich höre es heute noch. Auch an jede Bewegung, die ich nach diesem Telefonat gemacht habe, kann ich mich erinnern, als ob ich einen Film in Zeitlupe vor mir sähe.

Meine Frau stand total unter Schock, mehr war nicht aus ihr herauszukriegen. Ich versuchte, sie zu beruhigen, indem ich ihr versprach, dass ich sofort in München anrufen würde, um Genaueres zu erfahren. Nachdem ich eingehängt hatte, bediente ich den Kunden mechanisch zuende, danach wählte ich die Nummer der Ärztin. Erstaunlicherweise ruhig, ohne zu zittern. Sie erklärte mir, dass Sophias Knochenmark zur Sorge Anlass gebe. Mehr wollte sie im Telefon nicht mitteilen, wir sollten morgen in die Klinik kommen. Sie wich auf Nachfragen aus, was war denn nun plötzlich geschehen? Weil ich nicht locker ließ, sagte sie schließlich: „Es sieht sehr, sehr schlecht aus, Herr Martensen."

Als ich auflegte, war ich immer noch ruhig. Ungesund ruhig. Wie in Watte gepackt. Die Geräusche von außen drangen nicht mehr zu mir durch, umso lauter hörte ich eine innere Stimme, die mir einflüsterte, dass wir alles in den Griff kriegen würden. Vielleicht musste die Transplantation aufgrund des schlechten Untersuchungsergebnisses ja einfach nur verschoben werden. Noch mal ein Chemo-Block und dann ging es bestimmt ins Zelt. Bloß nicht die Nerven verlieren! Wir hatten schon so viel überstanden, das würden wir auch noch packen. Morgen finden wir bestimmt eine Lösung.

Ein Rückruf bei Karen. Ich sagte ihr – immer noch ruhig –, dass mich die Ärztin auf ein persönliches Gespräch am nächsten Tag vertröstet habe. Sobald mein Kollege, der heute eigentlich frei gehabt hätte, hier sei, würde ich nach Hause kommen. „Ich fahre mit Sophia und Sarah zu meiner Mutter", entgegnete Karen, „hier zu Hause halte ich es keine Minute länger aus."

Bei meiner Schwiegermutter angekommen, sah ich eine Frau mit rotgeweinten Augen und zwei fröhlich spielende Töchter. Ich war nicht mehr ganz so ruhig. Das bedrohliche Gefühl wie neulich im Zelt, als Sophia so teilnahmslos wirkte, ließ sich nicht mehr hinter einer geistigen Tür in meinem Kopf einsperren. Durch die Watte hindurch, die mich zu umhüllen schien, wollte es raus. Es gab die zwei Seiten in mir, meine altbewährte Verdrängungstaktik und die andere Seite, lauter werdend. Die irgendwie schon wusste, was passieren konnte.

Aber was sollte denn so schlimm sein? Sophia ging es doch gut! Als sie hörte, dass sie mit Sarah bei der Oma übernachten darf, strahlte sie vor Freude: „Toll!"

Als wir am nächsten Tag auf der Station waren, mussten wir nicht lange auf die Ärztin warten. Wir gingen sofort in ihr Zimmer; der schon öfter erwähnte Psychologe war auch anwesend. Noch konnte ich meine Fassung bewahren, obwohl die Verdrängungstaktik eindeutig auf der Verliererseite war und das bedrohliche Gefühl die Oberhand gewann. Der Blick der Ärztin wirkte anders als sonst. Einfühlsamer? Resignierter? „Ich muss Ihnen leider mitteilen, dass bei der letzten Knochenmarkuntersuchung 60 Prozent Blasten festgestellt wurden. Mehrere meiner Kollegen haben sich das Ergebnis auch angeschaut und es bestätigt. Wir können nicht transplantieren."

Ich verstand immer noch nicht, war wieder wie in Watte gepackt. „Was heißt das jetzt? Wird verschoben?", hörte ich mich selber fragen. „Nein, Herr Martensen! Diese explosionsartige Bildung von neuen Krebszellen zeigt uns, dass die Chemotherapie gescheitert ist. Wir haben noch eine einzige Chance, sehr gering und mit unschätzbar hohem Risiko. Es gibt ein neues Medikament. Wenn wir es bei Sophia anwenden würden, wäre sie über mehrere Wochen ohne Leukozyten. Der leichteste Anflug einer Krankheit, und Ihre Tochter stirbt einen fürchterlichen Tod im Krankenhaus." – „Und falls das Medikament anschlagen würde, könnte man dann transplantieren?" – „Die Chance, Sophia in die Transplantation zu bringen, existiert eigentlich gar nicht. Sie ist allenfalls ein Strohhalm, an den sich ein Ertrinkender klammert." Später erfuhren wir, dass es noch kein Kind geschafft hatte, dank dieses Medikamentes zu überleben. Aber ich klammerte mich wirklich daran wie an einen rettenden Strohhalm: „Ich verstehe nicht, was haben wir für eine Wahl?", nichts drang zu meinem Gehirn durch. „Sie haben die Wahl", antwortete die Ärztin, „Ihre Tochter mit diesem Medikament behandeln zu lassen, die Schäden sind nicht kalkulierbar, oder mit Sophia zu Hause ein paar schöne Wochen zu verbringen und ihr die sehnlichsten Wünsche zu erfüllen." Die Watte zerstob durch Wut, die sich Bahn brach. „Wie viel Zeit?", fragte ich aggressiv. „Vier bis acht Wochen, meiner Einschätzung nach." Meine Hände ballten sich zu Fäusten, öffneten und schlossen sich, immer wieder. Mein Herz wurde hart, der Kampfeswille brach durch. „Wir versuchen das mit dem neuen Medikament!", verkündete ich entschlossen, nicht bereit, Widerspruch zu dulden.

Die Ärztin wagte es trotzdem: „Überlegen Sie sich das gut! Wenn Sophia im Krankenhaus stirbt, wird es schnell gehen. Wahrscheinlich ohne die Möglichkeit, dass sie vorher noch einmal nach Hause kommt." Ich fühlte mich in die Ecke gedrängt, wurde noch aggressiver. „Wir werden es mit dem neuen Medikament versuchen! Sophia muss leben. Irgendwie bringen wir sie in die Transplantation. Ich lasse mein Kind nicht sterben. Sophia hat immer gekämpft und wird wieder kämpfen. Wenn die Behandlung noch eine Chance bietet, dann werden wir einwilligen." Karen schaute mich mit einem Gesicht voller Qual an und sagte: „Nein, wir haben ihr genug angetan! Ich lasse sie nicht im Krankenhaus sterben. Gib ihr die Möglichkeit, noch ein paar Wochen wirklich zu leben!" Und die Ärztin fügte hinzu: „Herr Martensen, ich habe Sie selber mal sagen hören, die Qualität des Lebens sei entscheidend. Was wäre das noch für eine Qualität?" Lichtjahre schien dieser Satz nun von mir entfernt zu sein, hier ging es ums nackte Überleben.

Das war zu viel. Sogar Karen stellte sich gegen Sophias Überleben. Einen Raum voller Gegner hatte ich vor mir. Hier wollte jeder Sophia sterben lassen. Das war alles, was ich sah. Mein Atem ging schneller, Tränen der Wut standen mir in den Augen. Am liebsten hätte ich jedem in diesem Raum den Hals umgedreht. Wie konnten sie es wagen, Sophia in den sicheren Tod zu schicken? Sogar Karen! In mir drehte sich alles. Waren sie am Ende ihrer Kräfte? Wollten die anderen nicht mehr kämpfen? Wir alle mussten doch miteinander und für Sophia das Leben erstreiten, das war alles, was zählte.

Ruckartig stand ich auf, öffnete die Tür, rannte raus auf den Flur. Nur weg, bevor ich jemandem körperlichen Schaden zufügte! Auf dem Gang saß die Seelsorgerin, zu der wir immer einen guten Draht hatten. Sie sah mich an – wollte sie etwas sagen? Doch ich wollte nur noch nach draußen an die frische Luft, irgendwie Boden unter den Füßen finden, nicht vollends in die Dunkelheit und Aggression abrutschen. Unten angekommen, versuchte ich, eine Zigarette aus der Packung zu nehmen. Der erste Versuch misslang, weil meine Hände vor Wut so zitterten, dass ich nicht einmal die Schachtel traf. „Das lässt du nicht zu, Sophia will kämpfen, solange sie das will, kämpfst du mit, notfalls alleine!", hämmerte es in meinem Kopf. Ich hatte total die Kontrolle verloren. Überall sah ich nur noch Feinde. Sogar Karen schien nicht mehr meine Frau und Sophias Mutter zu sein, sondern ein Gegner, der uns beide fertig machen wollte. Endlich hatte ich mir eine Zigarette angesteckt, mit den ersten tiefen Zügen konnte ich den emotionalen Stecker ziehen. Mein Atem ging immer noch ruckartig. „Ruhig", dachte ich, „noch ist nichts entschieden. Notfalls mit Sophia alleine da durch, ohne die da ‚oben' in dem Zimmer". Danach fühlte ich mich stark genug, wieder hinaufzugehen, ohne jemandem wirklich an den Hals zu springen. Jeder Schritt auf der Treppe fiel unheimlich schwer.

Karen saß zusammengesunken auf dem Sofa und weinte, der Psychologe reichte ihr ein Taschentuch; die Ärztin schaute nicht einmal auf, als ich eintrat. Aber Karen sah mir direkt in die Augen, sehr lange, für mein Gefühl. „Willst du wirklich, dass es im Krankenhaus zu Ende geht, willst du das? Du liebst sie doch, Sophia muss sterben! Lass sie nicht unter schwerem Leid gehen, gib ihr ein paar schöne Erlebnisse, noch ein bisschen Freiheit! Das hat sie sich verdient nach dieser langen Zeit, immer wieder Krankenhaus, Chemotherapie. Es ist genug! Ich kann und will ihr diese Medikamentenbehandlung nicht mehr antun."

„Ich werde diese Frau verlassen!", kam mir in den Sinn. „Sie stellt sich gegen ihr eigenes Kind. Hat sie nicht zugehört? Wenn wir nicht behandeln, stirbt Sophia. Wie kann Karen nur aufgeben? Die Ärztin ist genauso, trompetet in dasselbe Horn." So dachte ich damals in meiner inneren Blockade. Verzweifelt um Ruhe in der Stimme ringend, sagte ich zu Karen: „Wir müssen Sophia mit einbeziehen, es ist ihr Leben! Wenn sie weiter kämpfen will, werden wir es tun. Sollte sie sich dagegen entscheiden, werde ich sie auch darin unterstützen." Ich sagte das, weil ich mir sicher war, dass Sophia kämpfen würde. Sie hatte sich ja immer wieder durch diese Hölle durchgebissen. Sie würde sich gegen den Tod, für die Gesundheit, für das Leben entscheiden. Ja, mit Sicherheit, hundertprozentig! Sie wird es euch allen zeigen und gesund werden, diese Worte brannten in meinem Kopf.

Die Verabschiedung fiel von meiner Seite recht frostig aus. Ich wollte diese Versager in der Klinik nicht mehr sehen. Für die 114 Kilometer nach Hause brauchten wir, von meinem Gefühl her, länger als für die 1000 Kilometer, die wir sonst in den Urlaub nach Norddeutschland fuhren. Wir sprachen fast nicht miteinander. Fieberhaft überlegte ich, wie ich es Sophia beibringen sollte. Anlügen wollte und konnte ich sie nie. Aber wie soll man seiner kleinen Tochter erklären, dass sie die Wahl hat, entweder eine schwierige Behandlung einzugehen, die einen schlimmen Tod bedeuten könnte, oder für ein paar Wochen frei zu sein, aber dem sicheren Sterben ins Auge zu blicken?

Als Karens Eltern unsere Mienen sahen, begriffen sie sofort. Ich wollte nun Sophia und Sarah das Unbegreifliche sagen. Sicherlich hätte ich mich am liebsten gedrückt, aber wir haben unsere Kinder nie in dieser ganzen Zeit angelogen. Immer wieder blitzte es durch meine Gedanken: „Sie wird kämpfen, ganz sicher." Die zwei saßen mir gut gelaunt gegenüber. Mir kamen die Worte klar und fließend über die Lippen und doch hoffte ich, dass mein Herz danach einfach aussetzen würde: „Sophia, wir waren ja heute in München. Frau Schmidt hat uns gesagt, dass die Krebszellen in dir ganz stark geworden sind. Wir haben jetzt zwei Möglichkeiten. Entweder wir kämpfen ganz fest, nehmen noch einmal alle Kräfte zusammen und gehen wieder ins Krankenhaus, dort haben wir eine kleine Chance, die Krebszellen kaputtzumachen. Du kannst immer noch gesund werden, aber es kann eben auch sein, dass du dahin gehst, wo Cindy jetzt ist." Ich weinte nicht, was mich heute noch wundert, aber es war unwahrscheinlich wichtig, jetzt nicht zu weinen. Diese Sätze musste ich beenden, ohne aus der Fassung zu geraten. „Oder wir bleiben zu Hause, und du darfst noch die Sachen machen, die du so gerne machen möchtest, wie zum Beispiel nach Afrika zu Wolfgang und Birgit fliegen. Aber du wirst dann ganz sicher zur Cindy gehen, ohne uns." Was ritt mich da? Was war denn jetzt passiert? Wie konnte ich ihr eine Afrika-Reise versprechen? Ich wusste doch nicht mal, ob das überhaupt noch möglich war. Das waren doch nicht meine Sätze? Aber ausgesprochen waren sie. Bis heute irritieren sich mich.

Sarah weinte, weinte bitterlich – sie hatte sofort begriffen. Sophia streichelte ihre Wange, wollte sie trösten, versprach, bei ihr zu bleiben. Das nährte meine Hoffnung, dass sie nicht aufgeben würde. Meine Schwiegermuter war, man konnte es ihrem Gesicht ansehen, schockiert über die deutlichen Worte. Aber war es überhaupt möglich, drum herumzureden? Viele Eltern fällen Entscheidungen über die Köpfe ihrer schwer kranken Kinder hinweg. Nach dem Motto: Sie sind ja noch klein, sie können die Tragweite gar nicht einschätzen. Ich sage: Macht die Augen auf und seht, wie sehr die Kinder, die unter tödlichen Krankheiten leiden, innerlich gereift sind! Wenn man mit dem Herzen sieht, entdeckt man, was in diesem kleinen Körper steckt. Das sollte ich noch lernen. Nur mit dem Herzen und nicht mit dem Verstand zu sehen.

Meine Frau hatte nun Sophia auf dem Schoß. Karen weinte, Sophia streichelte zärtlich ihre Wange und fragte: „Mama, warum weinst du so?" – „Weil ich Angst habe", antwortete Karen. „Mama, du brauchst keine Angst haben. Bis morgen werde ich überlegen." Ihre Stimme klang fest und so gar nicht wie die eines Kindes. Dieses kleine Mädchen kam mir in diesem Augenblick wie eine alte, weise Frau vor.

Es gibt in der Literatur viele Beispiele zur Gratwanderung zwischen Liebe und Wahnsinn. Hier an diesem Punkt war für mich der Grat schmal, sehr schmal. Ich stand wie wahnsinnig vor der Möglichkeit, dass der Abgrund mir das Liebste nehmen könnte. Alles musste doch getan werden, um genau das zu verhindern?

Zu Hause schlüpfte Sophia schnell in das Stockbett, das sie sich mit ihrer Schwester teilte. Sarah legte sich völlig erschöpft und verweint in die obere Etage. Eigentlich wollten wir noch mit Sophia reden, doch sie blockte ab: „Ich bin jetzt sehr müde." Danach kuschelte sie sich in ihr Bettchen, als sei nichts geschehen. Damals ahnte ich es schon, heute bin ich mir sicher – sie wusste, dass ihr ein Traum sagen würde, wie sie auf meine Frage antworten sollte.

Antwort im Traum

Am nächsten Morgen, gleich nach dem Aufwachen, teilte Sophia uns ihre Entscheidung mit. Wir standen neben ihrem Bett, sie lag noch drin, als sie mit einem Ernst und einer Festigkeit in der Stimme, die mich irritierte, sagte: „Heute Nacht war die Cindy bei mir. Wir sind spazieren gegangen und haben gekuschelt, dann hat die Cindy gesagt, ich soll zu ihr kommen. Ich muss zu ihr kommen. Und ich will zu ihr." Ich wurde kreidebleich, erstarrte zur Salzsäule. Karen weinte, setzte sich zu Sophia ins Bett, drückte sie an sich. Ich konnte mich nicht rühren, mein Verstand konnte nicht folgen. Hatte ich das richtig verstanden? Was hatte sie gesagt? Der tote Hund war da, wollte sie mir wegnehmen? Keinen weiteren Kampf? Keinen Behandlungsversuch mehr? Panik war in mir, so viel Panik, dass sie alle Sinne nahm. Meine Sicherheit über den Ausgang der Entscheidung stürzte in sich zusammen.

Ich kniete mich vors Bett und beschwor sie: „Mausi, überleg dir das genau! Du hast die Chance, zu leben, bei uns zu bleiben, wenn wir es nur noch mal im Krankenhaus versuchen. Den Weg zur Cindy musst du alleine gehen, da können wir nicht mit. Keiner von uns! Papa nicht, Mama nicht, Sarah nicht!"

Sarah, die von der oberen Etage des Stockbetts alles verfolgt hatte, flehte: „Nein, Sophia, bleib bei mir, bitte, bitte, bitte!" Die Tränen liefen ihr in Sturzbächen übers Gesicht. Karen war jetzt dem Zusammenbruch gefährlich nahe, ich war auch nicht mehr weit davon entfernt. „Nein Sarah, ich kann nicht, und keine Angst, ihr müsst keine Angst haben", Sophias Stimme klang, als habe sie etwas erblickt, was uns noch verschlossen war, „da wo ich hingehe, geht es mir gut." Wie ein Fels in der Brandung saß sie nun auf Karens Schoß, streichelte zärtlich die Wange Ihrer Mama, die sich in völliger Auflösung befand. Voller Zuversicht, keine Spur verzweifelt. Mitleid, wegen unserer Tränen, ja. Aber keine Spur von Angst in ihren Augen.

An diesem Morgen hat sich Sophia verändert. Sie löste sich aus unserer elterlichen Erziehungsgewalt, weil sie unsere Führung nicht mehr brauchte. In der Zeit danach geschah so vieles, was mich so unendlich klein und unwissend im Vergleich zu meiner Tochter erscheinen ließ. Gegen Sophias helles Leuchten waren wir alle nur trübe Lampen. Das habe ich erst später verstanden. In den darauf folgenden, hektischen Tagen sagte Sophia öfters, sie sehe Cindy und spiele mit ihr. Wenn ich sie fragte, warum ich Cindy nicht sehe, antwortete Sophia mir prompt. „Weißt du Papa, Cindy hat ein Problem mit dir." Der Hund hatte ein Problem mit mir? Warum? Weil ich das liebste nicht gehen lassen wollte? Weil ich es so lange nicht zuließ, dass Cindy selber gehen konnte? Heute denke ich, es war vielleicht eine Mischung aus beidem.

In dem Moment, als Sophias Entscheidung gefallen war, verstand ich gar nichts mehr. Ich hatte das Gefühl, in einem leeren Raum zu stehen, in dem vorher noch eine Tür war. Der Ausgang, das Ziel. Die Heilung. Sophia hatte nun diese Tür verschwinden lassen. Wir kamen hier nicht mehr raus. Ein Chaos brach in mir aus. Was nun? Warten? Vier bis acht Wochen? Bis mir der Tod mein Liebstes nimmt? Nicht mehr kämpfen und nur warten, bis die Leukämie gewonnen hat? Für Sekundenbruchteile stand das Bild wieder in meinem Kopf. Sophia mit der Hand in Cindys Halsband. Mit der Gewissheit, dass beide nicht mehr da sind. Das Bild, das sich manifestierte, als Karen mir mitteilte, dass Cindy bald sterben müsse. Beide schauten mich an. Was blieb jetzt noch?

Sophia will die Löwen sehen

Am gleichen Tag holte Sophia mich aus der Dunkelheit heraus. „Papa, ich will nach Afrika zu Wolfgang und Birgit und Löwen anschauen!" Ich begriff, dass sie die Zeit, bis sie zu Cindy ging, nicht einfach mit Warten vertun, sondern mit Leben füllen wollte. Sophia hat zu jedem Zeitpunkt gewusst oder gespürt, was richtig für sie ist. Manchmal wusste sie, was kommt, bevor es überhaupt eintrat.

Nun wollten wir ihr diese Reise ermöglichen. Wenn das ihr sehnlichster Wunsch war, mussten wir alle Hebel in Bewegung setzen, um ihn zu erfüllen. Rasend schnell musste es jetzt gehen. Wir telefonierten mit den Ärzten in München. Sie unterstützten Sophia mit vollen Kräften. Es waren haufenweise Papiere und Medikamente zu besorgen und herzurichten. All das mussten sie in München übers Wochenende organisieren. Nun war Planung gefragt, keine Zeit um über alles nachzudenken. Wir wollten in der nächsten Woche los; aber wir hatten weder Reisepässe noch einen Flug. Auch meine Schwiegereltern waren für die Reise. Sophia und Sarah blieben bei Oma und Opa, damit wir provisorische Pässe und die Flugtickets besorgen konnten. Wolfgang und Birgit, mit denen wir ja fast täglich in E-Mail Kontakt standen, waren schnell informiert.

Unser erster Weg führte uns ins Passamt, wo wir eindringlich unsere Situation schilderten. Wir erhielten die Zusage, die Unterlagen am Montag abholen zu können. Danach ging es gleich ins Reisebüro. Die Chance, so kurzfristig einen Flug nach Windhoek, Namibia, zu buchen, war äußerst gering. Der nette Herr, der uns bediente, bemühte sich sehr um uns und fand tatsächlich noch einen Flug am Montagabend von München aus. Die Flugkosten waren für meine Verhältnisse extrem hoch, aber ich hätte dafür auch einen Kredit aufgenommen. Wir hatten es geschafft, mit vereinten Kräften! Jeder, von den Ärzten in München angefangen bis zu dem Herrn im Reisebüro, tat sein Möglichstes, um Sophia da rüberzubringen.

Das Wochenende war bestimmt von Hektik. Sachen zusammenpacken, meine Mutter sollte Jerry nehmen, während wir weg waren. Roger und Corinna erklärten sich wieder mal bereit, mit ihm rauszugehen. Wenn man Freunde hat, lösen sich viele Probleme von alleine – dafür bin ich sehr dankbar. Seltsamerweise ließ sich Sophia, obwohl sie sich freute, von der Betriebsamkeit nicht anstecken. Wie vor der geplanten Transplantation glitt alles irgendwie an ihr ab.

Am Sonntag fuhren wir in die Klinik nach München, um die erforderlichen Medikamente zu holen. Die Ärztinnen hatten alles für uns gerichtet: sämtliche Papiere für die verschiedenen Arzneien, ausführliche Anleitungen, wie man sie verabreicht. Sie hatten wirklich an alles gedacht. Während die eine Ärztin Karen noch erklärte, wie die einzelnen Dinge zu handhaben seien, setzte sich die andere zu mir auf die Couch und sagte nur: „Es tut mir so leid." Sofort stand sie wieder auf, ging ein paar Schritte von mir weg und weinte. Es berührte mich tief, sie so zu sehen. Ich fühlte mich plötzlich schuldig, weil ich manchmal aus Wut und Verzweiflung der Ärzteschaft hier das abgesprochen hatte, was nun so offensichtlich war: ein mitfühlendes Herz.

Wir verließen die Klinik mit der Zeitprognose von vier bis acht Wochen. Vier bis acht Wochen Zeit, um Sophia alles zu geben, was sie sich wünschte. Die verpassten Momente einzuholen, die ihr durch die Krankheit genommen wurden. Sophia würde nun ihre Wünsche leben. Und danach zeigt sie es euch allen, dass sie gesund wird, trotzig hielt ich an diesem Gedanken fest.

Am Montagnachmittag gegen 16 Uhr wollten wir zum Münchner Flughafen aufbrechen. Birgit und Wolfgang hatten uns gemailt, wie sehr sie sich auf den Besuch freuen. Wolfgang hatte sich auf die Schnelle freigenommen, und Birgit plante schon alle möglichen Unternehmungen. Sogar die provisorischen Reisepässe waren pünktlich am Montagvormittag fertig. Nun blieb nur noch, vorsichtshalber den Hickman-Katheter bei uns in Memmingen spülen zu lassen, was unser Onkologe erledigen sollte. Eine seiner Assistentinnen hatte Sophia auch sofort in ihr Herz geschlossen. Sie hatte ein Reitpferd, sie bot Sophia an, nach ihrer Rückkehr aus dem Urlaub darauf zu reiten. Sophia strahlte übers ganze Gesicht. Sie mochte doch Tiere, auch Pferde, so sehr.

Kurz vorm Spülen des Katheters sagte ich zu ihr: „Mausi, jetzt haben wir es bald geschafft. Nur noch spülen, und dann geht es mit dem Auto zum Flughafen. Ein paar Stunden später sind wir bei Wolfgang und Birgit. Die zeigen uns die Löwen." Eben war Sophia noch voll von Lebensfreude gewesen, aber als sie mich nun ansah, hatte sich ihr Blick verändert. Dieser Blick, der mehr sah als wir. „Wir fliegen nicht nach Afrika!" Sie war sauer, richtig aufgebracht. Wie bitte? Ich war total geschockt. Wollte sie auf einmal nicht mehr? Hatte sie es sich anders überlegt? Aber es hatte doch alles so prima geklappt, der Flug, die Medikamente, die Pässe. „Mausi, sicherlich fliegen wir nach Afrika, wir haben doch alles fertig, du willst doch die Löwen sehen." – „Ja, aber wir fliegen trotzdem nicht!" Wütend schaute sie mich an, so als ob ich gerade entschieden hätte, die Reise abzublasen. Für sie war es Gewissheit, dass wir nicht fliegen, das sah ich ganz deutlich an ihren Augen, aber ich verstand noch nicht. Schnell sollte ich es begreifen.

Der Katheter wurde gespült, und Sophia ging es fast augenblicklich schlecht. Ihre Stirn wurde heiß, es schüttelte sie regelrecht. Die Assistentin brachte uns sofort in einen anderen Raum, wo wir alleine waren und Sophia sich auf meinen Bauch legen konnte. Ihre Arme baumelten seitlich hinunter, sie war total geschafft und müde, während ich versuchte, meine Panik zu bezähmen. Der Onkologe kam zu dem Schluss, dass im Katheter ein Keim oder Virus gesteckt haben musste, der durch die Spülung in Sophias Kreislauf geraten war. Deswegen diese heftige Reaktion, die nun wieder abgeebbt war. Der Arzt meinte, wir sollten ein bis zwei Stunden abwarten, ob sie sich soweit erholt, dass wir doch fliegen können.

Nach einer Stunde war Sophia immer noch total schlaff und müde. Zudem war ihre Temperatur erhöht. Eine fünftägige Antibiotika-Therapie war erforderlich, die über den Katheter laufen sollte. Nun war klar, dass sie wieder vorausgesehen hatte, was kommen würde. Kein Afrika, keine Löwen, nichts mit dem Besuch bei Wolfgang und Birgit. Die Tränen liefen uns wieder mal über das Gesicht. Bei mir vor Zorn. Sophia hatte schon so viel gelitten. Und nun sollte sie – nach Aussage der Ärzte – sterben. Und jetzt war es ihr nicht mal vergönnt, diesen großen Wunsch erfüllt zu bekommen. Es konnte keinen Gott geben, und wenn doch, dann waren wir ihm alle scheißegal!

Sophia schlief nun, erholte sich. Karen war völlig fertig und gar nicht mehr ansprechbar. Sobald ich die beiden mit ruhigem Gewissen alleine lassen konnte, fuhr ich ins Reisebüro, um zu stornieren. Der nette Herr, der uns beraten hatte, war auch sichtlich geschockt. Da Sophia ja von keiner Rücktrittsversicherung akzeptiert wurde, waren ihre Reisekosten weg. Aber wir anderen drei konnten die Versicherung in Anspruch nehmen. Birgit und Wolfgang informierte ich per E-Mail, im Klinikum München rief ich an. Am Telefon hörte ich ganz deutlich, wie enttäuscht die Ärztinnen waren, dass Sophias sehnlichster Wunsch nun doch nicht in Erfüllung ging. Sie versprachen, sofort und noch heute einen ambulanten Pflegedienst für uns zu besorgen, damit Sophia nicht zurück in die Klinik musste – denn da wollte sie auf keinen Fall wieder hin. Wir mussten das Sophia am Tag nach dem Traum versprechen. Keine Übernachtungen mehr in München. „Nein, nein, auf gar keinen Fall mehr in Stinkimünchen übernachten", sagte sie und hielt sich dabei die hocherhobene Nase zu. Das war Sophias eindeutige Sprache und wir hatten uns daran zu halten.

Die richtigen Menschen zur richtigen Zeit – Marion

Die Krankenschwester hatte eine Ausbildung für den Hickman-Katheter und wohnte circa 15 Kilometer von uns weg. Ich hoffte nur, dass Sophia sich mit ihr verstand, denn im Hinblick auf Schwestern und Ärzte war sie ja bekanntlich sehr heikel. Ich fürchtete, dass vielleicht eine routinierte, durch ihren Dienst verhärtete Frau bei uns eintreffen würde. Wenn das zwischen den zweien nicht klappen sollte, mussten wir bei Problemen mit dem Hickman tagsüber doch wieder in die Klinik.

An diesem Montagabend nach unserer gescheiterten Reise, als Schwester Marion das erste Mal zu uns kommen sollte, saß Sophia auf dem Sofa und schaute ihren Lieblingsfilm, „Die Schöne und das Biest". Es ging ihr verhältnismäßig gut, trotzdem musste die Antibiotika-Gabe begonnen werden. Sie kaute auf irgendeiner Süßigkeit herum und war total versunken in Disneys Bilderpracht. Schuld, ich fühlte Schuld in mir. Hätten wir doch fliegen können? Aber bei Fieberschüben wären wir in dem fremden Land aufgeschmissen gewesen. Wolfgang hatte sich erkundigt: Die nächste Klinik, die sich mit Onkologie auskannte, war weit entfernt. Das Risiko, dass Sophia nur im Bett liegen würde oder Schlimmeres passierte, war zu groß. Nun saß sie hier und schaute Fernsehen, statt wilde Löwen in der weiten Savanne Afrikas zu beobachten. Wut, dumpfe Wut, beherrschte mich. Sophia nahm es anscheinend gelassen, wie immer, nach dem Motto: Ich kann es nicht ändern, also das Beste daraus machen. „Nimm dir ein Beispiel an ihr", deutlich vernahm ich diese innere Stimme, „wir können nicht nach Afrika, das ist noch lange kein Grund, auf das Ende zu warten." Ende? Es gibt kein Ende, antwortete mein innerer Kampfeswille sofort.

Als Schwester Marion hereinkam, merkte ich sofort, dass sie eine warmherzige Person war. Sophia musterte sie nur kurz, und ihr Gesichtsausdruck verriet, dass meine Sorge unbegründet war. Sophia ließ Marion an dem Hickman gewähren, ohne zu murren, das war sehr ungewöhnlich für sie. Fünf Tage lang sollte nun wieder zweimal täglich das Antibiotikum laufen. Wir wollten Sophia doch so viel bieten, aber nun war sie wieder an diese Schläuche gefesselt.

Pfarrer Dinkel besuchte uns, er hatte gehört, was so kurz nach dem Bazar geschehen war. In den Händen hielt er einen Haufen Briefe und Pakete. Alles Antworten auf Sophias Luftballonaktion. Dieser positive Tag schien Lichtjahre entfernt zu sein. Zwei Kindergärten waren dabei. Von dem einen kam ein großer Teddybär. In dem anderen hatte jedes Kind ein Bild für Sophia gemalt. Auch diese Menschen nahmen Anteil. Ich musste zurückschreiben, schilderte, was nun geschehen war. Eine Dame aus Alling schrieb uns berührt von der Erkrankung Sophias. Auch ihr antwortete ich. Es sollte nicht lange dauern, bis sie sich meldete.

Am nächsten Morgen klingelte das Telefon, Schwester Gabi aus München war dran. Eine ganz liebe Person mit einem Kind in Sophias Alter. Sie sagte, wie leid es ihr täte, dass Sophia nun doch keine Löwen sehen wird. Sie habe überlegt, was man als Ersatz machen könnte. Da sei ihr die Organisation „Wünsch Dir was" eingefallen. Die Adresse werde nur in Kliniken hinterlegt, wo schwer kranke Kinder therapiert werden. Das Personal entscheide, welchem Kind ein Wunsch erfüllt werden solle. Schwester Gabi hatte schon bei dem Verein angerufen und unsere Geschichte in groben Zügen geschildert, die Dame am Telefon hatte versprochen, sich so schnell wie möglich bei uns zu melden. Mein Herz klopfte vor Dankbarkeit.

Wäre Schwester Gabi da gewesen, ich hätte sie ganz kräftig gedrückt.

Danach fragte ich Sophia, was sie denn außer Afrika gern machen würde. Im ersten Moment zuckte sie cool mit den Achseln, doch gleich darauf verkündete sie freudestrahlend: „Löwenbabys anschauen, das will ich!" Na ja, nun hatten wir wenigstens schon mal eine Idee. Die Dame, die anrief, war wirklich sehr nett; ich hatte keine Sekunde das Gefühl, ein Bittsteller zu sein. Nachdem ich ihr erzählt hatte, wie wenig Zeit Sophia laut Auskunft der Ärzte noch blieb, brannte sie förmlich darauf, ihr einen Wunsch zu erfüllen. „Das mit den Löwenbabys könnte schwierig werden, denn wir haben ja schon Ende Oktober, und das ist nicht die Zeit für Nachwuchs bei den Löwen im Zoo." Aber vielleicht hätte sie Glück; für den Fall, dass nicht, sollten wir uns schon mal eine Alternative überlegen.

Welche, war nun die Frage. Sophia liebte Disney-Filme. Sie liefen im Krankenhaus und auch zu Hause immer wieder, besonders „Die Schöne und das Biest". Ganz fasziniert bewunderte sie jedes Mal wieder die prachtvollen Kleider von Belle. „So ein schönes Kleid", sagte sie dann. Mir kam eine Idee: Disneyland! Als die Dame sich wieder meldete, um uns darüber zu informieren, dass momentan wirklich nirgends Löwenbabys zu bestaunen wären, erzählte ich ihr, dass Sophia Disney-Filme liebt und vor allem die Figur der Belle. Fast hatte ich ein schlechtes Gewissen, diesen Wunsch vorzutragen. Mir war bewusst, dass eine Reise nach Disneyland bei Paris extrem kostspielig wäre, aber Sophia würde sich bestimmt sehr darüber freuen. Ihre Augen leuchteten immer, wenn Sie in Disneys Traumwelt versank. Die Dame versprach, sogleich nachzufragen, ob das irgendwie zu bewerkstelligen sei. Es waren an den richtigen Stellen zur richtigen Zeit die richtigen Leute. Auch Schwester Marion war ein Glücksfall, sie leistete so viel mehr, als wir erwarten konnten.

In den ersten Tagen genoss Sophia unsere Zuwendung sehr. Natürlich versuchten wir, auf jede ihrer Bitten prompt zu reagieren. Aber je mehr wir das taten, desto unzufriedener wurde sie. Auch für Sarah wurde die Situation nicht unbedingt leichter. Für ihr Alter brachte sie wirklich großes Verständnis auf. So ließ sie Sophia beim Spielen meist gewinnen, weil sie fuchsteufelswild werden konnte, wenn sie verlor. Manchmal sah ich es Sarah an, dass sie innerlich kochte, wenn ihre kleine Schwester sie wieder mal ungerecht behandelt hatte und wir nicht eingriffen. Aber sie schluckte ihren Zorn hinunter und überließ Sophia das imaginäre Siegerpodest.

Die Probleme zu Hause wuchsen bedrohlich. Die Dame aus Alling, der ich auf die Luftballonaktion geantwortet hatte, meldete sich telefonisch bei mir. Ich spürte sofort, das war ein Mensch mit einem großen Herzen. Sie wollte unbedingt etwas tun, und ich erzählte ihr, dass Sophia unheimlich gerne Tiere mag. Sie versprach, sich etwas in dieser Richtung zu überlegen, und mir war klar, das war nicht unser letztes Gespräch.

Ich hoffte auf den ersehnten Anruf der „Wünsch Dir Was"-Dame. Endlich! Sie freue sich sehr, sagte sie mit Stolz in der Stimme: Nicht nur der Besuch in Disneyland sei bewilligt, als besonderes Highlight solle Sophia sogar mit ihrer Lieblingsfigur Belle frühstücken. Schon am Freitagmorgen sollte es mit dem Flugzeug Richtung Paris losgehen. Mein Herz pochte wie wild. Das würde etwas Wunderschönes werden, gar nicht mit Geld zu bezahlen. Als Sophia davon hörte, strahlte sie übers ganze Gesicht: „Ich darf zur Belle, ich darf zur Belle! Und zum Frühstück in Disneyland kommt sie zu mir, nur zu mir!"

Das Kleid von Belle

Meine Schwiegereltern brachten uns zum Flughafen nach München. Da trafen wir auch unsere Begleiterin von der „Wünsch Dir Was"-Organisation: Karin, eine ganz liebe Frau, die schon Erfahrungen gesammelt hatte in Erlebnisparks wie Disneyland Paris. Für Sophia und Sarah war es der erste Flug. Darum machte ich mir ein bisschen Sorgen, vor allem wegen Sophia, die ja ziemlich sauer werden konnte, wenn ihr etwas nicht passte. Gerade der Start, bei dem es bekanntlich im Magen kitzelt, würde ihr nicht gefallen, befürchtete ich. Sarah saß bei ihrer Mama und Sophia bei mir. Sie wurde angeschnallt, meine Nervosität wuchs; ein Blick zu Karen bestätigte mir, dass es ihr genauso ging. Doch Sophia war außer reiner, echter Vorfreude nichts zu anzumerken. Sie war noch damit beschäftigt, das bei Kindern so beliebte Auf- und Zumachen des Sicherheitsgurtes zu praktizieren. Was ich natürlich beendete. Ich erntete wieder mal ihr „Schmollgesicht".

Als das Flugzeug in Richtung Startbahn rollte, rief Sophia: „Wir fliegen, wir fliegen!" Ich erklärte ihr, dass das Flugzeug nun erst ordentlich schnell werden muss, bevor es abhebt wie ein Vogel. „Das kribbelt im Bauch." Der Start war vorbei, wir befanden uns in der Luft und Sophia strahlte mich an: „Boah, Papa, das machen wir gleich noch mal!" Typisch Sophia, dachte ich, Angst Fehlanzeige, alle vorherigen Sorgen unnötig. „Weißt du, Mausi, das Kribbeln im Bauch kommt nur beim Starten. Wenn wir von Disneyland wieder wegfliegen, spürst du es noch mal." „Ach schade", sagte sie und zog wieder ihren Schmollmund. Doch das Fliegen faszinierte sie so, dass sie das Schmollen schnell vergaß. Angenehm überrascht war sie, als der Steward auch noch einen kleinen Imbiss reichte.

Sie war den Flug über gut gelaunt, obwohl ich ihr ansah, dass ihr der Kopf wehtat. In solch einer Situation, in der ihre Kopfschmerzen nicht im Vordergrund standen, konnte Sophia recht ungehalten werden, wenn man sie darauf ansprach. Ich riskierte es, und sie entgegnete: „Nicht schlimm, Papa, bisschen Kopfweh, aber wir sind ja bald in Disneyland, und da kommt die Belle zu mir, nur zu mir." Sie lächelte glücklich. Uns war absolut nicht zum Lachen, Sophia steckte uns aber an. Und bei mir schlich sich immer mehr die Überzeugung ein, dass Sophia die Krankheit trotz schlechter Prognose überwindet – einfach durch die schönen Erlebnisse, die ihr bevorstanden.

Am Pariser Flughafen wartete schon ein Taxi auf uns, was von dem „Wünsch Dir Was"-Team im Voraus gemanagt worden war. Sophia und Sarah saßen hinten, beide hatten nur Blödsinn im Kopf. Beim Blick über die Schulter konnte man meinen, zwei gesunde, alberne Kinder zu sehen. Die fehlenden Haare bei Sophia erinnerten mich schnell daran, dass es eine Illusion war. Aber Sophia strahlte, lachte, war so lebendig. Das Taxi bog in das Hotel-Areal von Disneyland ein, nun wurde es still auf dem Rücksitz, weil es so viel zu bestaunen gab. Was für eine Pracht tat sich da auf! Kinderträume, die Realität geworden waren. Vor unserem Hotel war unter hohen Säulen ein roter Teppich ausgerollt, unzählige kleine Balkone und Erker an der Fassade. Wir stiegen aus und gingen hinein.

Drinnen fühlte ich mich, wie sich vielleicht ein Bürger des ehemaligen Ostblocks gefühlt haben mag, der zum ersten Mal ein riesiges Westkaufhaus betreten hatte. Der Pomp, alles war völlig überladen, erschlug mich fast. Überall in der weitläufigen Empfangshalle rote Teppiche, Lüster, Leuchter, Gold und Glitzern, geschäftiges Treiben und hektisches Wuseln. Jetzt fragte ich mich doch, ob der Trubel hier das Richtige für Sophia war. Aber die hatte schon den ersten Disney-Laden erspäht und wollte mit Sarah unbedingt sofort dahin. Wohl oder übel ertrugen die beiden wenigstens die Wartezeit, bis wir unsere Zimmerschlüssel hatten. Aber dann gab es kein Halten mehr.

Mit großen, staunenden Kinderaugen betrachteten beide den ganzen Krimskrams. Alles und jedes wurde angefasst und begutachtet. Meine Befürchtung, dass die beiden nun auch alles haben wollten, bewahrheitete sich nicht. Nein! Die zwei befanden sich in einem Traum aus Spielzeug, fühlten sich einfach nur gut darin. Unsere Begleiterin hielt Sophia einen großen Pluto aus Plüsch hin. „Jetzt geh mal wieder auf deinen Platz, husch!", sagte Sophia. Sie wollte nichts besitzen – sie wollte nur genießen.

Jetzt war der erste Laden durchgeackert, und wir konnten endlich aufs Zimmer. Es war wie eine Luxuskabine auf einem

Kreuzfahrtschiff eingerichtet: große Bullaugen und bequeme Kojen. Sarah und Sophia hampelten übermütig darauf herum. Der „feindliche Gedanke" war plötzlich da. Würde ich Sophia verlieren, fragte ich mich, als ich sie so fröhlich herumtollen sah. Nächstes Jahr um diese Zeit ihr Grab pflegen? Mein Körper wurde durchgeschüttelt dabei. „Nein", sagte die Stimme in mir, die immer lauter wurde, „schau sie dir doch an! Es geht ihr gut, so gut wie lange nicht mehr. Auch Ärzte können sich irren." Ich hatte von Spontanheilungen gehört und gelesen, vielleicht bewirkten diese wunderschönen Tage ja so was bei Sophia.

Ans Ausruhen war gar nicht zu denken, wir marschierten gleich los, Sophia wurde in ihrem Buggy geschoben. Beim Einchecken hatte man uns gleich einen „Special Pass" für sie ausgehändigt. Er ermöglichte es ihr, bei jedem Fahrgeschäft und Foto-Shooting mit Disney-Figuren sofort dranzukommen, ohne dass wir uns anstellen mussten. Diesen Pass gab es nicht zu kaufen. Es war ein besonderer Service für Kinder wie Sophia, denen nicht mehr viel Zeit blieb, in diese Traumwelten abzutauchen.

Im Park wussten wir gar nicht, wohin, so groß war er. Aber wir hatten ja unsere Karin, die sich hier auskannte. Sie lotste uns systematisch durch, zuerst zum Dornröschenschloss. Sophia lachte sich schief, als sie einen schnarchenden Ritter erblickte: „Papa, hör mal, der schläft!" Die Erlebnisbahnen zum Mitfahren hatten es ihr besonders angetan, die von Peter Pan wollte sie gar nicht mehr verlassen. Da wir ja den Pass hatten, mussten wir nach der ersten Fahrt nicht aussteigen wie die anderen. Wir flogen noch eine Runde mit dem Schiff übers Nimmerland und noch eine und noch eine. Überall, wo wir hinkamen, egal wie viele Menschen in der Schlange standen, durften wir sofort einsteigen. Sophia genoss diese Vorzugsbehandlung in vollen Zügen: Hier war sie eine richtige Prinzessin.

Die Piratenbahn war eigentlich nichts für Kinder in Sophias Alter, aber sie wollte unbedingt rein. Unser Boot glitt auf einem künstlich angelegten Fluss dahin. Überall gruselige Gestalten, die ihre mechanischen Arme nach uns ausstreckten. Sogar einen kleinen Wasserfall ging es hinunter. Nach der ersten Fahrt stieg Karin mit der Begründung aus, das wäre nichts für sie. Sarah war es auch nicht so wohl. Doch als sie sah, dass ihre kleine Schwester förmlich darauf brannte, noch eine Runde zu drehen, blieb auch sie sitzen, um nicht feige zu erscheinen. Trotz des diffusen Lichts in den Tunneln konnte ich meine Töchter genau beobachten. Immer dann, wenn sich Sarahs Augen vor Schreck weiteten, leuchteten Sophias Augen vor Abenteuerlust. Über ihre Furchtlosigkeit hatte ich mich früher manchmal gesorgt, aber jetzt begriff ich: Sie war in diesen Momenten frei von dem hinderlichen Gefühl Angst. Meine Maus genoss diese Traumwelt so intensiv, wie es vielleicht nur Kinder können, denen die Zeit davonrennt.

Der erste Tag in Disneys Traumwelt war schnell vorbei. Am Abend, als wir Erwachsenen uns wirklich müde fühlten und das Gleiche von unseren Kindern dachten, war bei den zweien an Schlaf nicht zu denken. Zwar war Sarah nach unserer Ankunft im Hotelzimmer kurz eingenickt, aber Sophia hatte ihre große Schwester wieder fit gemacht. Das Licht war jetzt ausgeschaltet, doch das Kichern und Lachen wollte nicht aufhören. Auf Sophia wartete morgen ein anstrengender Tag, vor allem das Treffen mit Belle beim Frühstück. Ein bisschen Schlaf musste sein. Darum sprach ich ein Machtwort, was mir gekränkte Blicke eintrug.

Früh am anderen Morgen war Sophia als Erste wieder munter: Bloß nichts verpassen! Durch einen unüberhörbaren Geräuschpegel sorgte sie dafür, dass jeder wusste: Die Nacht ist vorbei. „Heute sehe ich die Belle, die kommt zu mir zum Frühstücken, nur zu mir." Der Termin konnte aus organisatorischen Gründen nicht eingehalten werden, Sophia würde ihre heißersehnte Belle erst später treffen. Zum Trost wurden wir in den VIP-Frühstücksraum des Hotels eingeladen. Es war schon ein bisschen komisch. Auf dem Weg dorthin gingen wir durch

Menschenmassen und Trubel zu einer Tür, die ein wichtig aussehender Mann für uns aufmachte: Schwups, Ruhe! In dem wunderschön eingerichteten, riesigen Raum saßen gerade mal drei oder vier Leute. Im ersten Moment kamen wir uns wie Fremdkörper vor, nur Sophia verhielt sich so, als wäre sie an diesen Luxus tagtäglich gewöhnt. Locker nahm sie auf einem schicken Sessel Platz und ließ sich von der Bedienung mit einem herrlichen Frühstück verwöhnen. Die Enttäuschung über das verschobene Treffen hatte sie anscheinend schnell weggesteckt, aber während sie aß, wiederholte sie immer wie zu ihrer eigenen Bestätigung: „Nachher kommt die Belle zu mir, gell Papa? Die kommt nicht zu den anderen Kinder, nur zu mir!"

Nach dem Frühstück führte Elisabeth, die bei Disneyland Besuche von schwer kranken Kindern managt, uns zu einem Aufzug, an dem sich keine Knöpfe zur Steuerung befanden. Geheimnisvoll nahm Elisabeth den Hörer eines alten, kostbar aussehenden Telefons in die Hand, das direkt neben dem Aufzug stand. Sprach ein paar Worte Französisch hinein, Augenblicke später öffneten sich die Türen. Wir stiegen ein. Oben angekommen, erstarrten wir fast vor Staunen. Der Raum vor uns sah so nobel und elegant aus, dass man es kaum wagte, den Fuß reinzusetzen. Die Wände waren mit edlen Tropenhölzern getäfelt, in der Mitte stand ein wertvoller Konferenztisch in U-Form. Man hatte das Gefühl, in das Allerheiligste von Disneys Traumwelt vorgedrungen zu sein. Elisabeth bestätigte das. Hier trafen sich sonst die Vorstände zu Tagungen, heute allerdings wurde Sophia hier von einer Maskenbildnerin erwartet, die auch die Darsteller von Disney-Figuren schminkte. Als sie sich auf einen Stuhl setzen sollte, um richtig schön gemacht zu werden, war es ihr doch ein bisschen mulmig. Aber die Visagistin nahm ihr die Scheu. Keiner machte hier Druck oder Hektik. Die Anwesenden vermittelten einem das Gefühl, Disneyland ist heute nur für Sophia und Sarah da. Auch sie wurde hergerichtet, worüber ich sehr froh war – hier wurde an alles gedacht, hier ließ niemand einem Kind das Herz bluten.

Als Sophia angemalt war, wurde sie noch eingekleidet. Ein gold schimmerndes Prinzessinnenkleid mit passenden Accessoires lag für sie bereit. Nachdem sie es angezogen hatte, präsentierte sie sich darin voller Stolz. Ihr Zepter, an dem Sterne funkelten, hielt sie so, als ob sie nie etwas anderes in der Hand gehabt hätte. Die reich verzierte Haarspange trug sie mit so viel Würde auf ihrem kahlen Kopf, als wären da noch die langen blonden Haare, die von ihr gehalten werden. Die Tränen rollten nicht nur mir übers Gesicht; alle waren gerührt von dem Zauber, der Sophia umfing. Sarah war zwar nicht die Hauptperson, doch auch sie war geschminkt, hatte eine Haarspange und eine blau schimmernde Tasche bekommen, aber kein Prinzessinnenkleid. Wir versprachen ihr, dass wir ihr später eines im Disney-Laden kaufen würden. Sarah freute sich einfach mit Sophia über diesen ganz besonderen Augenblick.

Nun war der spannende und einzigartige Moment für Sophia gekommen. Eine breite Flügeltür ging auf, und da stand sie, ihre Belle, die das gleiche Kleid wie sie trug. Wenn ich in dieser Situation gewesen wäre, hätten mir wahrscheinlich die Beine versagt. Doch Sophia schritt bedächtig auf die übergroß wirkende Belle zu und beugte ihre Knie zu einem Knicks. Die zwei ließen sich auf einem kostbaren Sofa nieder, eine Dolmetscherin übersetzte Sophias Fragen ins Französische. Ob das Biest die rote Zauberrose noch hätte und wo es denn sei, wollte sie wissen. Ja, die rote Zauberrose ist noch in seinem Besitz, das Biest könne leider nicht kommen, antwortete Belle, aber das Kleid für Sophia sei ein persönliches Geschenk von ihm. Sophias Augen strahlten. Belle nahm unsere Maus nun auf den Schoß, vertrauensvoll legte Sophia ihre kleine Hand in die von ihr. Sie wollte nicht mit ihrer Lieblingsfigur herumtoben, nein, sanft streichelte unsere Tochter immer wieder die Hand von Belle. Es war eine stille, fast greifbare Intensität des Lebens im Raum. Alle rangen um Fassung. Ich hatte meine längst verloren. Sogar Belles Bodyguard, der im Türrahmen stand, konnte sich die Tränen nicht verkneifen. Es wurden, ich weiß nicht wie viele, Fotos von Sophia und Belle gemacht. Noch heute betrachten wir diese Bilder als kostbares Geschenk, das uns von dem zweifellos glücklichsten Moment in Sophias Leben geblieben ist.

Elisabeth war so gerührt, dass sie uns noch etwas schenken wollte. Sie eilte zum Telefon und kam mit der freudigen Botschaft zurück, Sophia dürfe heute Abend im Rahmen einer großen Parade mit dem Weihnachtsmann in seinem Rentierschlitten die Weihnachtssaison in Disneyland Paris eröffnen. Ich war nicht ganz so erfreut, wie Elisabeth gedacht hatte. Auf dem Rentierschlitten ist sie alleine mit dem Weihnachtsmann. Was, wenn Sophia während der Parade nicht mehr wollte? Das Ganze würde dann in einem Chaos enden. Ich fragte sie, was sie davon hielt. Die Antwort kam prompt: „Klar mach ich das, Papa!" Wieder mal hatte sie es geschafft, mich zu verblüffen.

Sophia und Sarah bekamen jeweils auch noch ein spezielles Disney-Autogrammbuch, in dem Belle als Erste unterschrieb. Als sie sich dann verabschiedete, versprach sie Sophia, ihr ganz besonders von dem großen Umzugswagen zu winken, auf dem sie am Abend bei der Weihnachtsparade stehen werde. Sophia war selig. Bis zum Umzug war noch jede Menge Zeit, und sie kein Stückchen müde. Sie wollte wieder in den Park. Niemand von uns konnte sie nun dazu überreden, das Kleid auszuziehen oder wenigstens die Krone abzunehmen, um etwas Warmes anzuziehen. Draußen war es doch schon ziemlich kühl. Doch sie war eisern, das Kleid und die Krone blieben an. Also Mütze drunter, Krone drauf und über das Kleid eine warme Jacke.

Karin, unsere Begleiterin, lenkte uns gekonnt durch den Park, bei den zahlreichen Läden hier war auch das passende, bläulich schimmernde Prinzessinnenkleid für Sarah schnell besorgt. Wir landeten vor einer Halle, in der eine Eislauf-Revue mit Mickey und Minni stattfinden sollte. Mit dem Pass liefen wir an den Leuten vorbei, die hier bestimmt schon sehr lange warteten. Ich hatte ein ungutes Gefühl dabei, einfach so vorbeizulaufen. Aber keiner schimpfte, niemand guckte böse. Am Eingang wollte uns jemand vom Personal aufhalten, da sah er den Pass und winkte uns freundlich durch. Wir durften in der ersten Reihe Platz nehmen, die Halle füllte sich. Der Mann von der Tür kam noch mal auf mich zu und sagte zu mir: „Please wait a moment after the show, we have a surprise for Sophia." Karen und ich schauten uns erstaunt an. Woher wusste er, wie unsere Tochter hieß? Hatte Elisabeth hier ihre Finger im Spiel? Erfahren haben wir es nie.

Die Show war traumhaft; Mickey, Minni und etliche andere Disney-Figuren tanzten elegant über das Eis. Sogar ein richtiger Schlitten, gezogen von Haflingerpferden, kam auf die Bühne. Nachdem die Show beendet war, leerte sich die große Halle schnell. Etwas einsam und verloren standen wir herum. Und dann passierte es! Alle Figuren aus der Show stiegen eine nach der anderen von der Bühne herunter und machten ihre Späße mit Sophia. Sie lachte, lachte und lachte. Keine Spur von Angst oder Respekt vor den übergroßen Tieren. Nachdem sich alle in Sophias Autogrammbuch verewigt hatten, verließen auch wir die Halle. Wir waren begeistert über die Anstrengung und Mühe, die man uns hier zuteil werden ließ.

Sophia, nun doch ein wenig erschöpft, schlief in ihrem Buggy ein. Karin und Sarah wollten den Park weiter unsicher machen. Karen und ich schoben den Buggy in ein einigermaßen ruhiges Eck, erholten uns erst mal von den ganzen wunderbaren Ereignissen. Karen fragte mich: „Sag mal, kommt dir das alles hier nicht auch wie ein fast viel zu schöner Traum vor?" Ja, genau, ein Traum, so positiv, wie er nur sein kann! Und keiner von uns dachte ans Aufwachen; an das, was uns nach Auskunft der Ärzte bevorstand – Sophias Tod. Aber wie sollte sie denn sterben? War sie in den letzten Monaten irgendwann gesünder gewesen? Wann hatte sie das letzte Mal so von innen heraus gelacht und gelebt? Die Ärzte mussten sich irren, es konnte gar nicht anders sein. Sophia zeigte überhaupt keine Symptome, im Gegenteil, durch diese Reise schien das Krankenhaus nur noch eine alte Erinnerung zu sein.

Der Abend kam. Wir wurden abgeholt und hinter ein großes Tor geführt, wo der riesige Weihnachtsmann schon auf uns wartete. Zuerst stürmten die Feen in seiner Begleitung auf Sophia los. Mein Englisch und Französisch sind nicht besonders gut, aber „Wie süß. Wie lieb!" verstand ich dennoch. Als das liebevolle Gezupfe der Feen aufhörte, baute sich der Weihnachtsmann vor Sophia auf. Ich schätzte ihn auf knapp zwei Meter. Noch wuchtiger wirkte er durch sein wunderschönes Santa Claus Kostüm. Wäre ich Sophia gewesen, hätte ich zumindest ein flaues Gefühl im Magen gehabt. Sie hingegen gab ihm vertrauensvoll die Hand und ließ sich von dem Riesen sogar auf den Arm nehmen. Mein gut gemeinter Rat, dass sie sich vor diesem Mann nicht zu fürchten brauchte, verpuffte. Sophia war bereits in eine neue Disneywelt verschwunden. Dieser Weihnachtsmann sprach nur Englisch, aber das störte die Kommunikation zwischen den beiden wenig. Augen und Gestik überwanden jedes Sprachhindernis. Sie gingen voraus zu dem beeindruckend großen Schlitten und wir hinterher. Sophia wollte nun den Schlitten unbedingt selber besteigen. Die Stufen waren sehr hoch und ihre Füße doch noch so klein. Sie schaffte es trotzdem, alleine auf ihren Platz neben dem Weihnachtsmann zu kommen. Nun war der Moment der Trennung gekommen. Ich erklärte Sophia nochmals, dass wir leider nicht bei ihr bleiben könnten, aber draußen auf sie warten würden. Sie sagte nur „Ja, ja" und winkte uns zum Abschied. Ganz lieb und brav saß sie da oben, als hätte sie das Ganze schon öfter geprobt oder erlebt. Aufgeregt waren anscheinend nur Karen und ich.

Nervös warteten wir nun draußen, eingekeilt zwischen den anderen Zuschauern, auf den Beginn des Umzugs. Was, wenn Sophia alles zu viel wurde und sie von dem Schlitten runter wollte? Wohin sollte sie sich dann wenden? Wie würde sie uns in dieser unübersichtlichen Menschenmenge finden? Vor lauter Unruhe schaltete ich dauernd meine Kamera aus und ein, stapfte von einem Fuß auf den anderen. Die Minuten schienen sich zu Stunden zu dehnen. Sarah sprach, mit einem prüfenden Blick in meine Augen, wahre Worte: „Keine Sorge, Papa, Sophia ist so mutig, die fährt bis zum Schluss mit." Endlich ging es los. Zuerst zogen allerlei Figuren an uns vorbei, für die ich aber keine Augen hatte. Es folgte auch noch eine Musikkapelle. Und dann kam der riesige Schlitten. Ich beugte meinen Oberkörper nach vorne, konnte aber nichts Genaues sehen. Nervend stellte ich Karin, die eine bessere Sichtposition hatte als ich, immer wieder die Frage: „Sitzt Sophia drauf oder nicht?" Sie sah meine Süße und beruhigte mich: „Ja! Sie sitzt ganz brav neben dem Weihnachtsmann."

Jetzt kam der Schlitten direkt auf uns zu. Er wurde, ich wollte meinen Augen nicht trauen, von echten Rentieren gezogen. Und da saß Sophia wie ein Engel, kein Anflug von Nervosität. Vor einem pompösen amerikanischen Weihnachtsbaum hielten sie an. Der Weihnachtsmann sagte auf Englisch, Sophia werde ihm nun helfen, mit dem Zauberstaub die Lichter anzuzünden. Die beiden steckten ihre Finger in ein Säckchen und holten lauter funkelnde Sternchen heraus. Sie warfen den Sternenstaub in Richtung Baum, und er erstrahlte in einem Lichtermeer. Gleichzeitig ging entlang der Straße, die durch den Park führt, die Weihnachtsbeleuchtung an. Die Kapelle spielte ein Weihnachtslied, Sophia stand im Blitzlichtgewitter Hunderter von Fotoapparaten, und der Weihnachtsmann bedankte sich bei ihr für die Hilfe. Ich hörte durch die Lautsprecher nur noch das Wort „Sophia", die Kapelle intonierte einen Tusch, die Menschenmenge klatschte, und Sophia stand da oben im hellen Licht, klatschte selber und lächelte.

Ich stellte mir vor, auf wie vielen Fotos sie nun in alle Welt ging. Natürlich würden die meisten, die sie anschauten, nicht mal ihren Namen wissen. Aber wer kann schon von sich behaupten, so oft auf Fotos verewigt worden zu sein? Ich hielt diese Szene auf Video fest. Durch meine Aufregung ist die Nahaufnahme ziemlich verwackelt, dennoch erkennt man ganz deutlich, dass etwas Besonderes von Sophia ausgeht: ein helles Strahlen.

Als der Umzug vorbei war, stieg Sophia wie eine würdevolle Adelige von dem Schlitten. Wir alle waren noch total mitgenommen von diesem großartigen Erlebnis. Nicht so Sophia, sie zeigte uns deutlich, dass sie es völlig normal fand, mit dem Weihnachtsmann die Weihnachtssaison in Disneyland zu eröffnen. Diese ganzen Ereignisse luden uns so mit positiver Energie auf, dass spätestens jetzt keiner mehr an Tod oder Krankheit dachte. Wir waren glücklich, irgendwie hatte es diese Kunstwelt geschafft, auch die dunkelsten Gedanken aus unseren Köpfen zu vertreiben.

Jetzt hatten wir Hunger. Lokale waren hier nicht schwer zu finden, aber einen Platz zu bekommen war eine ganz andere Sache. Überall standen die Menschen geduldig an, um einen freien Tisch zu ergattern. Karin, unsere Begleiterin durch Disneyland, war auch hierbei wieder eine große Hilfe. In einem Lokal ging sie mit Sophia an der Menschenschlange vorbei, redete kurz mit der Bedienung und zeigte den Pass. Bereits nach ein paar Minuten wurden wir zu einem freien Tisch geleitet. Dieses Restaurant war wie ein Westernsaloon aufgemacht, auch das Personal war entsprechend gekleidet. Die Gerichte waren westernmäßig gestylt oder hießen wenigstens sehr abenteuerlich. Sarah und Sophia waren nach den ersten Bissen wieder so fit, dass sie nur noch herumalberten. Die zwei waren nicht mehr im Zaum zu halten. Ein Blick zu Karen bestätigte mir, dass sie genauso dachte. Krankes Kind, wo ist hier ein krankes Kind? Sophia war so voller Lebensfreude, dass wirklich nur ihr kahler Kopf daran erinnerte, was sie in sich trug.

Als wir zum Hotel kamen, wurde gerade an dem künstlichen See davor ein großes Feuerwerk gezündet. Sophia und Sarah wollten mit Karin durch das Menschengewimmel ganz nach vorne. Sollten sie nur, es war ihr Abend. Der Platz ganz vorne gehörte den zweien. Karen und ich blieben Arm in Arm weiter hinten stehen und genossen diese Show. Immer dann, wenn wir dachten, es müsste eigentlich vorbei sein, ging es noch lauter und pompöser weiter. Wir schauten in den Nachthimmel, und ich sagte leise zu Karen: „Jetzt hat unsere Maus Weihnachten und Sylvester an einem Tag gehabt!" Schockiert merkte ich, wie sich der Gedanke wieder eingeschlichen hatte, dass Sophia vielleicht Weihnachten nicht mehr bei uns ist. Wie Beton saß dieser Gedanke während des restlichen Feuerwerks in meinem Kopf fest. Die dunklen Schatten hatten es geschafft, sich für kurze Zeit über den trotzigen Kampfeswillen zu legen.

Als wir im Hotelzimmer waren, fiel Sarah förmlich ins Bett. Sophia schlief bereits auf dem Heimweg im Buggy und wurde nicht mal wach, als wir sie ins Bett hoben. Die Nacht war kurz, denn mit dem ersten Morgenlicht stand Sophia wieder auf der Matte. Noch gehörte ihr ja hier ein halber Tag, und sie war nicht gewillt, mehr als nötig davon mit Schlaf zu vergeuden. Nach einem reichhaltigen Frühstück ging es wieder los in den Park. Sophia wollte noch einmal alle Bahnen vom ersten Tag fahren. Bis zur letzten Minute blieben wir im Park.

Beim Hinausgehen liefen bei Sophia zum ersten Mal auf dieser Reise Tränen. Ich drehte ihren Buggy in Richtung des Parks, ihr Gesicht war so traurig, dass mir sofort die Tränen in die Augen schossen. „Schade", sagte sie, „Disneyland sehe ich nie wieder", wieder diese besondere Stimme, so weise, nicht das „Kind" Sophia. Es lag etwas Endgültiges darin, das mich ins Bodenlose riss. Sie weinte nun still vor sich hin. Ich kniete mich neben sie, musste aber meinen Kopf zur Seite drehen, damit sie meine Verzweiflung nicht sah. Auch Karen kämpfte tapfer mit den Tränen, Karin schluckte schwer, das Gesicht drehte auch sie in die andere Richtung. Beide verloren den Kampf. „Ich will hier nicht weg", sagte Sophia, winkte ihrem Disneylandpark noch einmal zu, als ich den Buggy wieder umdrehte. Was mich fast so viel Kraft kostete, als sollte ich einen Felsen bewegen. Es war mir verdammt noch mal nicht möglich, die Zeit einzufrieren, wir mussten fort von hier: den Ort, wo Sophia so glücklich war, verlassen. Ich werde nie mehr dorthin gehen – ich bin mir sicher, es würde mich zerreißen.

Die Koffer waren schnell ins Taxi verladen, wir fuhren zum Flughafen. Sarah und Sophia unterhielten sich angeregt auf dem Rücksitz. Sophia, das „normale" Kind, war wieder da. Sie freute sich aufs Fliegen, während wir Erwachsenen noch mit unseren Gefühlen kämpften. Gesprochen haben wir nicht viel, jeder hing seinen eigenen Gedanken nach. War das nun der letzte große Ausflug mit Sophia? Sollten wir nie mehr mit ihr solche schönen Tage erleben? Ich fühlte mich fast schon zerrissen von der in mir aufkeimenden Erkenntnis, dass die Ärzte möglicherweise Recht hatten, und der krampfhaften Überzeugung, dass Sophia ihre Prognose überlebt.

Im Flugzeug saß Sophia wieder neben mir, begeistert über den Start und weil wir über den Wolken waren. Selbst ein Geschäftsmann in ihrer Nähe guckte schon bald nicht mehr grimmig und lächelte sogar. Sophia schaffte es, auch solche Businessleute ein wenig zum Strahlen zu bringen. In München, es war schon dunkel, erwarteten uns Oma und Opa am Flughafen. Als wir alle in das Auto von meinem Schwiegervater eingestiegen waren, sprudelten die beiden gleich los wie die Wasserfälle, erzählten von ihren tollen Erlebnissen, ohne eine Spur von Müdigkeit. Meinen armen Schwiegereltern musste der Kopf schwirren bei dem Erlebnisfluss, der da in Minutenschnelle auf sie einströmte. Sobald wir unser Haus erreicht hatten und die Koffer im Flur standen, gingen Sophia und Sarah aber freiwillig ins Bett. Minuten später hörte man nichts mehr von ihnen.

Karen und ich saßen im Wohnzimmer, konnten nun gar nicht so recht glauben, dass wir das alles wirklich erlebt hatten. Wie zum Beweis schauten wir uns noch das Video von Disneyland an. Besonders die Stelle, als Sophia auf dem Schlitten stand und klatschte. So viel Freude, so viel Glück. Vielleicht geschah ja wirklich ein Wunder.

Doch nun schlidderten wir in den Alptraum Krankheit zurück. Marion, unsere Pflegeschwester, war natürlich auch schon ganz neugierig auf Sophias Erlebnisse. Die zwei verstanden sich immer besser. Aber auch Karen und ich rückten enger mit Marion zusammen. Sie war ein nicht mehr wegzudenkender Teil unserer Familie geworden. Manchmal hatte ich schon fast ein schlechtes Gewissen, ich wusste ja, dass sie drei Kinder und einen Mann zu Hause hat. Sophia hatte nach unserer Rückkehr aus Paris gleich wieder Fieber. Das hieß für Marion, die sonst immer nur morgens kam, um Blut abzunehmen und den Hickman-Katheter zu spülen, dass sie wegen der Antibiotika-Gaben per Infusion abends noch mal kommen musste. Nie hatte ich den Eindruck, dass sie schlechte Laune hatte oder genervt war. Nein, eher hatte ich das Gefühl, dass sie mit jedem Tag, den sie mit Sophia verbrachte, mehr spürte, was für ein besonderer Mensch da vor ihr war. Die zwei waren zusammengeführt worden. Marion war genau das, was Sophia brauchte: jemand, mit dem sie Quatsch machen konnte und der gleichzeitig so viel Rückgrat hatte, sich nicht alles von ihr gefallen zu lassen.

Ein Platz für eine richtige Prinzessin

Und nun hatte sich auch Gabi, die Frau mit der Bazar-Idee, richtig ins Zeug gelegt, um etwas Schönes für Sophia zu erreichen. Wenige Tage nach unserer Rückkehr aus Disneyland meldete sich bei uns die Herzenswünsche-Organisation. Wir erzählten der Dame am Telefon, dass Sophia so gerne eine Prinzessin ist. Es dauerte nicht lange, und die Dame rief erneut an. Sie habe ein regelrechtes Märchenwochenende für uns organisiert, sagte sie: auf der Sababurg bei Kassel, mitten in einem Waldgebiet gelegen, angrenzend ein Wildtierzoo. Sophia sollte sich für ein paar Tage wie eine echte Prinzessin fühlen. Und dafür musste man – ganz klar – auf einer richtigen Burg wohnen. Sophias Augen blitzten wieder auf. Ein neues Erlebnis wartete darauf, verschlungen zu werden. Die Tage bis zur Abreise, an denen Sophia frei war von Kabeln und Antibiotika, nutzten wir zu Besuchen auf Schloss Neuschwanstein und in Freilauf-Zoos. Sophias Welt: Schlösser und Tiere.

Am Abfahrtstag ging alles schief. Sophias Blutwerte rasselten in den Keller, sie brauchte wieder dringend eine Bluttransfusion. Sollten wir nach München fahren? Nein, das war zu weit! Wir entschieden uns fürs Städtische Krankenhaus, am frühen Vormittag trafen wir dort ein. Der Zufall wollte es, dass Bettina, die vierzehnjährige Tochter meines Bruders, die an Rheuma leidet, auch gerade ein Zimmer belegte. Ein zusätzliches Bett wurde hineingeschoben. Da die Ärztin uns versichert hatte, das Blut sei schnell besorgt, stellten wir uns auf einen nur kurzen Aufenthalt ein. Der Vormittag verging. Auch auf erneutes Nachfragen tat sich nichts. Da wir noch über 400 Kilometer zu fahren hatten, schlug meine Frau vor, ich solle mich zu Hause ein bisschen hinlegen. Sie versprach, mich sofort anzurufen, wenn das Blut angehängt wäre. Sophia war voll und ganz mit Bettina beschäftigt.

Zu Hause war dann mein Körper zwar im Bett, aber das Innenleben fand keine Ruhe. „Was mache ich hier? Mein Platz ist doch im Krankenhaus! Schlafen kann ich jetzt nicht." Dann war die Müdigkeit doch für zwei Stunden stärker. Beim Aufwachen dachte ich, vom Telefon geweckt worden zu sein, aber es war still. War das Blut immer noch nicht da? Sofort fuhr ich zurück ins Krankenhaus. Tatsächlich war immer noch keine Transfusion gemacht worden. Mittlerweile war mein Bruder mit seinen jüngeren Töchtern Lisa und Svenja gekommen. Svenja, die Jüngste, war im gleichen Alter wie Sophia. Die zwei waren sich auch sehr ähnlich: beide sture Dickschädel. Sie verstanden sich, spielten miteinander. Wenigstens war bei Sophia noch keine Langeweile zu spüren.

Endlich traf das Blut ein. Da hier aber anscheinend keiner Erfahrungen mit solchen Transfusionen hatte, wurde es in den Spritzen-Infusomaten umgefüllt. Eine kleine Dosis folgte der nächsten. Insgeheim bereute ich fast die Entscheidung, nicht nach München gefahren zu sein. Karen und mir war klar, dass es nun bestimmt schon dunkel sein würde, wenn wir das Krankenhaus verlassen konnten. Ich rief in der Sababurg an, um mitzuteilen, dass wir erst um circa 22 Uhr eintreffen würden. Langsam, unendlich langsam lief jede einzelne Spritze durch. Sophia wollte nun auch endlich los und wurde ungeduldig. Mein Bruder war mit Lisa und Svenja gegangen, Bettina teilte ihr Abendbrot mit uns. Im Geiste saß ich schon im Auto, ich wollte unbedingt heute noch ankommen, Sophia sollte doch wenigstens zwei volle Tage in der Burg haben. Mensch, warum war das Blut denn immer noch nicht durch? So viel kostbare Zeit ging uns verloren! Doch es machte mir Mut, dass Sophias Gesicht wieder Farbe bekam. Immer wieder war es verblüffend, zu sehen, wie mit dem frischen Blut neue Kraft in ihren Körper floss.

Um 18.30 Uhr war die letzte Spritze durch. Nun lag es an mir, so schnell wie möglich die versprochene Nacht im Himmelbett für Sophia Wahrheit werden zu lassen. Schnell nach Hause und die bereitgestellten Koffer ins Auto laden. Dann Sarah von Oma und Opa abholen (Jerry hatten wir schon am Vortag zu meiner Mutter gebracht). Und los ging's. Die Fahrt verlief wirklich gut. Kaum Verkehr auf den Straßen, Sophia und Sarah schliefen selig in ihren Sitzen. Um kurz vor zehn waren wir in der Nähe der Burg, jetzt mussten wir sie nur noch finden. In der Dunkelheit war das schwierig, die Wegbeschreibung ungenau. Nach einer halben Stunde Irrfahrt hielt ich an einer Polizeidienststelle, wo mir ein freundlicher Beamter den Weg erklärte. Als wir dann die richtige Abzweigung gefunden hatten, wurde ich das Gefühl nicht los, am Ende der Welt gelandet zu sein. Wir fuhren und fuhren, im Scheinwerferlicht sahen wir nur Wald und nirgends eine Burg. Immer nur neue Reihen von Bäumen. Endlich, ein Schild! Es ging ein Stück aufwärts – und da lag sie. Dunkel und geheimnisvoll hob sich der gewaltige Schatten ab. Ein paar stilgerechte Laternen brannten, nicht das leiseste Geräusch war zu hören.

Es war mittlerweile fast 23 Uhr geworden, wir waren doch alle ziemlich geschafft. Die Dame am Empfang, ebenfalls stilgerecht, mit einem dunklen, breiten Häkelschal um die Schultern geschwungen, brachte uns auch gleich zu dem Zimmer. Wir bekamen das Turmzimmer ganz oben. Was für ein Raum! Das Himmelbett war gigantisch, Sophia legte sich sofort hinein und verschwand fast darin. Sarah nahm das Beistellbett unter einem mittelalterlichen Rundbogenfenster in Beschlag. Bevor Sophia zwischen Karen und mir einschlief, sagte sie: „Jetzt bin ich auf einem richtigen Schloss, wie eine richtige Prinzessin."

Auch Karen war schnell eingeschlafen. Ich blieb noch lange wach, betrachtete Sophia, die nun friedlich im Land der Träume weilte. Beobachtete die Gesichtszüge und ihren gleichmäßigen Atem. Schreckliche Gedanken quälten mich dabei: „Sophia, jetzt liegst du neben mir, und wenn die Ärzte doch Recht haben sollten, sehe ich nächstes Jahr zu diesem Zeitpunkt auf dein Grab." Dieser Gedanke nutzte jede Sekunde, die er durchkommen konnte. Doch wenn man einen Menschen so stark liebt, kann dann diese Liebe nicht Berge versetzen? Vielleicht sogar Krankheiten besiegen? Wie sollte ein Leben ohne Sophia aussehen? Es konnte doch gar nicht weitergehen ohne meine Maus. Was hatte die Ärztin gesagt? Vier bis acht Wochen? Vier Wochen waren seitdem vergangen. Die gesamten acht Wochen der Prognose zu überstehen wurde für mich immer mehr zu einer alles entscheidenden Grenze. Wenn sie nach acht Wochen immer noch bei uns war, wenn sie es schaffte, diese magische Linie zu überschreiten – dann würde ein Wunder geschehen. Kurz vor Weihnachten würde sie erreicht sein. Ich hatte mich innerlich so sehr in diese Gedanken hineingesteigert, dass an Schlaf überhaupt nicht mehr zu denken war. Ich hatte das Gefühl, mein Schädel würde gleich platzen. Aber dann schaute ich den Mond an. Wie in einem kitschigen Film stand er am Himmel, voll und groß. Scheinbar direkt vor dem Fenster, zum Anfassen nahe. Das silberne Licht beschien Sophias Gesicht, sie lag da wie ein Engel. Tiefe, gleichmäßige Atemzüge. Ich konzentrierte mich darauf, der Schlaf holte mich, trotz der inneren Anspannung. Ich schlief mit dem Gefühl der tiefen Liebe zu diesem wundervollen kleinen Wesen ein.

Sophia war natürlich als erste wach, als ich sie anschaute, fielen mir sofort ihre roten Augäpfel auf: Sie hatte zu viel Blut bekommen. Aber weil Sophia so gute Laune hatte und wir ja keine „normalen" Eltern waren, die in diesem Fall sofort in ein Krankenhaus marschiert wären oder zumindest einen Arzt angerufen hätten, machten wir uns nach dem Anziehen gleich auf zum Frühstück. Wir hatten auf der Krebsstation so viel gesehen; wir kannten uns mit MTX, Asperginase und andere toxischen Mitteln aus; wir hatten medizinische Zusammenhänge begriffen, die in keinem Haushaltsmedizinbuch stehen; Karen war mittlerweile selbst eine halbe Krankenschwester, konnte den Katheter spülen und Medikamente in ihn spritzen. Kurzum: Bei so was flippten wir nicht aus – dafür war unsere Zeit zu kostbar. Die Rotfärbung würde vergehen, und Sophia sollte hier nur eins: ihr Leben genießen.

Im Frühstücksraum war unser Tisch wunderschön gedeckt; alles, was das Herz begehrt, war da. Allerdings ging es hier ziemlich vornehm zu. Klassische Musik schon zum Frühstück und exklusive Gäste, denen man ansah, dass sie viel Geld hatten, oder jedenfalls so taten. „Na, da passen wir ja prima rein!", dachte ich sarkastisch. Und doch wollte ich nicht unbedingt negativ auffallen. Darum reagierte ich auf Sarahs und Sophias Albernheiten mit einem scharfen Blick. Eigentlich blödsinnig, sage ich heute, das war wirklich nicht richtig. Kinder sitzen eben nicht immer still, machen manchmal Unfug am Tisch. Sophia quittierte meine Strenge prompt mit ihrem Schmollgesicht. Nachdem sie schnell gegessen hatte, ging sie mit Sarah auf Erkundungstour. Eigentlich wollte ich die zwei schon stoppen. Überall waren Steintreppen, wenn Sophia herunterfallen würde, oder ähnliches. Doch meine Frau hielt mich im Zaum: „Lass sie, Sarah hält Sophia doch an der Hand, es wird schon nichts passieren." Karen und ich frühstückten in Ruhe weiter, da platzten unsere zwei wieder in diesen vornehmen Raum, total vergnügt. Lachend, kichernd. Das machte die Atmosphäre hier doch gleich ein wenig heller, lebendiger. „Papa, weißt du, wo wir waren?", rief Sophia: „Wir waren im Männerklo!" Dabei lachte sie so laut, als ob dieses stille Örtchen das Lustigste wäre, was sie jemals gesehen hatte. Karens Gesicht nahm eine leicht rötliche Färbung an. Sie ermahnte Sophia, doch nicht ganz so laut zu sein. Davon kriegten die zwei aber nicht mehr viel mit, denn sie waren schon wieder zu dem lustigsten Ort überhaupt unterwegs, dem „Männerklo". Einige Gäste wandten sich nach pikierten Blicken in unsere Richtung wieder ihren Zeitungen zu, aber die meisten lächelten amüsiert. „Typisch Sophia", dachte ich. Durch ihre reine, offene Art schaffte sie es, selbst reservierten Leuten ein Lächeln abzuringen.

Nach dem „Männerklo-Abenteuer" – der automatische Seifenspender muss unheimlich faszinierend gewesen sein – ging es in den Tierpark. Er lag nahe an der Burg, nur einen ziemlich steilen Abhang hinunter, und wir konnten hinein. Sophias Buggy wollte der Schwerkraft folgen; ich hatte Mühe, das zu verhindern, was meine Maus unheimlich amüsierte. Sie saß mittlerweile oft im Buggy, sie konnte nicht mehr so lange laufen. Sophia war quirlig und lustig, keine Frage, aber ihre Kräfte ließen nach. Es fiel mir nicht auf, weil ich es einfach nicht sehen wollte.

Neben dem Wildschweingehege stand ein hoher Aussichtsturm aus Holz. Unsere beiden wollten da natürlich hinauf. Sophia machte sonst so etwas immer alleine, gerade solche Klettergeschichten. Hier ließ sie sich von mir bereitwillig aus dem Wagen nehmen und hochtragen. Wie konnte ich nur so blind sein? Danach schob ich Sophia auf ein Freigelände, wo ein paar Büffel grasten, zufrieden mit sich und der Welt. Bereitwillig nahmen wir diese Ruhe in uns auf, verweilten. Dabei entstand ein Foto von mir und Sophia, das mich immer wieder in den Bann schlägt. Unwiederbringlich und unwiderrufbar dieser

Moment. Die Sonne strahlt uns ins Gesicht, ihr Kopf ist dem meinen zugeneigt, und ich schaue sie an. Auf diesem Bild lacht keiner von uns. Im Gegenteil, wir zwei wirken sehr ernst, trotzdem ein Eindruck von Frieden und Ruhe. Ich bin Karen so dankbar, dass sie instinktiv diesen richtigen, wichtigen Augenblick eingefangen hat – ein eingefrorener Blick aus der Vergangenheit.

Der Tierpark hatte eine beachtliche Größe, auch meine Füße wurden zusehends müder. Nach einer Weile schaute sich Sophia alles nur noch aus ihrem Buggy an, schlief auch ein paar Mal einfach ein. Wir kamen zu einer Allee mit hohen, alten Bäumen. Sophia war ziemlich quengelig und wollte eigentlich wieder zurück zur Burg. Ich weiß nicht, warum, aber ich hob sie aus ihrem Buggy, worüber sie sehr missmutig war, und ging mit ihr zu einem dieser uralten Bäume. Zart fuhr ich mit meiner Hand über die Rinde und sagte zu Sophia: „Fass ihn mal an! Spürst du die Kraft, die in ihm steckt? Was dieser Baum uns erzählen könnte, er muss schon viel gesehen haben. Aber er kann ja nicht sprechen. Berühr ihn, dann wirst du merken, was ich meine!" Ihre Quengelei hatte schon aufgehört, zärtlich streichelte sie mit ihrer kleinen Hand über die Rinde, eine Stelle liebkoste sie besonders: ein Loch, eine Verletzung. Die war mir bei meiner ersten Berührung gar nicht aufgefallen. Sophia streichelte noch mal darüber und sagte mit ernster Stimme zu mir: „Schau mal, Papa, da hat er ein großes Aua! Das tut ihm bestimmt weh, aber wenn ich ihn streichle, geht es ihm bestimmt besser." Ich war überwältigt von ihrer Reaktion. Sophia spürte, wie man diese Verletzung lindern konnte.

Wir liefen an diesem Tag den ganzen Park ab, waren alle ziemlich erledigt, aber das Abendessen stand ja noch an. Unser Tisch im Speiseraum war extra für uns im Cinderella-Stil hergerichtet worden. Viele kleine, kostbar aussehende Porzellanfiguren aus dem Märchen standen auf dem Tisch. Sogar die Tauben waren nicht vergessen worden. Silberne Unterteller zierten unsere Plätze. Sophia und Sarah waren ganz begeistert. Aber

Karen und ich fühlten uns irgendwie fehl am Platz. Wir waren ein solch gehobenes Ambiente nicht gewohnt: lauter feine Leute oder wenigstens solche, die vorgaben, welche zu sein. Sogar ein eigenes Menü war für uns zusammengestellt worden. Doch Sophia und Sarah waren übermüdet. Schon nach der Vorspeise, die wirklich einmalig war, sank die Laune bei den zweien erheblich. Sophia stützte ihr bekanntes Schmollgesicht in ihre Hände, mit den Ellenbogen auf dem Tisch, was von dem Herrn schräg hinter uns mit pikiertem Blick missbilligt wurde. Die Bedienung, sehr nett und zuvorkommend, fragte Sophia nach ihrem speziellen Wunsch für den Hauptgang, da sie sich wahrscheinlich schon gedacht hatte, dass Kinder mit dem Menüvorschlag, den man kaum aussprechen konnte, nichts anzufangen wussten. Sophia schaute nicht mal auf und übertönte laut die klassische Musik, die gedämpft im Raum erklang: „Ich will Pommes!" In diesem Moment hatte ich das Gefühl, dass alle Augen auf uns gerichtet waren. Einer der Gäste schaute auf Sophia, ein Schmunzeln im Gesicht. Am liebsten wäre ich im Boden versunken, Karen erging es ganz genauso. Mit hochrotem Kopf saßen wir zwei Erwachsene da. „Pommes, sehr gerne", antwortete die Bedienung, konnte sich ein Lächeln nicht verkneifen. „Aber mit Ketchup!", setzte Sophia noch eins drauf. Oh Himmel, könnte ich mich doch in Luft auflösen! Sarah bestellte das gleiche exquisite Abendessen. Beide waren sehr viel eher mit ihren Pommes fertig als wir mit unseren drei Gängen. Zur Ordnung waren sie auch nicht mehr zu bewegen, die Stimmung war gereizt. Schließlich gab ich nach und ließ sie nach draußen. Hand in Hand begaben sich die beiden auf eine weitere Erkundungstour durch das alte Gemäuer. Was verlangte ich denn? Sollten sie tatsächlich zwei Stunden warten, bis wir mit dem Essen fertig waren? Trotz ihrer inneren Reife war immer noch das „Kind" Sophia auch da. Und forderte sein Recht. Warum war es mir unangenehm, dass sich Sophia diesen noblen Verhaltensregeln nicht unterwarf? Für vornehmen Firlefanz hatte Sophia keine Zeit – es zählte nur das Erleben, mit allen

Sinnen. Ab da war es mir vollkommen egal, was diese „feinen Leute" von den Aktionen hielten. Sophia und Sarah sollten hier Spaß haben.

Anschließend in unserem Turmzimmer, wir waren alle bereits am Umziehen, passierte etwas, durch das mein Herz sich heute noch zusammenkrampft. Sophia war immer noch gut gelaunt von ihrer gemeinsamen Tour mit Sarah. Sie stand am Bett und verlor mit einem Mal das Gleichgewicht. Ohne ersichtlichen Grund. Ich war nicht schnell genug, um sie aufzufangen. Glücklicherweise fiel sie nicht auf das harte Parkett, sondern auf einen weichen Teppich. Der Schreck war groß. Sophia hatte zwar erst Blut bekommen, aber wir hatten ja keine Kontrolle über ihre Thrombozyten. Sollten sie sehr gering sein, konnte so ein Sturz verheerende Folgen haben. Warum war sie gefallen? Karens Blick blieb in meinem hängen. Ihre Gedanken waren die gleichen wie bei mir. Dunkle Wolken zogen im Innersten auf. War dies das leise beginnende Ende unserer glücklichen Zeit? Wir hatten ja keine Ahnung, wie sich die Krankheit im letzten Stadium darstellen würde. Auch im Krankenhaus hatte uns niemand darüber aufgeklärt. Die dunklen Wolken türmten sich nun haushoch auf. Was, wenn Sophia nun einschläft und nicht mehr aufwacht? Nein, nein und noch mal nein! Das war bestimmt nichts, was mit der Krankheit zusammenhing. Vielleicht war Sophia ja nur erschöpft von ihrer Tour. Ja, genau, das war es, die Anstrengung! In meinem Kopf hatte sich regelrecht eine Mauer gebildet, die sofort ein Bollwerk um Sophia aufbaute, wenn irgendetwas Schlechtes einzudringen versuchte. Wir schaffen das schon! Wir kommen da durch! Das wurde nicht nur mein Leitsatz für die nächste Zeit, sondern auch der von Karen.

Sophia verhielt sich danach wieder unauffällig, so war dann der Sturz auch schnell verdrängt. Karen bereitete die Spritzen vor zum Katheterspülen, ich reichte ihr als Assistent die Fläschchen usw. – nur weil sie sich diese Fertigkeiten angeeignet hatte, konnten wir diesen Ausflug überhaupt machen.

Als wir schon alle lagen, wollte Sarah auf einmal auch in dem großen Himmelbett schlafen. Sophia fing zu meckern an. Ich beendete die Auseinandersetzung schnell, indem ich meinen Platz im Himmelbett für Sarah räumte. Danach übermannte uns der Schlaf.

Am nächsten Morgen wollte Sophia nach dem Frühstück gleich wieder in den Tierpark. Jedes noch so kleine Eck musste erkundet werden. Sophia ließ es nicht zu, auch nur die geringste Kleinigkeit auszulassen. Am Nachmittag führte uns der Schlossherr persönlich durch die Burg. Es war sehr interessant, die alten Geschichte zu hören. Nur Sophia kriegte nichts davon mit. Sie hatte sich so auf die Führung gefreut, doch jetzt schlief sie auf meinem Arm. Ich machte mir keine großen Sorgen, die Verleugnungswand, die ich mir aufgebaut hatte, funktionierte perfekt. Sophia war halt erschöpft. Die neue Umgebung, die vielen Tiere, war ja klar, dass sie mehr schlief und oft zu müde war zum Laufen. Ich habe mich damals ständig selber beschwatzt. Aber war das nicht sogar gut so? Hätte ich die dunklen Gedanken zugelassen, wäre ich nicht in der Lage gewesen, noch so viel mit Sophia zu erleben. Die Lähmung hätte mich beherrscht.

Der Schlossherr zeigte uns auch noch den Gewölbekeller. Ich wechselte Sophia, die mir allmählich bleischwer vorkam, von einem Arm auf den anderen, aber sie machte noch nicht mal die Augen auf. Kaum, dass die Führung vorbei war, wurde sie wach und fing an zu meckern, weil sie alles verpasste hatte. Für den Nachmittag stand noch eine Überraschung an. Wie die aussah, wusste ich ja auch nicht, aber Sophia löcherte mich andauernd. Endlich, nach einer ewig erscheinenden Zeit, wurden wir in das Haupthaus gebeten. Wir sollten zuerst im Herrensalon Platz nehmen, ein wunderschöner Raum mit grünen Ledersesseln und einem offenen Kamin. So stellte ich mir in vornehmen Häusern die Räume vor, in denen sich vermögende Herren früher zurückzogen, um Zigarren zu rauchen. Sophia und Sarah rutschten schon ganz unruhig hin und her. Und plötzlich standen sie in der Tür: Dornröschen und ihr Prinz. Die Sababurg wurde auch „Dornröschenschloss" genannt, darum hatte sich der Besitzer diese Überraschung für Sophia einfallen lassen. Der Prinz hielt eine blutrote Rose in der Hand, die er Sophia galant überreichte. Sie war ganz glücklich über dieses Geschenk, sah den Prinzen mit einem scheuen Blick an und lächelte. Ich dachte: „Na, wenn sie erst mal groß ist, dann schmelzen die Herren der Schöpfung wie Schnee in der Sonne."

Dornröschen und ihr Prinz führten uns nochmals herum, wobei etliche Fotos entstanden. Aber das Foto von Sophia, das für mich zu den wichtigsten zählt, machte wieder einmal Karen. Der ehemalige Festsaal, in dem sich vor Jahrhunderten die Edelleute zu großen Anlässen trafen, war leer und hatte kein Dach mehr. Die Sonne schien herein und tauchte alles in ein schönes, fast unwirkliches Licht. Genau im richtigen Moment drückte Karen auf den Auslöser. Auf diesem Bild schaut Sophia ein wenig ernst und entrückt zur Seite. Das Licht scheint nicht vom Himmel zu kommen, sondern aus ihr heraus zu strahlen. In ihrer kleinen Hand hält sie die blutrote Rose. Ein wirklich guter Maler hätte nicht mehr ausdrücken können als dieses Foto, das noch eine ganz wichtige Aufgabe haben würde – doch das ahnte ich da noch nicht.

Das Abendessen lief ähnlich ab wie am Tag zuvor, aber wie gesagt, zum Kuckuck mit den Benimmregeln. Nach dem Essen gingen wir aufs Zimmer, ich fand keinen Schlaf, stand wieder auf und ließ mich in einem der eleganten, grünen Sessel im Herrensalon nieder. Kaum hatte ich mir eine Zigarette angezündet, kam auch schon die freundliche Bedienung aus dem Speiseraum, um mich nach meinen Wünschen zu fragen. Das war ein Service, hier konnte man sich wirklich wohlfühlen. Ich bat um ein Glas trockenen Rotwein, das mir auch sogleich gebracht wurde. Im Kamin prasselte ein Feuer, ich schaute in die Flammen. Wieder ertönte klassische Musik; obwohl ich nicht unbedingt ein Fan davon bin, beruhigte sie mein aufgewühltes Inneres. Plötzlich bemerkte ich, dass schon über eine Stunde vergangen war. Morgen würden wir abreisen, nach Hause zurückkehren – und dann? War Sophias Umfallen doch ein Zeichen ihres nahenden Endes? Wie Tiere, die man in einen Käfig gesperrt hatte und sich die Freiheit erkämpfen wollten, zerrten diese Gedanken an mir. Es durfte auf keinen Fall das letzte Abenteuer für Sophia sein.

Am nächsten Morgen, als wir uns an der Rezeption abmelden wollten, machte uns die Chefin ein schönes Angebot. Da wir doch so spät erst angereist seien, sollten wir doch noch einen Tag bleiben. So verlockend für uns, aber das ging auf gar keinen Fall. Sophias Blutkontrolle stand an. Zum Abschied bekamen Sarah und Sophia noch beide ein Märchenbuch geschenkt. Liebe Menschen zur richtigen Zeit, so wichtig.

Helfende Hände überall

Wieder in Memmingen, schickte ich Wolfgang und Birgit, die immer so rege Anteil nahmen, die Bilder von unserem Aufenthalt auf der Sababurg per E-Mail nach Namibia.

Die Sprechstundenhilfe unseres Onkologen löste ihr Versprechen gegenüber Sophia ein. Sarah war mit von der Partie, als es zum Reiten ging. Unweit von einem großen Pferdestall ging es los. Sophia wie gewohnt ohne Angst auf dem Tier. Sarah durfte natürlich auch reiten. Am Schluss saßen die zwei sogar zusammen drauf. Man sah es ihnen an, es tat beiden so gut, auf diese Art ein wenig „Freiheit" zu genießen.

Die Frau aus Alling meldete sich wieder. Sie hatte inzwischen bei der Organisation „Sternstunden" angerufen, die wie „Herzenswünsche" kranken Kindern große Wünsche erfüllt, aber eigentlich nur im Auftrag von Verbänden und Einrichtungen, die solche Kinder unterstützen. Sie erzählte der Dame am Telefon trotzdem Sophias Geschichte. Mit Erfolg. Sie bekam Bescheid, dass für Sophia und uns Karten für die Probeaufzeichnung am 6. Dezember von „Stars in der Manege" bereit liegen.

Wenn mir früher jemand erzählt hätte, dass eine wildfremde Frau sich so um ein ihr unbekanntes Kind bemüht, ich hätte es nicht geglaubt. Hier zeigte sich wieder, dass die Welt nicht ganz so kalt und abgebrüht ist, wie es den Anschein hat.

Karen, die früher in unserem Stadttheater als Garderobendame gearbeitet hatte, besorgte Karten für das Kinderstück „Konrad aus der Konservenbüchse". Die Geschichte handelt von einem künstlich hergestellten Jungen. Aus Versehen verschickt ihn die Fabrik in einer Konservenbüchse an eine Frau, die nicht gerade ein geordnetes Leben führt. Die zwei freunden sich an, und die Frau will Konrad, nachdem die Firma den Irrtum bemerkt hat, nicht mehr hergeben. Dabei kommt es zu allerhand ziemlich turbulenten Verwicklungen, genau das Richtige für Sophia. Am Tag der Vorstellung, am 24. November, ging es ihr soweit gut, und wir machten uns auf den Weg.

Diesen Theaterbesuch werde ich nie vergessen, das Strahlen in Sophias Augen ist mir fest eingebrannt. Sie saß neben mir und ging voll auf in dem Stück, schien mittendrin im Geschehen zu sein. Man muss bedenken, dass es immerhin fast drei Stunden dauerte. Manch anderem Kind fiel das lange Sitzen schwer. Sophia gehörte ja eigentlich auch nicht gerade zu den Kindern, die man lange auf einem Stuhl halten kann. Aber hier war alles anders. Sie war völlig gebannt, hüpfte begeistert auf ihrem Sitz herum, lachte und klatschte. Selbst in der Pause war sie ganz versessen darauf, endlich wieder in den Theatersaal zurück zu können. Beim Abschluss-Applaus klatschte sie so heftig in die Hände, wie sie es noch nie zuvor getan hatte. Karen kannte eine Schauspielerin, die in diesem Stück mitwirkte. Sie wusste von der Erkrankung Sophias und winkte ihr beim Verbeugen von der Bühne aus zu, was sie erst recht glücklich machte. Ich hatte das Gefühl, ein gesundes Kind neben mir zu haben – mein Herz war so leicht und frei. Am nächsten Tag fuhren wir zum Alpakahof in Bad Wurzach. Dieser Besuch war gekennzeichnet von intensiven Erfahrungen. Sophia ließ sich fast nur mit dem Buggy herumschieben, aber wenn ihr irgendetwas wert erschien, aufzustehen und darauf zuzugehen, dann tat sie es auch. Eine Golden-Retriever-Hündin hatte Welpen bekommen. Gerade mal vier Wochen alt waren die Fellknäuel. Sie saßen mit ihrer Mama in einem Zwinger, damit sie ein wenig Ruhe haben. Sophia wollte die Welpen unbedingt aus der Nähe sehen. Mit der Besitzerin durften wir hinein. Sie nahm einen der Welpen hoch und Sophia streichelte zart, gerade mit den Fingerspitzen berührend, das kleine Lebewesen. Mit so viel Achtung und Respekt. Es war faszinierend zu sehen, wie Sophia zart, fast auf einer anderen Ebene, auf den Welpen einging.

Auf einer großen Weide entstand ein Foto von Sarah und Sophia. Etwas verloren wirkend sitzen die zwei auf einer Bank, mit dem Rücken zur Kamera. Sie haben sich die Hände gereicht und halten einander einfach fest. Wortlose Nähe ist zu spüren. Auf diesem Bild ist die Liebe zwischen den beiden für jeden sichtbar, sie wirken wie eine Einheit darauf.

Zwei Tage später meldete sich ein bis dahin unbekannter Mann bei uns. Auch er wollte wissen, ob er irgendetwas für Sophia tun könnte. Noch mal Reiten würde sicherlich wieder ein Lächeln auf Sophias Gesicht zaubern. Herr Ritter versprach, es so bald wie möglich zu organisieren. Nebenbei fragte er, mit was die Kinder gerne spielen, und ob es recht sei, dass er bei uns vorbeischaut. Wir freuten uns sehr, dieser Mann würde auch ein Gesicht bekommen. Am Nachmittag des gleichen Tages fuhr ein schwarzer Mercedes in unseren Hof. Ein gut gekleideter Herr mit zwei großen Plastiktaschen stieg aus und klingelte. Was nun folgte, werde ich nie vergessen. Er kam herein und packte die Tüten mit schönen Geschenken für beide Kinder aus – die Betonung liegt auf „beide".

Sarah musste unmenschlich viel zurückstehen hinter ihrer kranken Schwester. In den meisten Fällen kümmerte sich jeder, der uns besuchte, um Sophia, was ja verständlich ist. Auch mich verschlang die Sorge um Sophia fast ganz, da blieb für Sarah nicht sehr viel übrig. Trotzdem war sie selten eifersüchtig, für ihr Alter war sie manchmal erschreckend vernünftig.

Aber weiß ich denn, wie es wirklich in ihr aussah? Gott, wie oft habe ich mir eingebildet, beide – ob krank oder gesund – gleich zu behandeln! Und wie jämmerlich habe ich – aus heutiger Sicht – bei Sarah versagt. Dieser Mann hatte an sie gedacht.

Ich hatte ein schlechtes Gewissen, weil er so viel Geld ausgegeben hatte. Er muss mir dieses Gefühl wohl vom Gesicht abgelesen haben, denn er sagte: „Wissen Sie, mir geht es gut. Ich habe zwei gesunde Kinder und mein Auskommen, hier kann ich vielleicht etwas von meinem Glück abgeben." Das Reiten hatte er bereits organisiert. Auf der Koppel von dem Pferdestall unweit von Sophias Reiterlebnis mit Steffis Pferd. Ein weißes Pony würde für Sophia bereitstehen. Diesen Sonntag sollte es so weit sein. Beim Abschied schenkte ich ihm zum Dank ein Bild von Sophia: das mit der Rose auf dem Dornröschenschloss. Er gab mir noch seine Visitenkarte, damit wir seine Adresse hatten.

Er freute sich von Herzen über das Bild von Sophia. „Dieses Bild soll mich begleiten auf meiner Wochenendreise zum Vatikan", sagte er, „vielleicht bewirkt es ja was für Sophias Heilung." Es war für mich ein komisches Gefühl, das zu hören. Eigentlich bin ich auch katholisch, Karen evangelisch. Aber mit Religion oder Gott kann ich nichts anfangen. Zu viel ist passiert, als dass ich noch an eine übergeordnete Macht, die uns beschützt und behütet, glauben könnte. Aber dieser Mann war gläubig, und durch das, was er für uns getan hatte, verdiente sein Glaube meinen Respekt.

Als wir am Sonntag zum vereinbarten Reittermin erschienen, war Sophias Zustand gut, fast wie bestellt. Wir standen bei den Pferdeställen, als uns Steffi, die Sprechstundenhilfe, über den Weg lief. Sie bot sich sofort an, Sophia auf Nelly, einem weißen Pony, auf der Koppel herumzuführen. Ganz cool, mit verspiegelter Sonnenbrille thronte sie im Sattel, als hätte sie noch nie etwas anderes gemacht. Volle zwei Stunden hielt sie durch, lachte und strahlte gegen die Sonne an, die vom Himmel schien.

Und dann rief uns Herr Ritter direkt vom Petersplatz in Rom an, um uns zu sagen, dass er Sophia ganz nah an seinem Herzen trage. Diese Worte lösten so viel in mir aus, mir lief ein Schauer über den Rücken: Ein fremder Mensch trug unsere Tochter an seinem Herzen und dachte ganz intensiv an sie. Er nicht allein. Was durften wir alles erleben! Selbstlosigkeit, Herzenswärme und viel Liebe.

Mein unbezahlter Urlaub lief aus. Weil ich keinen Tag von Sophias Leben verpassen wollte, schrieb mein Hausarzt mich gleich Anfang Dezember krank – mir blieb kein anderer Weg. Viele Menschen denken, wenn sie das Wort „Luxus" hören, sofort an Geld und materielle Werte. Doch der wirkliche Luxus ist Zeit. Wie viele Männer können von sich behaupten, ihre Kinder jeden Tag aufwachsen zu sehen? Für die meisten ist Arbeit wichtiger, weil die Kinder es „später" mal besser haben sollen. Dabei wird eines völlig vergessen: das Hier und Jetzt. „Tut mir leid, ich habe keine Zeit." Was für ein schrecklicher Satz! Genau in dem Moment findet das Leben der Kinder statt. Nicht irgendwann in der Zukunft. Während wir dem Geld nachjagen, verlieren wir mehr, als wir jemals gewinnen können – unwiederbringliche Momente mit unseren Kindern. Und genau das wollte, konnte und durfte ich nicht zulassen, denn Zeit war Sophias kostbarstes Gut, mit allem Geld der Welt nicht zu bezahlen. Für mich unvorstellbar, auch nur einen Gedanken daran zu verschwenden, ob mein Arbeitsplatz in Gefahr ist.

Um diese Gefahr zu beseitigen, waren plötzlich Menschen zur Stelle.

Zum Beispiel ein Mitarbeiter aus dem Stammsitz unserer Firma, Herr Krywult. Er war einer derjenigen, die nicht wegschauten. Ein Mensch, der den Mut aufbrachte, auch mal persönlich bei uns vorbeizukommen. Öfters hatte er mich schon gefragt, was er denn für uns tun könne. Was sollte ich ihm nur darauf antworten? Alle meine Gedanken waren auf Sophia gerichtet, die nun immer wieder mal unter Schmerzen im Arm und Kopf litt. Leichte Schmerzmittel waren nicht zu umgehen. Mir fiel nichts Konkretes ein. Da rief er mich an, gleich nach meiner Krankmeldung, und sagte, er habe im Geschäft einen Aufruf an die Kollegen gestartet, Urlaubstage für mich zu spenden. Die Aktion hatte gerade erst begonnen, und es waren schon 20 Tage zusammengekommen. Er rechnete damit, dass es noch viel mehr werden. Als ich das hörte, schossen mir die Tränen in die Augen. Jeder, der zum Arbeiten geht, weiß, wie wertvoll Urlaubstage sind, und doch waren meine Kollegen bereit, für mich einige davon zu opfern. Ich war total überwältigt, mit allem hatte ich gerechnet, sogar mit meiner Entlassung, aber nicht damit. Dieses Mal keine Konfrontation mit meinem Arbeitgeber, das war vom Tisch. Ich konnte „offiziell" Urlaub nehmen, dank meiner Kollegen und dem Initiator dieser Aktion, Herrn Krywult. Vor Rührung war ich stumm, das einzige Wort, das ich hervorbrachte, war: „Danke." Als ich den Hörer aufgelegt hatte, wollte Karen wissen, was los ist. Ich erzählte es ihr, auch sie verlor die Fassung, weinte vor Freude.

Die Woche war sehr schwierig, denn Sophia musste erneut an die Antibiose. Am Vormittag und am Nachmittag war sie wieder an Schläuche gefesselt. Sie vertrieb sich die Zeit mit Fernsehen, schaute ihre Disney-Lieblingsfilme, bis sie die Dialoge auswendig konnte. Nicht nur Sarah hatte genug von den ständigen Wiederholungen, auch ich hätte gut eine Abwechslung gebrauchen können. Wehe, wir wagten es vorzuschlagen, doch mal was anderes zu gucken! Dann wurde Sophia fuchsteufelswild. „Nein, nein, auf keinen Fall, ausgeschlossen", dieser Satz fiel oft. Immerhin konnten wir sie zwischendurch immer mal wieder zu einem Spiel überreden. Sie liebte „Lotti Karotti". Ihr größtes Glück war es, wenn sie als erste mit ihrem Kunststoff-Kaninchen durchs Ziel ging und ganz oben auf der Karotte stand. Schaffte sie das nicht, flogen sämtliche Spielfiguren durchs Zimmer. Ich ließ sie oft genug gewinnen, und auch Sarah war trotz ihres Alters schon so einsichtig, es auch zu tun.

Um ab und zu aus dem Haus zu kommen, fuhren wir zu meiner Schwiegermutter, als die Antibiose mal wieder am Nachmittag beendet war. Während unserer Abwesenheit wollte die Dame aus Alling Sophia besuchen, leider zur falschen Zeit. Als wir zu Hause eintrafen, stand ein großes „Kartoffelmännlein" mit einem Brief vor der Tür. Viel später erfuhren wir von Herrn Ritter, dass die Dame auf dem Weg zu uns eine Panne hatte. „Ausgerechnet" in dem Autohaus, wo Herr Ritter arbeitete, rief sie an. Und „ausgerechnet" er rückte mit dem Werkstattwagen aus, um ihr zu helfen. Beide kamen während der Kurzreparatur ins Gespräch. Sie nannte den Grund ihrer Fahrt nach Memmingen. Ist das nicht seltsam? Zwei Menschen, beide ein großes Herz für Sophia, aus unterschiedlichen Orten, wurden wegen eines kleinen Defekts zusammengeführt, damit sie sich kennen lernen. Sie sollten nicht die Einzigen bleiben.

Marion, die Pflegeschwester, die wir ja schon fast „adoptiert" hatten, verbrachte wieder viel Zeit bei uns. Ihre drei Kinder sahen nicht viel von der Mutter, weswegen ich ein schlechtes Gewissen hatte. Aber was sollten wir machen? Wir waren froh, diese Frau, die nicht nur mit dem Verstand, sondern mit ihrem ganzen Herzen Sophia versorgte, bei uns zu haben. Die spärlichen Stunden ohne Schläuche nutzten wir auch dazu, um ein wenig frische Luft zu schnappen. Jerry rein ins Auto, raus in den Wald. Sophia fiel das Laufen immer schwerer, aber das schob ich auf die Antibiose. Die Arm- und Kopfschmerzen waren mit den leichten Schmerzmitteln ja gut in den Griff zu kriegen. Das waren bestimmt noch Auswirkungen der schweren Chemotherapie. Die Verschlechterung war ja nicht von heute auf morgen eingetreten, sie schlich langsam voran – darum bildete ich mir ein, sie sei gar nicht vorhanden. Die Mauer zwischen der Realität und mir wurde genauso schleichend dicker.

Am Freitag stand der Besuch bei „Stars in der Manege" an. Sophia freute sich auf die vielen Tiere, schon auf der Fahrt war sie bester Laune. Es ging ihr einfach gut, die Antibiose war beendet. Sie strahlte mal wieder von innen heraus. Auch ich fühlte mich, als wir in Richtung München fuhren, wieder Mal richtig glücklich und unbesiegbar. Sophia hatte vor Fahrtantritt noch frisches Blut bekommen, ihr Gesicht war frisch und überhaupt nicht von der Krankheit gezeichnet. Die Bluttransfusionen wirkten immer Wunder. Sicher, ihre Haare waren kurz, aber auch da waren mittlerweile wieder circa ein Zentimeter lange blonde Strähnen zu sehen. Ihr Bauch war ein wenig dicker, ja. Aber die Wölbung würde sich zurückbilden, ganz bestimmt. Ich malte mir eine Welt zurecht, die ich sehen wollte.

Im ersten Teil der Zirkusdarbietung wurden Sophias Erwartungen nicht ganz erfüllt. Viele Prominente erschienen in der Manege, aber nur wenig exotische Tiere. Sophia, anfangs noch freudig ihr Popcorn mampfend, wurde zusehends ungehaltener. Man konnte ihrem Gesicht ablesen, dass sie bald böse würde. Kurz vor der Pause sagte sie in ihrem typischen Beleidigte-Leberwurst-Ton: „Papa, wann kommen denn nun die Löwen? Ich will endlich die Löwen sehen!" Eine Frau zwei Reihen vor Sophia drehte sich um: „Jetzt musst du nicht mehr lange warten, im zweiten Teil kommt meines Wissens eine tolle Löwennummer." Sophias Gesicht war zwar immer noch recht mürrisch, aber diese Aussage rettete uns über die Pause. Danach gab es zwar keine Löwennummer, sondern eine mit Tigern, aber damit war Sophia auch zufrieden. Ganz gespannt, mit großen Augen verfolgte sie das Geschehen in der Manege. Danach folgte ein kleiner Hund, der ziemlich viele Faxen mit einem Schauspieler machte, und sie lachte so. Die Sonne wäre bei diesem Strahlen neidisch geworden.

Es war schon mitten in der Nacht, als wir die Heimfahrt antraten. Sophia hätte eigentlich müde sein müssen, doch keine Spur davon. Sie presste diesen Schwamm, der sich Leben nennt, wieder kräftig aus; jeder Tropfen wurde von meiner Süßen aufgenommen. Auf halber Strecke schlief sie dann doch ein. Ein Seitenblick zu Karen bestätigte mir, auch sie fühlte sich wohl, genauso wie ich. Sicher es war uns bewusst, Karen wahrscheinlich ein ganzes Stück mehr als mir, ein krankes, laut Ärzten todkrankes Kind im Auto zu haben. Keiner von uns wusste, wie der morgige Tag aussehen würde, und trotzdem war dieser Moment einfach nur schön.

Medienrummel

In diesen Tagen passierte etwas, das unser Leben noch einmal ziemlich durcheinanderwirbeln sollte. Karen erzählte ihrer früheren Arbeitgeberin beiläufig von der Urlaubstage-Aktion an meiner Arbeitsstelle. Sie war begeistert von dieser Idee und sagte: „So was Postives gehört doch auch mal in die Zeitung, sonst steht immer nur Negatives drin." Sie wollte eine Bekannte bei der Zeitung über diese großartige Aktion informieren und fragte Karen, ob sie damit einverstanden wäre. Karen hatte nichts dagegen, ich auch nicht, weil ich diesen Zeitungsbericht als kleines Dankeschön an meine Arbeitskollegen sah.

Die Reporterin kam sehr schnell. Sophia war bei unserem Gespräch dabei, turnte munter auf mir rum und machte allerhand Faxen. So, als wüsste sie ganz genau, dass diese Frau natürlich ein sterbenskrankes, schwaches Kind erwartete. Sophia versuchte wirklich alles, um das Gegenteil darzustellen. Hätte sie Haare auf dem Kopf gehabt, jeder wäre überzeugt gewesen, dass dieses Kind kerngesund ist. Die Reporterin war auch sichtlich überrascht, sie sagte, wie fasziniert sie von Sophias Lebenswillen sei und von unserer Art, mit ihrer schweren Krankheit umzugehen: „Eigentlich hatte ich eine Familie erwartet, die viel Schmerz und Leid ausstrahlt." Ich entgegnete: „Aufgeben gilt nicht."

Sie machte noch ein paar Fotos von Sophia und uns allen, Sophia mit Jerry durfte natürlich auch nicht fehlen. Beim Abschied versprach sie, uns ihren Text vor Veröffentlichung per Mail zu schicken, was noch am gleichen Tag geschah. Der Artikel war entgegen unseren Befürchtungen genau so geschrieben, wie wir uns das vorgestellt hatten. Als großer Fehler stellte sich allerdings heraus, dass unser Familienname drinstand. Wir waren im Umgang mit Medien ja nun wirklich ungeübt, darum bestanden wir nicht darauf, unseren Namen rauszunehmen. Die Zeitung erschien in der darauf folgenden Woche, nach unserem „Stars in der Manege"-Besuch. Nun brach wirklich die Hölle los.

Um kurz vor sechs Uhr morgens klingelte das Telefon zum ersten Mal. Wir waren alle noch im Bett, schlaftrunken ging ich ran. Am anderen Ende war eine Dame, die mich darüber aufklären wollte, dass wir nach der Bibel leben müssten: Nur der Glaube an Gott könne meine Tochter retten. Ein Schwall an übertriebenen Glaubensbekenntnissen prasselte auf mich hernieder. Ihr missionarischer Eifer machte mich wütend. „Wow, ist ja toll, ich muss also nur den Boss oben bitten, und schon ist meine Tochter wieder gesund! Ist ja einfach, vielen Dank für den Tipp!", sagte ich und hängte ein. Der Hörer hatte gerade die Gabel berührt, schon klingelte es erneut. Langsam schwante mir Übles, trotzdem ging ich ran. Am anderen Ende der Leitung war wieder eine Dame; diese beschwerte sich darüber, dass wir unser krankes Kind Süßigkeiten essen lassen (in dem Artikel wird erwähnt, dass sich Sophia während des Interviews ein Bonbon in den Mund schiebt): Wo doch jeder wisse, dass Zucker einen umbringt; wir wären total verantwortungslos. Jetzt reichte es mir, ich hatte noch nicht mal die erste Tasse Kaffee getrunken und musste mir eine Bibelfanatikerin und eine Gesundheitsapostelin anhören. Aufgelegt, und in der gleichen Sekunde klingelte es wieder. Karen war mittlerweile auch wach, ihr fiel sofort ein, dass wir auf dem Anrufbeantworter unsere Handy-Nummer hinterlassen hatten. Sie löschte den Ansagetext und sprach einen neuen Text auf. Als der Kaffee durch die Maschine gelaufen war, stand der Zähler des Anrufbeantworters bereits auf elf Nachrichten. Als Sophia und Sarah wach waren, beschlossen wir, sofort gemeinsam für heute das Haus zu verlassen. Nichts wie weg hier! Ab zur Oma! Bei meiner Mutter hatte man auch schon angerufen, aber hier konnten Karen und ich wenigstens in Ruhe unseren Kaffee trinken. Der Vormittag verging, und wir hofften, dass der erste Ansturm vorbei wäre. Doch schon beim Aufsperren der Haustüre hörte ich, dass es ununterbrochen weiterklingelte. Allein an diesem Tag bekamen wir über 250 Anrufe – an Normalität war nicht zu denken.

Zwischendurch ging ich immer mal wieder selber ans Telefon. Einmal war ein Reporter einer Münchner Zeitung dran, der Sophias Geschichte in seiner Zeitung drucken wollte. Leider war Karen zu diesem Zeitpunkt nicht da, ich wusste nicht, um was für ein Blatt es sich da handelte. Der Reporter verstand es sehr gut, mich einzuwickeln. Er sei tief berührt von Sophias Schicksal, er hätte selber ein Kind usw. usw. Ich dachte damals wirklich, es ginge ihm um den Menschen Sophia. Ja, so leichtgläubig war ich da noch! Ich erzählte, was bei uns gerade los war, sagte ihm, dass ich nicht noch mehr Unannehmlichkeiten möchte: Die Geschichte solle doch bitte nicht so groß erscheinen. Das verstand er angeblich, es werde eine kleine Geschichte, ich bräuchte mir keine Sorgen zu machen: bla, bla, bla. Wenn möglich, sollte ich ihm ein paar Bilder schicken, damit die Redaktion dann eins davon aussuchen könne. Er war wirklich nett, ich hatte kein schlechtes Gefühl, als das Gespräch beendet war.

Karen kam wieder nach Hause, und ich erzählte ihr, dass eine Münchner Zeitung einen Artikel über Sophia bringe. Karens Augen wurden groß: „Weißt du denn nicht, was das für ein Blatt ist? Das ist ähnlich wie die ‚Bild'! Mein Gott, was werden die jetzt aus Sophias Geschichte machen?" Ich war total geschockt. Mir war nicht bewusst gewesen, dass ich mit einem Sensationsreporter gesprochen hatte. Siedend heiß fiel mir ein, dass die Bilder bereits per Mail gesendet waren. Wie konnte ich nur so dumm sein? Die Zeitung hatte auch meine Firma erwähnt; ich hoffte, dass wenigstens im Geschäft alles ruhig blieb. Das Gegenteil war der Fall. Selbst bei meinem Chef direkt hatten Leute angerufen. Eine Dame wollte ihm ihre ganze Lebensgeschichte erzählen, aber er wies sie höflich darauf hin, dass er arbeiten müsse. Die Geschichte, die eigentlich als Dankeschön an meine Kollegen geplant war, schien nun zur Belastung zu werden. Doch mein Kollege Karl Heinz, der die Urlaubstage-Aktion ins Leben gerufen hatte, beruhigte mich. Die Anrufe und der damit verbundene Zeitaufwand, meinte er, hielten sich immer noch im Rahmen.

Das Telefon stellten wir nun ganz einfach ab, denn sonst wäre wahrscheinlich nicht mal an Nachtruhe zu denken gewesen.

Am nächsten Morgen war Karen vor mir wach und anscheinend unterwegs, um Semmeln fürs Frühstück zu besorgen. Als die Kaffeemaschine eingeschaltet war und Sarah und Sophia auch langsam das Land der Träume verließen, stand Karen in der Tür und hielt mir die Zeitung unter die Nase. Vorne drauf ein großes Bild von Sophia und mir, darüber in fetten, schwarzen Lettern der Satz: „Lieber Gott, schenk ihr noch einmal ein Weihnachten!" Ich war wie vom Donner gerührt: Das durfte doch alles nicht wahr sein. Dieser Typ hatte mich total auf die Rolle genommen. Karen war außer sich, was ich gut verstand. „Nicht genug damit", schimpfte sie und wurschtelte in der Zeitung herum: „Schau mal Seite elf!" Sie hielt sie mir hin. Ich wollte meinen Augen nicht trauen. „Kleine Geschichte", hatte der Typ gesagt, doch die komplette Seite war voll mit Sophia und mir. Alle Bilder, die ich ihm geschickt hatte, leuchteten mir entgegen. Wäre irgendwo ein Loch gewesen, mit Freuden hätte ich mich darin versenkt. „Hoffentlich lesen nicht so viele hier diese Zeitung", ging mir durch den Kopf. Karen war so sauer. „Auf jedem Zeitungskasten in München und Umgebung sieht man euch beide jetzt!" Mein Schuldgefühl wuchs turmhoch. Wie konnte ich diesem Journalisten nur blindlings vertrauen? Ich schwor mir eins: Von nun an sollte es keiner mehr so leicht mit uns haben! Nachdem sich der erste Sturm der Entrüstung bei Karen gelegt hatte, saßen wir beide über der

Zeitung und lasen erst mal den Artikel durch. Wir kamen zu dem Schluss, dass er trotz der reißerisch aufgemachten ersten Seite im Großen und Ganzen Sophia entsprach. Es war auch noch ein Kommentar vom Chefredakteur abgedruckt, den wir ähnlich geschrieben hätten. Der Text lautete ungefähr wie folgt:

Sophia verdient viel mehr als unser Mitleid; wie sie mit ihrer schweren Erkrankung umgeht, verdient Respekt. Hätte sich ein Drehbuchautor ihre Geschichte ausgedacht, würde der Film nie gedreht, mit der Begründung: zu weit weg vom tatsächlichen Leben. Sophias Geschichte ist aber aus dem Leben gegriffen.

Er hatte mit wenigen Sätzen genau den Nagel auf den Kopf getroffen. Sophia war bewundernswert. Und warum, verdammt noch mal, sollten nicht Tausende von Menschen das wissen? So viele Kinder sind schwer krank, so viele sterben leise im Krankenhaus, ohne dass die Außenwelt groß was davon erfährt. All diese Kinder haben Beachtung verdient, aber nur so wenige werden gesehen. Auch an diese Kinder dachte ich.

Nach dem Erscheinen dieses Artikels klingelte wieder pausenlos das Telefon. Und siehe da, es waren auch Anrufer dabei, die es wirklich gut mit Sophia meinten! Diese beiden Artikel hatten doch etwas bewirkt. Ein Autohaus aus Augsburg bot uns für einen Tag einen Luxusschlitten an, weil die Zeitung geschrieben hatte, dass Sophia schnelle Autos liebt. Ein Zauberer erklärte sich bereit, bei uns zu Hause für Sophia und ihre Freunde eine Zaubershow zu machen. Eine Rettungshundestaffel meldete sich, um Sophia zum Training einzuladen. Es blieb zwar dabei, dass sich ein Haufen Menschen mit nicht durchführbaren Ernährungstipps meldete; Bibelfanatiker und andere brabbelten den AB oder unsere Ohren voll. Eine Dame von einer TV-Produktionsfirma rief an, die u.a. auch für das öffentlich-rechtliche Fernsehen produziert. Sie hatte den Bericht gelesen und wollte nun Sophias Geschichte ins Fernsehen bringen. Langsam kamen mir diese Medienleute wie ein Rudel Wölfe vor, das Witterung aufgenommen hat. Die Dame war anscheinend der Meinung, ich müsste begeistert sein, dass meine Sophia ins Fernsehen kommen würde. Aber der Beitrag sollte bei uns privat gedreht werden, denn die Zuschauer wollten ja sehen, wo die tapfere Sophia wohnt. Ich lehnte das rigoros ab. Zu Hause bei uns ein Auflauf von Medienleuten? Nein, das kam überhaupt nicht in Frage! Was die Dame zu überraschen schien, aber als sie merkte, dass ich nicht so leicht rumzukriegen war, wollte sie plötzlich Zugeständnisse machen. Wir sollten uns den Drehort aussuchen können, vielleicht hätte Sophia ja auch irgendeinen Wunsch, den man ihr erfüllen könnte usw. usw. Ja, jetzt kamen wir der Sache näher! Ich schlug der Dame vor, doch mal selber mit Sophia am Telefon zu sprechen und sie zu fragen, ob sie denn überhaupt will: Schließlich und endlich war sie ja die Hauptperson. Mit irritierter Stimme antwortete mir die Dame: „Ja schon, wenn Sophia noch sprechen kann." Ich reichte den Hörer einfach an meine Tochter weiter. Wie ein Profi ließ sie die Dame am Telefon erst einmal kommen und sagte immer wieder ganz cool „ja, okay". Als ich den Hörer wieder hatte, machte ich den Vorschlag, das Interview in einem Tierpark zu drehen. Aber ich stellte die Bedingung, dass die Produktionsfirma Sophia den Wunsch erfüllen musste, Herbert Grönemeyer persönlich zu treffen. Seine Musik, die Lieder von seiner CD „Mensch" hatten es Sophia ja angetan. Die Dame wirkte nicht mehr ganz so forsch. Sie müsse sehen, was sich da machen ließe, sagte sie zögerlich. Das Gespräch war beendet.

Sophia nahm den ganzen Trubel um ihre Person mit der einzigartigen Gelassenheit, die ich so sehr an ihr bewunderte. Als ich ihr erklärte, dass es noch nicht sicher sei, das mit dem Fernsehen, sagte sie nur „Ja, Ja" und beschäftigte sich weiter mit einem Puzzle.

Das Telefon klingelte weiter, nicht mehr so extrem wie am ersten Tag, aber „Normalität" – soweit man unseren Zustand als normal bezeichnen konnte – trat noch nicht ein.

Das Augsburger Autohaus hatte sofort sein Angebot wahr gemacht. Wir zwei fuhren dorthin, und bekamen einen wirklichen Traumwagen, einen neuen Mercedes 600 SL. Alles an dem Auto war toll. Das Armaturenbrett sah für mich eher aus wie das Cockpit eines Flugzeuges. Diese Luxuskarosse hatte auch ein Navigationssystem. Wir fuhren los, und schon an der nächsten Kreuzung teilte uns eine freundliche weibliche Stimme mit, dass wir rechts abbiegen müssen. Das Gesicht von Sophia in diesem Moment vergesse ich nie. Völlig verwundert sagte sie: „Papa, das Auto kann ja sogar sprechen."

Sophia fuhr ja leidenschaftlich gerne schnell. Darum hatte mein bester Freund Roger, der bei einem Autohaus beschäftigt war, schon vor unserer Fahrt mit dem großen Mercedes dafür gesorgt, dass wir ab und an einen silbernen Opel Speedster für eine Spritztour bekamen. Bei höheren Geschwindigkeiten flehte meine Frau dann immer: „Lass mich aussteigen!" Sophia hingegen rief: „Schneller, Papa, schneller!" Wenn ihr Zustand nicht so gut war und wir mit dem Speedster fuhren, fühlte sie sich besser. Es beruhigte sie, mit rasantem Tempo über die Autobahn zu brausen. Beim Speedster sitzt der Motor hinter Fahrer und Beifahrer. Bei dieser Dezibelzahl dauerte es ein paar Minuten, und Sophia schlief ein. Ja, tatsächlich! So, als ob der Motor ihr ein beruhigendes Gutenachtlied singen würde.

Auch das verband uns zwei, diese Liebe zu Autos. Karen und Sarah teilten sie nicht. Aber auch für unsere Große war es angenehm, durch diesen silbernen Flitzer mal im Mittelpunkt zu stehen. Es war für sie nicht leicht, ständig für Sophia zurückzustecken. Jeder, der zu uns kam, wollte meistens zuerst zu ihrer kleinen Schwester; bei Streitigkeiten zwischen den beiden wurde oft von Sarah verlangt, dass sie nachgab. Wahrscheinlich war ihr Stand in der Familie der schwerste. Darum kam mir der Gedanke, sie mit diesem außergewöhnlichen Auto von der Schule abzuholen. Als die Kinder das Schulgebäude verließen, war die Traube um den Wagen schnell groß. Ich hörte Kommentare wie: „Mensch, voll fett das Auto!" Sarah sah mich im ersten Moment gar nicht, aber als sie mich neben dem Vehikel erblickte, bahnte sie sich ganz geschäftig einen Weg durch die Kinder. „Darf ich mal da durch? Das ist mein Papa!", hörte ich sie mit Stolz in der Stimme rufen. Als meine Große endlich den Speedster erreicht hatte, machte sie mit einer weltmännischen Bewegung die Türe auf und nahm auf dem Beifahrersitz Platz. Ich stieg auch ein, und wir ließen die Schulkameraden mit offenen Mündern staunend zurück. Normalerweise finde ich solche Protzereien nicht in Ordnung. Doch für Sarahs strahlendes Gesicht lohnte es sich, einmal gegen Prinzipien zu verstoßen.

Wolfgang und Birgit, unsere Freunde in Windhoek, nahmen jeden Tag an unserem Leben teil. Die beiden pflanzten einen Baum für Sophia und legten einen Zettel in die Erde. Sophia sollte ihn ausgraben, wenn sie endlich zu Besuch kommen würde, und lesen, was darauf steht. Genau wie ich waren die zwei überzeugt davon, dass Sophia die Krankheit auf irgendeinem Wege besiegt. Birgit schrieb mir auch, dass ihre Bekannten auf der ganzen Welt Sophias Geschichte verfolgen. Das gab Kraft, irgendwie machte es einen selber stärker zu wissen, dass sehr viele Menschen an sie dachten. Wir waren reich, reich durch unsere Freunde Wolfgang und Birgit, Roger und Corinna, die vielen anderen.

Auch Sophia wollte in Abständen immer mal wieder eine Video-Mail nach Afrika schicken. Sarah und Sophia verkleideten sich als Prinzessinnen, sangen Wolfgang und Birgit ein Lied vor der Kamera. Immer schloss Sophia mit den Worten: „Ich wünsch euch viele Pommes." Wenn ich die Mails heute sehe, wünsche ich mir, Sophia einfach da herausnehmen zu können.

Sophias Zustand war in meinen Augen stabil, allerdings veränderte sie sich sehr von ihrem Innenleben her. Ich erinnere mich an einen Spaziergang mit ihr, wir liefen nebeneinander, ein kurzes Stück, denn lange konnte sie nicht laufen. Auf einmal verspürte ich einen dringenden Wunsch; mit einem Schlag war er so stark, dass es keinen Aufschub duldete: Ich musste um Entschuldigung bitten. Ja, das war plötzlich in meinem Kopf. Wir hatten alle in dieser Zeit gelernt, unserem Gefühl zu folgen, und so ging ich vor Sophia in die Knie, damit unsere Augen auf gleicher Höhe waren. „Weißt du Mausi, ich möchte mich entschuldigen für alles, was ich mal falsch gemacht habe, wenn ich dich angeschrieen habe und böse zu dir war. Kannst du mir das verzeihen?" Was nun folgte, treibt mir beim Schreiben dieser Zeilen wieder die Tränen in die Augen. Dieses Kind war überhaupt kein Kind mehr. Ihr Blick wurde tief, es waren vielleicht nur Sekunden, aber Ehrfurcht einflößend und unvergesslich. Sie sagte zuerst nichts, nur ihr Blick hielt mich fest. Dann lächelte sie, legte den Arm um mich, drückte mich fest an sich: „Aber klar doch, Papa, verzeihe ich dir." Ich denke heute jeden Tag darüber nach, wen ich da in diesem Augenblick vor mir hatte. Einen alten, weisen Menschen.

Auch folgendes Erlebnis fällt in diese Tage, wieder passierte es auf einem Spaziergang im Wald, diesmal saß sie auf meinen Schultern. Sie beugte sich zu mir hinunter und flüsterte in mein Ohr: „Papa, wenn ihr einmal krank werdet, dann hole ich euch von hier ab." Irritiert fragte ich: „Mausi, wen holst du denn als erstes ab?" Als sie antwortete, drückte ihr Gesicht Unverständnis darüber aus, dass ich keine Ahnung hatte: „Ja, den Papa natürlich!" Dieser Satz gibt mir eine Menge Halt. Auch diese Unterhaltung war relativ kurz, aber intensiv und irgendwie anders als die Dialoge, die wir zwei „im normalen Zustand" führten. Ihre Stimme klang überzeugt und wissend. Es klang so, wie wenn Erwachsene über wiederkehrende Fakten, das tägliche Arbeiten oder Mittagessen sprechen. Eben etwas, was man nicht zu diskutieren braucht, das sowieso jeder weiß. Sophia war näher an etwas dran, was wir mit zunehmendem Alter vergessen.

Auf die Stimme des Herzens hören

Ein Herr, der von Sophias Schicksal gelesen hatte, meldete sich. Angeblich hatte er Sophia auf einem Zeitungsbild ausgemessen und dabei festgestellt, dass Erdstrahlen sie schädigen. Er behauptete, schon vielen geholfen zu haben und auch ihr helfen zu können. Dafür wollte er kein Geld. Aber er wohnte circa 350 Kilometer entfernt und bestand darauf, abgeholt zu werden. Viele Menschen werden dies vielleicht verrückt finden. So hätte ich auch reagiert in einer „normalen" Situation, doch nicht in dieser. Jede Möglichkeit musste ausgeschöpft werden, jeder Strohhalm genutzt. Auch wenn das für mich bedeutete, insgesamt 700 Kilometer zu fahren. Der Herr ging unser ganzes Haus mit einer so genannten Einhandrute ab. Damit, so meinte er, könne er feststellen, wo schädigende Strahlung vorliege. Behoben hat er sie dann durch Steine, die er an den gefährdeten Punkten auslegte. Es war verblüffend, aber beim Essen sagte er uns klipp und klar: „Sophia wird wieder gesund." Natürlich glaubte ich ihm nur allzu gerne, denn der gleichen Meinung war ich ja auch. Die Überzeugung, die aus ihm sprach, war beeindruckend. Voller Hoffnung und Zuversicht fuhr ich ihn wieder nach Hause.

Herr Rieß, ein uns bis dato fremder Mensch, hatte ein paar Jahre in Afrika gelebt und wollte Sophia, da sie ja nicht mehr dorthin reisen konnte, Afrika einfach nach Hause bringen. An dem vereinbarten Nachmittag fuhr dieser wunderbare Mann mit einem Kombi vor, seine Kinder hüpften heraus, und dann fing er an auszuladen: eine immense Dia-Sammlung, das dazugehörige Equipment, afrikanische Tücher, Trommeln, holzgeschnitzte Hocker und allerlei weitere interessante Dinge. Sophia ging es an diesem Tag nicht so gut, ihre Blutwerte waren rapide nach unten gesackt, so war die Begrüßung seitens Sophia erst mal ein wenig eisig. Herr Rieß ließ sich davon aber nicht beeindrucken, als er seine Mitbringsel Sarah und seinen eigenen Kindern erklärte, taute auch Sophia auf. Beim Essen verteilte sie den Reis wie ein geübter Koch mit einem Blechlöffel, der in Afrika aus leeren Dosen hergestellt worden war. Weil wir alle mit den Fingern essen durften, verlief die Mahlzeit sehr lustig. Danach verfolgte Sophia gespannt die Diashow. Als das Licht wieder anging, verkleideten sich die Kinder mit den Tüchern wie richtige Afrikaner. Dieser Nachmittag war so kurzweilig, voller Lebensfreude. Das hatten wir jemandem zu verdanken, der einfach auf uns zugekommen war und gesagt hatte: „Hier, das möchte ich für euch tun."

Am Abend, als Marion die Schläuche für eine Bluttransfusion anschloss, schilderte ihr Sophia alle Einzelheiten des Afrika-Abenteuers. Die beiden konnten einfach prima miteinander, waren ein richtiges „Team". Der Psychologe aus dem Münchner Klinikum hatte Marion geraten, sich nicht so mit ihrem Herzen an Sophia zu hängen, damit sie nicht in ein seelisches Loch fällt, wenn es vorbei ist. Marion erzählte uns dies und war darüber nicht gerade erfreut: An wen sie ihr Herz hänge oder nicht, sei schließlich ihre Entscheidung.

Wegen einer erneuten Antibiotika-Therapie war Sophia in den nächsten Tagen wieder sehr oft an Schläuche gefesselt. Immer mehr Zeit verbrachten wir im Haus.

Ich war mir trotzdem sicher – ja, verdammt, völlig sicher! –, dass Sophias immenser Lebenswille und unsere Unterstützung ausreichen würden, um die Krankheit doch noch zu besiegen. Jede noch so kleine Verbesserung im Blutbild sah ich als Wegweiser zur Gesundung. Insgesamt war Sophias Zustand in meinen Augen gut.

Von den „vier bis acht Wochen", die Sophia laut ärztlicher Aussage noch blieben, waren mittlerweile sieben Wochen vergangen. Sophias Finger schwollen an, immer häufiger waren Bluttransfusionen nötig. Thrombozyten – im Krankenhaus nannten viele die Thrombos nur „Hühnersuppe" – mussten nun öfter zugeführt werden. Man sah, dass es ihr nicht gut ging. Marion wies mich darauf hin, aber in mir war nur ein Satz: „Sophia wird leben, ganz bestimmt." Die Ärzte aus München drängten schon länger darauf, eine Morphiumpumpe anzuschließen. Doch immer, wenn ich Sophia fragte, ob sie Schmerzen habe, verneinte sie dies. Für die manchmal auftretenden Knochen- und Kopfschmerzen reichten die normalen Schmerzmedikamente völlig. Und ich hatte Angst, dass durch Morphingaben Sophias Lebenswillen erlöschen würde.

Sophia hing so am Leben, kämpfte darum, gerade in dieser Zeit wieder. Ich sah es als meine Aufgabe an, sie vor dem routinemäßigen Vorgehen der Ärzte zu beschützen, die das Ende täglich erwarteten. Wir fühlten uns von den Ärzten unter Druck gesetzt – doch wir gaben ihrem Drängen nicht nach. Natürlich meinten sie es gut; sie wollten, dass Sophia so wenig wie möglich leidet. Das war ganz in meinem Sinne. Doch anders als wir, sahen die Ärzte Sophia nicht bei uns zu Hause, so voller Leben. Mein Herz sagte mir eindeutig, dass die Morphiumpumpe noch nicht anstand.

Es gab in diesen Tagen einen Vorfall, den ich mir nur mit der engen Verbindung zwischen Sophia und mir erklären kann. Der HB-Wert lag dramatisch unter der kritischen Grenze, auch die Thrombos waren unter den Mindeststand gefallen. Sophias Lippen waren ganz fahl, ihr Gesicht hatte keine Farbe mehr. Zu meinem Entsetzen begann sie auch noch, Blut zu spucken. Sie weinte, während sie blutige Klumpen erbrach. Eine übelriechende, gallertartige Masse kam aus ihrem Mund. Was war denn das, verdammt noch mal? Angst kroch in mir hoch, als ich zum Telefon lief, um den hiesigen Onkologen zu alarmieren. Er versprach, so schnell wie möglich frisches Blut und Thrombos zu besorgen. Wenn alles eingetroffen war, wollte er sofort kommen, um eine Infusion zu legen.

Ich versuchte, sie zu beruhigen: „Alles wird gut, alles wird gut. Hab' keine Angst, wir sind bei dir!" Mein Innerstes war überzeugt davon, dass diese bedrohliche Blutspuckerei durch meine Beschwörungen aufhören würde. Und wirklich: Es hörte auf! Sophia fiel in einen tiefen Schlaf. Ihre Lippen waren nun fast weiß, keine körperliche Regung mehr. Marion, deren Miene sich zunehmend verfinstert hatte, war nun auch dafür, die Morphiumpumpe anzuschließen. Das lehnte ich ab, ich glaubte damals, dass Sophias Leben dadurch verkürzt würde. Plötzlich schrie mich Karen an: „Wenn Sophia starke Schmerzen leiden muss, bist du schuld!" Mit einer Ruhe, die mich selber in Erstaunen versetzte, erwiderte ich: „Erst einmal warten wir ab, bis das Blut in ihrem Körper ist. Ich weiß, dass es ihr danach wieder besser gehen wird. Sie ist eine Kämpferin, und ich weigere mich, sie in einen Dämmerzustand gleiten zu lassen, der ihren Lebenswillen hemmt. Jeder Tag, an dem sie kein Morphium braucht und alles mit wachen Sinnen aufnehmen kann, ist ein guter Tag." Die Überzeugung, die in meinen Worten lag, machte Karen geradezu mundtot. Zu meiner eigenen Verwunderung spürte ich nicht den geringsten Anflug von Zweifel; ich vermutete nicht, dass es Sophia nach der Bluttransfusion besser gehen wird – ich war mir sicher.

Mein Herz sprach, nicht mehr mein Kopf. Die Stimme in mir wurde überlaut und deutlich vernehmbar. Es war nicht mehr Vermuten – es war Wissen. Vielleicht bestand darin eine meiner Aufgaben. Hoffentlich habe ich einigermaßen das in Worte gefasst, was in mir vorging.

Der Onkologe kam, hängte das Blut an. Und siehe da, die Farbe kehrte in Sophias Lippen zurück! Nach einer Weile schlug sie die Augen auf, setzte sich auf, stand auf und verkündete: „Morgen gehe ich in den Kindergarten!" Es war wie eine Auferstehung. Alle, die das erlebt haben, konnten es nicht fassen – außer mir. Jetzt war jeder von uns froh, dass wir sie nicht an die Morphiumpumpe gelegt hatten. Sophia war putzmunter, von einer Minute auf die andere. Und ich war so froh, dass ich auf die innere Stimme gehört hatte.

Kindergartenbesuche

Sophia besuchte am nächsten Tag tatsächlich den Kindergarten. Warum diese Besuche, die sie nur ganz unregelmäßig machen konnte, so wichtig für sie waren, hat sie nie gesagt. Meine Vermutung ist: Es gab ihr ein Stück Normalität, das Gefühl, so wie die anderen Kinder zu sein. Die Erzieherin Conny nahm einen wichtigen Platz in Sophias kurzem Leben ein. Als Sophia noch gesund war, erzählte sie öfter, wenn sie vom Kindergarten heimkam, dass die Erzieherin mit ihr geschimpft hätte. Trotzdem ging sie so gerne hin. Sophia respektierte nur Menschen, die ihr auch mal mit aller Entschiedenheit entgegentreten konnten.

Dieser Besuch im Kindergarten war zum einen schön, weil Sophia hier offensichtlich Kraft tankte; zum anderen war es erschreckend zu sehen, wie sehr sie sich im Vergleich zu den anderen Kindern körperlich verändert hatte: Ihr Gesicht war an den Seiten extrem dick, wegen der Lymphknoten, die auf Hochtouren arbeiteten; ihre Schritte waren unsicher. Trotzdem wollte sie mitspielen, wenigstens bei den Sachen, die am Tisch gemacht wurden. Meine Tränen kämpfte ich mit dem Gedanken nieder: „Nein, das bleibt nicht so, das wird wieder anders!"

Sophia wollte uns für eine Weile loswerden. Dafür hatte ich Verständnis, wir waren die ganze Zeit zusammen, und irgendwann war es halt zu viel. Wir gaben der Erzieherin unsere Handy-Nummer und verließen den Kindergarten. Nun hatten wir eine Stunde Zeit. Aber was tun? Irgendwie hatten wir verlernt, uns auf etwas anderes zu konzentrieren als auf Sophia. Wir beschlossen, uns einfach in ein Café zu setzen und „Luft zu holen". Einfacher gesagt als getan. Wir saßen da, und alles um uns herum war irgendwie befremdlich. Menschen, die sich über Belangloses unterhielten. Gesprächsfetzen wie „Na, was trägst du denn da für 'ne Hose?" Karen und ich bemühten uns redlich, ein Thema zu finden, das nicht um Sophia kreiste, aber daran scheiterten wir kläglich. Diese Stunde erschien uns unendlich lang und war alles andere als erholsam. Wir waren froh, als dieses „Café-Erlebnis" vorbei war und wir Sophia abholen konnten.

Wir müssen durch das tiefe Tal

Marion wurde zu einem Dauergast bei uns. Sophia unterstützte sie immer kräftig beim Reinigen des Katheterzugangs, hatte eine Riesenfreude daran, einen tiefen Atemzug von dem Alkohol zu nehmen, mit dem der Wattebausch getränkt war. Am Anfang fand ich das auch noch lustig, weil Sophia den Geruch anscheinend wirklich genoss. Doch Marion klärte uns auf, dass dies nicht ungefährlich war: Durch den Alkohol könnten die empfindlichen Nasenschleimhäute aufbrechen, bei Thrombozyten-Mangel ist die Neigung zu Blutungen groß, und die wären schlecht zu stoppen. Immer wenn ich versuchte, mit Sophia ein ernstes Wort darüber zu reden, wurde sie stocksauer. Ich hatte den starken Verdacht, dass sie schon eine gewisse Schnüffel-Sucht entwickelt hatte.

Der Zauberer Trixini hatte angeboten, einen Nachmittag für Sophia zu zaubern. Marion brachte ihre Kinder mit; Jana und Lisa, die Töchter von Roger und Corinna, waren auch mit von der Partie. Vor der Zaubervorstellung kam Rudi, unser Taxifahrer, der uns ja unzählige Male nach München gefahren hatte, vorbei. Diesmal hatte er keine Brezel mit, aber einen Löwen aus Plüsch. Er wusste, dass Sophia Tiere, insbesondere Löwen, so gern mochte. Wir sprachen kurz miteinander, auch er war voller Zuversicht: „Sophia schafft das. Man hört ja immer wieder von Heilungen, auch bei Krebs. Sophia wird es schaffen."

Rudi hatte keine Aufträge mehr durch uns, und doch besuchte er Sophia. Sie beschäftigte ihn, wie viele andere.

Da der Zauberer ja eine gewisse Vorbereitungszeit brauchte, um seine Zaubergegenstände herzurichten, wuchs die Spannung beträchtlich. Karen und ich waren mit unseren Gedanken ganz woanders. Sophia ging es gar nicht gut. Die Blutwerte waren, trotz Bluttransfusionen, immer wieder schnell im Keller. Ihre Temperatur war auch nicht auf einem normalen Niveau. Eine Ärztin aus der Münchner Klinik hatte mir am Telefon erklärt, dass es ein Pilz sein könnte. Sie wollte Kulturen anlegen, dafür sollten wir für mehrere Tage nach München kommen. Die Ärztin nahm kein Blatt vor den Mund, sie stufte die Situation als extrem bedrohlich ein, weil das Immunsystem durch die Chemotherapie schon so stark geschwächt war. Wenn es tatsächlich ein Pilz sein sollte, wäre es unwahrscheinlich, dass Sophia ohne die Intensivmedizin in München überleben würde. Voraussichtlich müsse sie über die Weihnachtsfeiertage, die ja vor der Tür standen, stationär behandelt werden. Ich hörte tief in mich hinein, dann teilte ich der Ärztin mit: „Nein, das machen wir nicht!" Wir hatten es Sophia versprochen: keine Krankenhausübernachtungen mehr in „Stinkimünchen", wie sie zu sagen pflegte. Die Ärztin war sehr beunruhigt; eindringlich wies sie mich darauf hin, dass meine Weigerung, Sophia in die Klinik einzuliefern, das Ende sein könnte. Ich glaubte ihr kein Wort. Wieder mal wurde Sophia für fast schon tot erklärt. Hatten die Ärzte in München nicht auch gesagt, vier bis acht Wochen? Mit keiner ihrer Prognosen hatten sie richtig gelegen. Was würde passieren, wenn wir unser Versprechen gegenüber Sophia brachen? Dann würde ihr Vertrauen in uns und – ich war mir sicher – auch ihr Kampfeswille zerstört. Meine Entscheidung stand fest, und so sagte ich es noch mal in den Hörer: „Nein, wenn es zu Ende gehen sollte, dann hier zu Hause! Mit allen Mitteln werde ich verhindern, dass Sophia dieses Weihnachtsfest im Krankenhaus verbringen muss." Damit war das Gespräch beendet.

Während ich dem Treiben des Zauberers zusah, wirbelten meine Gedanken durcheinander. Meine Pflicht war es nun, mir nichts von dieser schweren Entscheidung anmerken zu lassen. Sophia hatte ihren Spaß in der Gemeinschaft mit den anderen Kindern; obwohl es ihr bestimmt nicht gut ging, genoss sie jede Sekunde.

Marion war unterrichtet von der Problematik und half uns sehr, indem sie sich hinter die Entscheidung stellte. Eine erneute Antibiotika-Therapie wurde angelegt in der Hoffnung, durch diesen Rundumschlag Sophia hier, in ihrer gewohnten Umgebung, helfen zu können. Unser Onkologe rief an diesem Abend an. Er hatte von der Problematik erfahren, wollte wissen, wie wir uns entschieden haben. Ich teilte es ihm mit. „Gott sei Dank, ich bin beruhigt, dass ihr so entschieden habt, es ist für Sophia bestimmt besser, zu Hause bei euch allen zu sein." Wieder ein Arzt, der auch sein Herz sprechen ließ. Zwei lange Tage später zeigte sich, dass es ihr besser ging: Wir hatten es geschafft – Sophia hatte es wieder mal geschafft. Diese Entscheidungen gegen manchen Ratschlag der Ärzte machten uns sicherer, sicherer im Umgang mit dem eigenen Herzen. In dieser Zeit, die ja vierundzwanzig Stunden am Tag mit Sophia gefüllt war, wurde die innere Stimme unheimlich stark. Für Außenstehende erschien es so, dass wir mit schlafwandlerischer Sicherheit nur noch genau das taten oder ließen, was aus dem Innersten hervordrang.

Für größere mehrtägige Ausflüge war keine Zeit mehr vorhanden. Die Abstände zwischen den Bluttransfusionen, Thrombozyten-Gaben verdichteten sich. Mein sturer Schädel schaffte es, die Verschlechterung erfolgreich zu verdrängen. Weihnachten stand vor der Tür, und mir klang noch der Satz im Ohr, der bei unserem letzten Besuch in München gefallen war: „Hoffentlich überlebt Sophia die Feiertage." Es war gerade von dieser Ärztin bestimmt nicht so gemeint, wie es bei mir ankam, aber ich war sauer. „Wie kann sie nur? Sie sieht doch, wie gut es Sophia geht!", dachte ich. „Wie kann sie nur alles schlecht reden?" Bei diesem kurzen Besuch gleich nach unserem Disneyland-Erlebnis war Sophia gut gelaunt. Auf dem Kopf hatte sie eine grüne Mütze, geformt wie ein Christbaum, lauter lustige Disney-Figuren baumelten bei jedem Schritt daran herum. Strahlende Lebensfreude. Sophia wollte von sich aus in die Klinik, einfach nur um der Belegschaft zu zeigen: „Schaut her, wie gut es mir geht!" Auch ich wollte es zeigen. „Na, liebe Ärzte, schaut so ein krankes Kind aus?", dachte ich. Als unsere Ärztin sie sah, lächelte sie. „Richtige Entscheidung, es war die richtige Entscheidung", sagte sie.

Weihnachten – Sophia lebt

Sie hatte das Unglaubliche geschafft und die magische Grenze von acht Wochen überschritten – laut Ärzteprognose hätte sie eigentlich schon tot sein müssen. Ihre Kraft hatte ein wenig nachgelassen, ja, aber das war nur ein Tief, danach würde es wieder aufwärts gehen. Wir schaffen das, dachte ich, auf alle Fälle. Nun war es wichtig, dass Sophia so richtig aufgefüllt wird mit schönen Feiertagserlebnissen. Zum Teil sollte das gelingen, aber die Zerstörung durch die Leukämie wurde immer schlimmer.

Weihnachten. Wir hatten es geschafft, Sophia war bei uns. Marion war im Dauereinsatz, die Feiertage verbrachte sie mehr bei uns als bei ihrer Familie. Marion war auch ein Teil dieses verwirrenden Puzzles. Viele tausend Teile, und jedes, aber auch wirklich jedes, fügte sich wunderbar ins große Ganze ein. Zufall, Fügung? Ich habe keine Ahnung.

Der Heiligabend verlief wunderschön. Der Tannenbaum glänzte und strahlte, verblasste aber fast, wenn man die Gesichter der Kinder sah, insbesondere das von Sophia. Staunend stand sie vor dem Baum, mit den Handflächen aneinander, als würde sie beten. Im ersten Moment übersah sie sogar die zahlreichen Pakete und Päckchen, die sich davor auftürmten.

Sie war da, lebte, entgegen allen Prognosen. „Und sie wird nächstes Jahr an Weihnachten auch noch da sein", rief es trotzig in mir. Mit der Videokamera hielt ich fest, wie die beiden ihre Geschenke auspackten. Sarah bekam die Spielküche, die sie sich schon lange gewünscht hatte, und eigentlich war Ärger mit Sophia vorprogrammiert. Sonst sehr resolut, wenn es darum ging, ihren Platz als Nummer eins zu verteidigen, verhielt sie sich an diesem Abend völlig anders. Freundlich fragte sie ihre große Schwester, ob sie denn auch mal damit spielen dürfe, was Sarah bejahte. Kein Stress, kein Ärger, alles verlief friedlich. Karen hatte für beide glitzernde Engelsflügel und dazu passende Zauberstäbe besorgt. Damit stellten sie sich für ein Foto in Positur – ich liebe dieses Bild.

Kurz vor Heiligabend hatte Sophia eine Bluttransfusion bekommen, am ersten Weihnachtstag war schon die nächste nötig. Sophia ging es diesmal sehr schlecht, man merkte es an ihrer Schweigsamkeit. Am zweiten Feiertag waren wir bei der Verwandtschaft von meiner Seite. Das Treffen fand bei meiner Tante statt. Hildegard sahen wir zwar nicht oft, aber war es mal wieder so weit, verstand sich Sophia mit ihr glänzend. Die Kinder meines Bruders waren auch da; Sophia verhielt sich still, alles wurde ihr zu viel. Zu viele Menschen, zu viel Gerede. Zu allem Übel ließ Sarah auch noch ein Buch genau auf Sophias Kopf fallen. Sie schrie und weinte, durch den ständigen Thrombozytenmangel verfärbte sich die Stelle schnell dunkelblau und schwoll stark an. Die Anspannung in mir entlud sich natürlich in Sarahs Richtung wegen ihrer Unachtsamkeit. Sie hatte es nun wirklich nicht absichtlich getan. Genau das unterstellte ich ihr aber. Sarah trug so schwer an der ganzen Situation, und ich hatte nichts Besseres zu tun, als sie zurechtzuweisen. Erwachsene sind manchmal einfach dumm, ich nehme mich davon nicht aus.

Dieser zweite Feiertag war geprägt von Stress und Anspannung. Sophia spürte das. Sie zog sich nach einer Weile mit Svenja, der Jüngsten meines Bruders, vom Wohnzimmer in die Küche zurück. Dort spielten sie mit Svenjas Weihnachtsgeschenk, einer Zaubertafel. Die zwei malten darauf, und Sophias Zeichnungen drückten ganz deutlich aus, dass sie keine Lust mehr hatte, hier zu bleiben.

Ich habe die beiden in der Küche auf Video gebannt. Erst jetzt beim Durchsehen fällt mir auf, dass Sophias Bauch an diesem Tag größer geworden ist. Bedrohlich schnell. Damals ist es mir nicht aufgefallen. Wie auch? Für mich war klar, Sophia wird leben. Sie spricht auf diesem Band nicht. Nur einmal sagt sie, während sie auf ihre Zeichnung an der Tafel zeigt: „Schau mal, Papa!" Sie war so schweigsam. Ich hungere nach jedem Wort von ihr, schaue mir das Video wieder und wieder an, in der Hoffnung, doch noch eine unentdeckte Silbe zu finden. Nichts, gar nichts. Außer: „Schau mal, Papa!"

2003 – egal, wie tief es noch geht, Sophia schafft es

Die Weihnachtsfeiertage waren vorbei. Sylvester verbrachten wir bei Oma Elisabeth und Opa Werner. Sophia ging es sehr schlecht an diesem Abend, trotzdem hielt sie durch. Das Feuerwerk war für sie das Größte, dafür riss sie sich zusammen und blieb tatsächlich bis Mitternacht auf. Staunend verfolgte sie auf dem Arm vom Opa, wie ich die Raketen in den Himmel steigen ließ. 2003 hatte begonnen, das dunkelste und schwärzeste Jahr meines Lebens.

Um den Jahreswechsel herum – befremdlicherweise weiß ich tatsächlich nicht mehr ganz genau, wann es war – sprach mich Sophia an, wieder diese reife, auf eine seltsame Art erwachsene Sophia. „Papa, wenn ich bei der Cindy bin, schlecke ich dir, wenn du noch unten auf dem Sofa schläfst, so an deinem Schokoladenohr, dass du davon aufwachst." – „Mausi, ich möchte aber nicht, dass du zur Cindy gehst. Die soll noch auf dich warten. Du bleibst bei uns." – „Ja, Papa, vielleicht." Ihr

Bauch wurde dicker, das Atmen fiel ihr schwerer, ihre Beine verloren immer mehr an Masse, dadurch war Laufen eine Qual. In Sorge darüber, dass diese Muskelrückbildung schlimmer wird, übte ich, blind wie ich war, auf unseren Waldspaziergängen regelrecht Druck aus. „Sophia, lauf! Du musst laufen, damit deine Beine besser werden!" In diesen Tagen wollte sie eigentlich sofort auf meine Schulter. „Nein, Sophia, lauf! Deine Beine brauchen die Bewegung." Sie musste wieder zu Kräften kommen, wenigstens ein paar Meter laufen. Darum trieb ich sie so an. Was war ich nur für ein Idiot! Aber damals war ich überzeugt, das Richtige zu tun.

„Ich wollte schon immer eine Sophia werden"

Sophia klagte immer mehr über Kopfschmerzen, die wir aber mit Schmerzmitteln im Griff hatten. Ihr Bauch schwoll weiter an, sie atmete rasselnd und schwer. Mit einem sehr schlechten Gefühl brachten wir sie zu unserem Kinderarzt. So behutsam wie möglich machte er eine Ultraschalluntersuchung. Doch Sophia war kaum auf dem Tisch zu halten, sie weinte und wehrte sich. Unser wirklich liebenswürdiger Kinderarzt hatte alle Hände voll zu tun, die Untersuchung durchzuführen. Die Diagnose äußerte er vorsichtig, aber sie bestätigte unseren schlimmen Verdacht: Die Organe waren vergrößert, die Leukämie schritt fort. Ich hörte es zwar, doch eine innere Stimme tönte lauter: „Durchhalten, durchhalten, das kriegen wir wieder hin, Sophia ist stark, das wird wieder."

Die VP-16-Tabletten, die Sophia in bestimmten Zeitabständen bekam, um die Leukozyten runterzudrücken und ihr explosionsartiges Ansteigen zu verhindern, wirkten auch nicht mehr richtig: Die Organe konnten die vielen Giftstoffe nicht mehr verarbeiten. Zu diesem Zeitpunkt schien Sophia auch sehr viel Gewicht zu verlieren. Eines Abends, als sie gerade in ihren Schlafanzug schlüpfen wollte, fiel es mir zum ersten Mal auf. Ihre Beine, mein Gott, sie waren so dünn! Gleichzeitig mit dieser Erkenntnis setzte mein Gehirn sofort eine Gegenmaßnahme frei: Essen! Sophia musste einfach mehr zu sich nehmen. Wenn die Kalorienzahl stieg, würde auch ihr Gewicht wieder raufgehen. Wenn das Gewicht wieder oben war, würde auch ihre Abwehrkraft besser. Wenn sich die Abwehrkraft verbessert hatte, würden auch die Organe wieder kleiner. Karen durchkreuzte meine schönen Pläne. Sophia habe gar kein Gewicht verloren, sagte meine Frau. „Sie wiegt genauso viel wie vorher. Muskelmasse ist verschwunden, dafür sind ihre Organe schwerer geworden. Mehr Essen hilft da gar nichts."

Dann musste ich mir eben was anderes einfallen lassen, um den Krebs zu besiegen. Diese heimtückische Krankheit nahm für mich zunehmend körperliche Gestalt an. Ein Teufel, ein riesiges Monster stand da gegen uns. Mit allen Waffen, die mir zur Verfügung standen, musste er bekämpft werden. Es herrschte Krieg, ein Krieg ohne Kompromisse, und es näherte sich die entscheidende Schlacht. Genau das war meine Vorstellung: Jedes Mittel sollte recht sein.

Wir hatten schon vor ein paar Wochen einen Mann kennen gelernt, der viel darauf gab, Lichtenergien in die Menschen einzulassen. Jetzt lud ich ihn zu uns nach Hause ein. Wir mussten uns alle miteinander in einem Kreis auf den Boden setzen, im Zentrum stand eine brennende Kerze. Jeder sollte sich nun geistig auf Sophias Heilung konzentrieren. Doch die Hauptperson hielt nicht viel von dieser spirituellen Sache, Sophia wollte lieber „Bello, wer hat den Knochen" spielen. Hätte uns jemand so von draußen gesehen, hätte er es bestimmt belustigend gefunden. Ich fand nichts mehr lustig, gar nichts. Ich wollte nur noch kämpfen. Den ganzen Januar ging das so. Allerdings versuchte ich es nach dem gescheiterten „Lichtkreis-Experiment" erst mal wieder mit bewährten Mitteln.

Sophia wurde schwächer, ständige Transfusionen, Blutkontrollen wechselten sich ab. Marion hätte nun wirklich bei uns einziehen können. Ein bitteres Erlebnis möchte ich hier schildern: Sophia wollte plötzlich ein Trampolin haben. Ihr Zustand ließ gerade noch ein paar Meter Laufen zu, aber Sophia wollte ein Trampolin. Als wir es besorgt hatten, quälte sie sich, schwer atmend, mit dem mittlerweile beängstigend angeschwollenen Bauch vom Sofa. Ich kniete mich vor das kleine Trampolin. Sophia stieg drauf und hüpfte. Schwer ging ihr Atem, ich hielt ihre Hände. Nach ein paar Hüpfern weinte sie, legte ihre Hände um meinen Hals und sagte: „Papa, meine Beine sind so dünn, ich kann nicht mehr."

Sharon, zwei Jahre älter als Sophia, hatte ihr in einem Brief geschrieben, er habe ein Bild von ihr im Krankenhaus gesehen und sich gleich in sie verliebt. Er wollte uns mit seiner Mutter Leila besuchen, und ich stimmte zu. Ich hoffte, dass dieser Besuch Sophia Auftrieb geben würde. Denn als ich ihr den Brief vorgelesen hatte, mit Betonung auf der Verliebtheit, war sie ein wenig verlegen geworden, was ich bis dahin gar nicht von ihr kannte. Vielleicht würde sie sich ja auch ein bisschen verlieben und dadurch neue Lebensenergie tanken. Doch Sophia konnte mit Sharon nichts anfangen. Er war ein kleiner Wildfang, genauso wie sie früher. Mit Erschrecken stellte ich fest, dass davon nicht viel übrig war – aber das verdrängte ich mal wieder. Sie wird wieder lachen und rumtoben, ganz bestimmt.

Sophia verbrachte noch mehr Zeit vor dem Fernseher. Sie hatte einen neuen Lieblingsfilm: „Spirit". Darin geht es um einen Hengst, der immer wieder um seine Freiheit kämpfen muss. Es ist ein wunderschön gemachter Zeichentrickfilm, der immer wieder angeschaut werden musste. Oft, wenn wir nebeneinander saßen und wieder mal voll Spannung die Handlung verfolgten, sagte ich zu Sophia: „Weißt du, Mausi, der Spirit ist genauso wie du, tapfer und mutig." Ihrem Blick war anzusehen, dass sie sich geschmeichelt fühlte. Doch es war eine Tatsache. Ich glaube nicht, dass ich jemals wieder einen Menschen kennen lerne, der so ohne Angst durch sein Leben geht. Die Leukämie wütete in ihr, aber sie konnte nur ihren Körper erreichen. Das, was Sophia wirklich ausmachte, wuchs und wuchs.

Zu dieser Zeit veränderte sich Sophia jeden Tag. Ich meine jetzt nicht vordergründig das Äußere. Nein, ich meine ihr Inneres! In ihrer seelischen Reifung legte sie den Turbogang ein. Nur noch selten war sie aggressiv, von sich aus nahm sie Sarah manchmal einfach in den Arm, was vorher unvorstellbar war. Bei einer dieser Umarmungen entstand ein Bild, das heute über Sarahs Bett hängt und ihr mehr bedeutet als alles andere, was sie umgibt – sie hütet dieses Bild wie einen Schatz. Sophia hat ihren linken Arm schützend um ihre große Schwester gelegt, beide schauen in die Kamera. Die Krankheit hat Sophia erschreckend gezeichnet. Ihr Gesicht ist unheimlich stark angeschwollen, ihr Bauch auch, ihre Augen sind rot, aber in ihrem Blick liegt etwas seltsam Wissendes. Als würde sie bereits Dinge sehen, die uns noch verschlossen sind.

An einem Abend in dieser Zeit, als wir nebeneinander im Bett lagen, passierte etwas sehr Besonderes. Ich streichelte gerade ihren Rücken, spürte so viel Liebe in mir. Meine Worte kamen direkt aus dem Herzen: „Maus, ich hab dich so lieb. Ich bin so froh, dass du da bist." Ihre Augen, wieder verändert, das „Kind" Sophia, verschwunden. Sie sagte zu mir, schwer atmend: „Weißt du, Papa, ich wollte schon immer eine Sophia werden." Den besonderen Sinn hinter diesen Worten erfasste ich erst sehr viel später. Als wir den Namen für sie aussuchten, wussten wir gar nicht, was er bedeutet. Erst nach ihrem Tod erfuhr ich, dass „Sophia" aus dem Griechischen stammt und „Weisheit" heißt. Wollte mir Sophia an jenem Abend sagen, dass sie ins Leben gekommen ist, um Weisheit zu erlangen? Gibt es tatsächlich so etwas wie alte Seelen? Zweifel tauchen auch bei mir immer wieder auf. Aber die Erinnerung an Sophias Aussagen und an die Erlebnisse mit ihr lassen mir die Theorie der alten Seele glaubhafter erscheinen als die Annahme des Zufalls.

Die neue Cindy

Mitte Januar äußerte Sophia den Wunsch nach einer neuen Cindy. Später sollte sich herausstellen, dass Sophia die Hündin brauchte, um ein Versprechen einzulösen. Aber es musste unbedingt „eine weiße Cindy" sein. Wir machten uns sofort auf die Suche, obwohl sie im Winter wenig erfolgversprechend war, da in dieser Jahreszeit selten Welpen geboren werden. Tagelang suchten wir vergeblich, und dann rief auf einmal eine Freundin von Karen an. Sie hatte in einer Landwirtschaftszeitung gelesen, dass auf einem circa 70 Kilometer entfernten Bauernhof Berner Sennwelpen abzugeben sind, allerdings keine weißen. Karen fragte Sophia, ob es sehr wichtig wäre, dass die neue Cindy weiß ist. „Nein", antwortete sie, „es muss nur die richtige Cindy sein."

Ich telefonierte mit der Bäuerin, die mir sagte, dass nur noch ein Rüde und eine Hündin übrig seien. Die wäre zwar ziemlich kurzhaarig, aber eine ganz liebe, was man bei ihr schon jetzt, mit acht Wochen, feststellen könne. Wir machten uns sogleich auf den Weg, er führte uns in die Berge zu einem beschaulichen Dorf. Kaum dass wir aus dem Auto gestiegen waren, kam die Hundemutter mit ihren zwei Kindern im Gefolge neugierig auf uns zu. Der kleine Rüde hielt respektvoll Abstand, aber die kleine Hündin ging sofort auf Tuchfühlung mit Sophia. „Das ist die neue Cindy", sagte sie. Ich war nicht ganz so begeistert. Für einen reinrassigen Berner Sennhund war die neue Cindy viel zu schlank gebaut, ihr Fell war wirklich ziemlich kurz. Aber Sophia hatte sich entschieden.

Inzwischen hatten sich auch die Bäuerin und der Bauer eingefunden, ein richtig stämmiger Bär. Er nahm mich mit in die Küche, um von Mann zu Mann mit mir zu verhandeln. Ich hatte an einen Übergabetermin in zwei Wochen gedacht, weil ich wusste, dass Welpen erst nach zehn Wochen von ihren Müttern getrennt werden sollten. Aber der Bauer sagte, die kleine Hündin sei ihm sehr ans Herz gewachsen, so wie kein anderer Welpe zuvor, obwohl er schon viele gehabt hätte. Sie sei extrem lieb und zutraulich. Etwas ganz Besonderes. Wenn sie zwei weitere Wochen hier bleibe, könne er sie gar nicht mehr hergeben. Schon komisch, so was von einem Bären wie ihm zu hören, dessen Äußeres auf ein eisernes Innenleben schließen ließ. Also gut, wir würden die neue Cindy sofort mitnehmen. Als wir uns über den Kaufpreis einig waren, standen dem Bauern die Tränen in den Augen. Diesen Berg von einem Mann so zu sehen berührte mich tief. Ich erzählte ihm Sophias Geschichte, und dann weinten wir beide, zwei erwachsene Männer in einer Küche. Als er sich wieder ein Stück gefangen hatte, sagte er, er sei froh, dass seine geliebte kleine Hündin zu uns kommt: „Da hat sie wenigstens eine sinnvolle Aufgabe." Diese Aufgabe hatte Sophia, ich bin mir sicher, schon längst geplant.

Der Moment der Trennung nahte. Sophia war schon vorher wieder ins Auto, sie war einfach zu schwach. Sarah trug die neue Cindy auf ihrem Arm zum Wagen, da schlief Sophia bereits in ihrem Sitz. Wir verabschiedeten uns und fuhren mit unserem neuen Familienmitglied los. Sarah war auf dem Rücksitz mit dem kleinen Hund beschäftigt, anscheinend verstanden sich die zwei glänzend. Noch etwas misstrauisch beäugte Jerry den Welpen von hinten aus. Jetzt schlug Sophia die Augen auf, und der Satz von ihr, der nun folgte, besonders wie sie ihn sagte, hallt heute noch in mir nach. Ein tiefer Atemzug, bevor sie zum Sprechen ansetzte, und dann: „Weißt du, jetzt bin ich glücklich." Sophia hörte sich in diesem Augenblick an wie ein erschöpfter Krieger, der es geschafft hat, einen wichtigen Kampf zu gewinnen. Und genau das war es auch. Erst später sollten Karen und ich es begreifen.

Geistheilung

Sophias Zustand wurde schlimmer, die Blutwerte waren katastrophal, die Arbeitszeiten von Marion wurden immer länger und wir waren körperlich ziemlich am Ende. Trotzdem war nur ein Gedanke in meinem Kopf: „Durchhalten, gemeinsam schaffen wir es, wir müssen einfach nur alles versuchen." Bei meinen Schwiegereltern lag noch die Adresse von einem so genannten Geistheiler, die eine Bekannte hinterlassen hatte. An einem Punkt, wo die Schulmedizin keinen Rat mehr wusste, habe ihr dieser Mann wirklich sehr geholfen, hatte sie zu Elisabeth und Werner gesagt. Erst einmal war ich skeptisch, und auch Sophia war kaum zu bewegen, den Geistheiler um Hilfe zu bitten. Karen sagte aber, dass wir ihn uns ja nur mal anschauen müssten. Mit meinen Überredungskünsten schaffte ich es dann doch, Sophia zu überzeugen. Zu diesem Herrn fuhren wir einfach hin, ohne vorher einen Termin auszumachen. Wir betraten ein normales Einfamilienhaus und setzten uns auf Stühle, die im Flur bereitgestellt waren. Eine Tür ging auf, und ein älterer Herr mit weißem Bart erschien. Er musterte uns kurz und sagte in einem kaum zu verstehendem Deutsch: „Blut schlecht." Ich war völlig verblüfft. Er hatte Sophia nur kurz angeschaut, und schon wusste er, was bei ihr nicht stimmte? Ihre spärlichen Haare konnte er ja nicht sehen, denn sie trug noch ihre Mütze. Seine Frau kam hinzu, um zu übersetzen, was er sagte. Sie dachte, wir wären eine Familie, die schon vor zwei Monaten einen Termin vereinbart hatte. Ich klärte das Missverständnis auf. Eigentlich hätten auch wir zwei Monate warten müssen, so groß war hier der Andrang, doch als ich der Frau von Sophias Zustand erzählte, bat sie uns in das Behandlungszimmer.

Kerzen brannten hier, es herrschte eine warme Stimmung. Sophia blieb auf meinem Arm, und der Mann setzte sich uns gegenüber. Seine Augen hatten eine besondere Ausstrahlung, wie dieser Raum wirkten sie warm und auf eine seltsame Art wissend. Sophia, die ja sehr schnell Unmut äußerte, wenn ihr was nicht passte, und bei ihr unbekannten Menschen oft übellaunig reagierte, verhielt sich ganz still. Sie musterte ihn eingehend, während er sie mit einem milden Schmunzeln betrachtete. Nun schilderte seine Frau ihm in einer fremden Sprache den Krankheitsweg. Als sie geendet hatte, nickte er nur, schloss die Augen und bewegte seine Hände langsam in der Luft. Mir ist klar, was viele jetzt denken mögen: Humbug. Früher hätte ich das auch gedacht! Aber ich klammerte mich an jeden noch so kleinen Strohhalm, der Rettung versprach.

Als die Sitzung beendet war, übersetzte seine Frau, was er sagte: Die Krankheit sei schon sehr weit fortgeschritten, er wisse nicht, ob er Sophia helfen könne, aber er wolle es versuchen. Gerade habe er „auf geistiger Ebene" an ihren Organen „operiert", nun müsse man das nächste Blutbild abwarten. Auf meine Frage, was die Behandlung kostet, antwortete er: „Nichts. Nur einen Händedruck von Sophia." Es war verblüffend, auf Geld schien er nun wirklich nicht aus zu sein. Als wir wieder im Auto saßen, flüsterte Sophia mir leise zu: „Weißt du, Papa, irgendwie geht es mir ein bisschen besser."

Am nächsten Morgen stand erneut ein Blutbild an. Marion nahm die Blutprobe ab, und Karen brachte sie sofort ins Krankenhaus. Mit Spannung warteten wir auf ihre Rückkehr. Als sie mit der Auswertung kam, fassten wir es nicht, es war einfach unglaublich: Gerade die Werte, die so lebensbedrohlich angestiegen waren, hatten sich seit dem letzten Blutbild verbessert. Zwar noch weit entfernt vom Normalniveau, aber sie waren gefallen. Zufall? Eigentlich war unser nächster Termin bei ihm erst in ein paar Tagen, aber bereits an diesem Morgen bestand Sophia auf einem erneuten Besuch bei dem „lieben Mann" – sie nannte ihn fortan nur noch so. Ich erklärte ihr, dass wir ja erst gestern bei ihm waren und er auch noch andere Termine hat. Das beeindruckte Sophia wenig: „Papa, ich muss zu dem lieben Mann! Ich glaube, er kann mir helfen." Ich rief sofort an. Seine Antwort lautete: „Sophia darf kommen, wann immer sie will."

Als ich Karen und Sarah aufforderte mitzufahren, verkündete Sophia entschlossen: „Nein, Papa, wir zwei allein!" Warum nur mit mir? Ich weiß es bis heute nicht, aber ich vermute, dass es an der engen Verbindung zwischen uns lag. Wir waren fast schon im Auto, da fiel Sophia ein, dass sie unbedingt einen Traubenzucker-Lutscher mitnehmen muss: „Für den lieben Mann." Sie verschenkte einen von ihren heißgeliebten Lutschern? Das war ein Wunder an sich. Ihre Süßigkeiten teilte sie nur ungern. Sarah musste immer extrem betteln, wenn sie etwas aus Sophias großer Dose haben wollte. Und jetzt gab sie freiwillig etwas her?

Freundlich wurden wir begrüßt und ins Behandlungszimmer geführt. Der Mann schloss wieder die Augen, seine Hände bewegten sich in der Luft, und Sophia schwitzte mit einem Mal. Auch er schwitzte, es schien ihn doch sehr anzustrengen. Die Sitzung war vorbei, und Sophia flüsterte mir ins Ohr: „Papa, geh mit mir zu dem lieben Mann!" Als ich entgegnete: „Warum willst du denn nicht alleine hin?", fuhr sie total aus der Haut: „Mann, Papa, du weißt genau, warum!" Sie setzte ihr Schmollgesicht auf, was früher, als es ihr noch gut ging, an der Tagesordnung war. Ich war froh, einfach nur froh, nach so langer Zeit dieses Gesicht wieder zu sehen. Und ich begriff: der Lutscher, na klar! Sophia wollte ihm den Lutscher geben und traute sich nicht alleine, weil sie so viel Respekt vor dem Mann hatte. Oder sollte ich es lieber „Ehrfurcht" nennen? Er nahm den Lutscher freudig an und bedachte Sophia mit seinem warmen „Weihnachtsmann-Lächeln". Mit den beiden war es irgendwie seltsam, irgendwas vibrierte zwischen ihnen. Ich erzählte ihm von Sophias „Sparsamkeit" bei Süßigkeiten; ich sagte ihm, wie verwunderlich ich es finde, dass sie ihm freiwillig was abgibt. Ihn wunderte das gar nicht. „Sophia hat eine alte Seele, alte Seelen kennen sich", sagte er. Mehr gab es in diesem Augenblick nicht zu sagen, und wir verließen das Haus.

Wir besuchten ihn nun regelmäßig, jedes Mal danach fühlte sich Sophia besser. Aber das betraf nur ihre Seele, nicht ihren Körper. Die Blutwerte, die nach unserem ersten Besuch so vielversprechend gewesen waren, verschlechterten sich katastrophal. Als Karen wieder mal mit einer Blutprobe im Krankenhaus war, fragte Marion mich: „Habt ihr mit Sophia eigentlich schon mal über den Tod geredet, über ihre Ängste?" Da ich immer der Meinung war, dass Sophia ihre Krankheit irgendwie übersteht, war mir dieser Gedanke nie gekommen. Marion meinte mit einem besorgten Blick: Sophia spüre doch die Veränderungen in ihrem Körper, das mache ihr ganz bestimmt Angst. Außerdem: „Was du ihr noch sagen möchtest, solltest du jetzt sagen. Die Möglichkeit dazu hast du nicht mehr lange." Am liebsten wäre ich ihr an den Hals gesprungen. Und dennoch wollte ich nicht, dass Sophia mit ihrer Angst, falls sie die denn haben sollte, alleine ist.

Sophia saß auf dem Sofa und guckte ihren neuen Lieblingsfilm „Das letzte Einhorn". Ihr Atem ging trotz der ruhigen Sitzposition sehr schwer, das Rasseln der Lungen war deutlich zu hören. Für andere muss Sophias Anblick schockierend gewesen sein, für mich zählte nur eines – meine Maus lebte. Ich wusste nicht, wie ich dieses Gespräch anfangen sollte. Sophia schaute mich noch nicht einmal an, als ich mich neben sie setzte. Ahnte sie, was ich sie fragen wollte? Hätte sie mir – und vor allem sich – diese Frage lieber erspart? Wie auch immer, ich stellte sie: „Sophia, hast du manchmal Angst bei dem Gedanken, zur Cindy zu gehen?" So, nun war es raus! Sie schaute mich immer noch nicht an, guckte weiter zum Bildschirm. „Weißt du, Papa, ich weiß ja gar nicht, wie es dort bei Cindy ist. Gibt es da auch einen Fernseher?" – „Nein, das glaube ich nicht. Fernsehen kannst du nur hier." Wie erbärmlich, ein Fernseher als Grund, lieber nicht zu sterben, sondern zu leben! Aber die andere Welt dort drüben wollte ich ihr auf keinen Fall schmackhaft machen. Trotzdem setzte ich noch mal an: „Mausi, hast du Angst?" Als Antwort kam nur: „Ich will jetzt den Film anschauen." Ich ließ es sein, ihr weiter auf die Nerven zu gehen. Ich sagte nur noch „Ich hab dich lieb, Maus" und überließ Sophia wieder der Traumwelt von Einhörnern und Zauberern.

Schmerzmittel waren nun seit ein paar Tagen regelmäßig im Einsatz, Sophia klagte immer öfter über Bauchweh und Kopfweh. Die aufsteigende Panik bekämpfte ich mit dem Gedanken, dass Sophia immer noch kein Morphium benötigte. Mittlerweile war sie in der spärlichen Zeit zwischen Bluttransfusionen, Thrombozyten-Gaben und intravenöser Medikamentierung kaum noch zu irgendeiner Unternehmung zu bewegen. Nur zu ihrem „lieben Mann" wollte sie noch fahren. „Ich glaub, der kann mir helfen", war ein immer wiederkehrender Satz von ihr. An den klammerte ich mich wie ein Ertrinkender. Ich weiß genau, Sophia wollte in diesen letzten Tagen leben, irgendwie weitermachen und leben, bei uns bleiben. Jeder um uns herum hatte aufgegeben oder sich auf Sophias nahen Tod eingestellt. Ich wollte und konnte das nicht, wahrscheinlich sollte ich deswegen immer ihr Begleiter zu den Sitzungen sein.

Sophia soll hier Schlitten fahren

Das einzige, was wir noch draußen machten, war Schlittenfahren. Es war mittlerweile viel Schnee gefallen, und Sophia quälte sich vom Sofa, um mit uns in den Wald zu gehen. Sarah und sie saßen auf dem Schlitten, und ich zog. Mit dem Laufen ging es nicht mehr, aber so war sie wenigstens an der frischen Luft. Karen fragte mich oft: „Siehst du nicht, wie schlecht es um Sophia steht?" Nein, ich sah es nicht, ich sah überhaupt nichts mehr! Doch die Fotos zeigen deutlich, dass Sophia mir mit diesen Schlittenfahrten einen Gefallen tun wollte, nach dem Motto: „Klar Papa, wenn wir draußen sind, wird alles besser, und mir geht es gut." Einmal meinte sie nach einem solchen Ausflug zu mir: „Ich glaub, im Himmel kann ich dann wieder richtig Schlitten fahren." Dieser Satz knallte gegen meine Seele und verursacht mir heute noch Schmerzen. Gewaltsam versuchte ich, meine Tränen zu stoppen, meine Gedanken rasten wie verrückt. „Du sollst nicht im Himmel Schlitten fahren, hier sollst du Schlitten fahren, hier bei mir, und, verdammt noch mal, nicht woanders!" Ich sah Sophia von der Seite an, kraftlos und erledigt lag sie mehr in ihrem Sitz, als dass sie saß. Ihre Augen waren geschwollen, das Weiße war rot wie nach dem Weinen. Und dennoch waren dieser Stolz und diese Würde in ihrem Blick. Ihr Körper verfiel, aber ihre innere Kraft schien ungebrochen.

Jörg und Babsi, die wir noch aus einer Zeit kannten, in der Krankheit und Krebs nur Worte waren, die andere betrafen, luden uns ein, mit ihnen eine Fahrt im Pferdeschlitten zu machen. Sophia war einverstanden, ich freute mich. Endlich wieder etwas Aktivität und damit neue Lebensenergie für sie, wie ich hoffte. Bevor es mit dem Schlitten losging, schauten wir uns noch die Pferde an. Alle Anwesenden waren um Normalität bemüht, dennoch spürte ich, was bei Sophias Anblick in ihren Köpfen vor sich ging. Am liebsten hätte ich jeden einzelnen von ihnen angeschrien: „Auch wenn sie elendig aussieht, sie wird trotzdem wieder gesund!" Da Sophia nicht mehr laufen konnte, trug ich sie die ganze Zeit auf meinem Arm. Mit der Zeit schien sie eine Tonne zu wiegen, meine Kraft ließ nach. Sie wollte nicht runter von meinem Arm, nach etlichen Überredungsversuchen ließ sie sich darauf ein, auf dem noch nicht einsatzbereiten Schlitten abgesetzt zu werden. Still, mit ernstem Gesicht saß sie nun da, während alle anderen mit den Pferden beschäftigt waren. Nein, sie so zu sehen konnte ich nicht ertragen! Gleich nahm ich sie wieder auf den Arm. Sollte er doch abfallen! Als es dann so weit war, wollte Sophia lieber im Auto bleiben. Karen und Sarah stiegen auf den Schlitten und fuhren davon, ich blieb bei meiner Maus, die traurig und mürrisch einen Butterkeks mümmelte. Ganz klar, sie wollte so gern, aber es ging einfach nicht mehr.

Die Nächte raubten uns mittlerweile fast alle Energie. Karen bestand darauf, dass ich eine Nacht auf dem Sofa unten im Wohnzimmer schlief, damit wenigstens einer von uns Kraft für den Tag tanken konnte. In dieser Nacht hörte ich Sophia oben schreien und weinen. Ich ging nicht rauf, wollte nicht hinauf. Dafür schäme ich mich heute, ich weiß, dass ich in dieser Nacht versagt habe. Doch ich konnte nicht mehr, war mit meinen Nerven am Ende. Sophia wachte ständig auf und musste aufs Klo. Aber so sehr sie sich auch bemühte, es kam kaum noch was raus. Unser Onkologe und der Kinderarzt waren sich einig, dass die Organe nun wirklich aufhörten zu arbeiten. Sophias Bauch war mittlerweile so angeschwollen, dass mir jedes Mal die Tränen hochstiegen, wenn ich ihn massierte. Sobald meine Hand den unteren Rippenbogen berührte, spürte ich, wie er sich durch den Druck der vergrößerten Organe nach oben wölbte. In Sophias Körper tobte ein vernichtender Sturm. Das einzige, was ich tun konnte, war, sie zu massieren: ihren Bauch und ihren Rücken, immer mit zwei verschiedenen Ölen. Für den Bauch ein speziell gemischtes, duftendes Öl und für den Rücken normales Olivenöl. Hierbei war sie unerbittlich streng. Wehe, ich verwechselte mal die Öle und wollte mit dem verkehrten anfangen! Egal, wie schlecht es ihr ging, auch wenn sie sich fast nicht mehr umdrehen konnte, das fiel ihr sofort auf. Diese Massagen wollte sie mehrmals am Tag, es war ein Ritual. Eines der wenigen Dinge, die Sophia noch so richtig genoss. Mamas Zärtlichkeiten und meine Massagen, mehr war ihr nicht geblieben.

Sophia bestand immer noch darauf, alleine aufs Klo zu gehen. Sie quälte sich vom Sofa hoch, tappte mir ihren abgemagerten Füßchen den Gang hinunter, jeder Schritt eine Tortur. Beim Anziehen des Schlafanzuges – da ging es Karen und mir gleich – drehte man fast durch; nur die totale Übermüdung, die uns wie ein dichter Schleier umhüllte, verhinderte dies. Der vollkommen aufgeblähte Bauch; dazu die abgemagerten Füße; ihr früher so ausdrucksstarkes Gesicht, angeschwollen und verfremdet, der ganze Körper nur noch ein Schatten seiner selbst. Mein Erdbeerohr schlief nur noch bei uns. Die Nächte unterschieden sich nun kaum noch von den Tagen. Wir leisteten, was die Kraft noch hergab. Jeder auf seine eigene Art. Tagsüber kriegten wir uns nun wegen jeder Kleinigkeit in die Haare. Der Schlafentzug schaffte uns beide.

Immer noch dachte ich, dass alles ein gutes Ende nehmen würde. Nichts drang mehr durch diese Mauer im Kopf. Wahrscheinlich wäre es mir anders auch gar nicht möglich gewesen, weiterzumachen. Das Erreichen des nächsten Tages war alles, was zählte. Oft legte ich mich am Abend zu Sophia ins Bett, streichelte mit meiner Hand über ihren Rücken und versuchte, mit meinen Gedanken ihren Willen zu stärken und gegen die mächtiger werdende Krankheit zu kämpfen. Ich stellte mir Sophias Innenleben vor, ich war überzeugt davon, durch diese Gedankenenergie die Organe zum Schrumpfen bringen zu können. Vielleicht klingt das verrückt. Aber was blieb mir denn noch? Mit aller Macht stemmte ich mich gegen den Krebs – und erreichte nichts.

Wenn irgend möglich schaute Sophia tagsüber ihren Lieblingsfilm, „Das letzte Einhorn". Er endet damit, dass alle befreiten Einhörner die Burg des bösen Grafen, der sie gefangen hielt, einstürzen lassen. Sophia kommentierte diesen Schlussakt immer mit demselben Satz, ihre Stimme hatte dabei diesen besonderen Klang: „Jetzt wird alles wieder gut, Papa." Schwer atmend brachte sie diesen Satz heraus. Rasselnd, gepresst. Und doch voller Stolz und Würde. Ja, Mausi – dachte ich mir –, alles wird gut, du wirst gesund und frei sein. Sophia war zu diesem Zeitpunkt schon ein Stück von uns entfernt. Noch nicht ganz, aber fast dort, wo wir alle mal landen werden. Aber solange unsere Zeit noch nicht gekommen ist, können wir nicht durch das Tor in diese andere Welt schauen. Für Sophia hatte es sich schon einen Spalt geöffnet, sie sah Dinge, die für uns verschlossen waren. Eines Morgens erzählte sie mir belustigt, dass in der Nacht immer ein Mann zu ihr komme und ihr die Füße kitzele. Auf mein Nachfragen, wer das denn sei, erwiderte sie: Der Mann spreche nicht, aber er trage einen schwarzen Mantel. Sie beschrieb diesen Mantel genauer, und ich war wie vom Donner gerührt: Mein Vater, der mit 44 Jahren gestorben war, hatte genau solch einen Mantel besessen und sehr gern getragen.

Zu all diesen Belastungen kam nun auch noch Marion mit der Nachricht, dass irgend so ein Bürotyp von der Krankenkasse meine, die zu leistende Pflege wäre vielleicht nicht in diesem Umfange nötig: Ein so genanntes „Pflegeberaterteam" sollte das vor Ort bei uns zu Hause überprüfen. Wut stieg in mir hoch. Dieser Herr hatte schon öfter versucht, von seinem Bürostuhl aus Marion Ärger zu machen. Als ich ihn für die Terminabsprache am Telefon hatte, ließ ich ihn deutlich merken, was ich von ihm hielt. Dieses so genannte „Beraterteam" setzte sich aus drei Leuten zusammen, die von krebskranken Kindern nicht die geringste Ahnung hatten. Schon beim Betreten des Hauses spürte ich freundliche Arroganz, ich kann es nicht anders beschreiben. Es änderte sich schlagartig, als die Dame und die beiden Herren Sophia sahen. Sie lag auf unserem Sofa, schaute „Das letzte Einhorn" und nahm demonstrativ keine Notiz von dem Besuch. Es schien fast so, als würden diese drei für sie überhaupt nicht existieren. Auch ich kümmerte mich nicht um sie, legte Wäsche zusammen, als ob nichts wäre. Sophia bat mich um eine Massage. Als ich ihren Pulli nach oben rollte, sah ich aus den Augenwinkeln, wie der Dame die Tränen in die Augen stiegen. Marion übernahm das Gespräch. Zum Schluss, kurz bevor sie gingen, empfahlen sie uns, doch die nächsthöhere Pflegestufe zu beantragen. Mit diesem Rat waren sie verschwunden. In der folgenden Zeit hörte ich überhaupt nichts mehr aus dieser Richtung. Auch Marion hatte keine Probleme mehr.

Zweimal die Woche brauchte Sophia neues Blut oder Thrombozyten. Vorher hatten wir diese überlebenswichtigen Stoffe immer über unseren Onkologen bestellt. Die Infusionsbeutel wurden dann mit dem Taxi von Ulm nach Memmingen gebracht. Das dauerte aber fast immer einen ganzen Tag, darum beschloss ich, den Transport zu übernehmen. Das Schriftliche erledigte unser Doktor, er gab mir die erforderlichen Papiere mit und rief vorher in der Blutspendezentrale an. Das Personal war nicht immer freundlich am Telefon, und ich erinnere mich noch gut an ein Gespräch, das ich selber führte, als Sophia mal wieder dringend neues Blut brauchte. Die Dame erklärte mir im barschen Ton, dass das nicht so schnell ginge, es müsse erst eine Kreuzprobe des Blutes gemacht werden, und überhaupt sei es ungewöhnlich, dass ich den Transport mit meinem Privatwagen abwickeln wolle. Ich hörte mir alles geduldig an, obwohl ich innerlich vor Wut kochte. Als sie ihren bürokratischen Vortrag beendet hatte, sagte ich mit immer noch kontrollierter Stimme zu ihr: „Hören Sie mir mal genau zu, gute Frau! Ich brauche dieses Blut nicht für irgendwen, ich brauche es für meine vierjährige Tochter Sophia. Sie hat Krebs, Leukämie. Da es mit dem Taxi einfach länger dauert und sie ständig neues Blut braucht, ist es besser, wenn ich es selber hole, was ja auch vom Ablauf keinen Unterschied zum Taxi macht." Kleinlaut erwiderte sie: „Es kann aber zwei Stunden dauern, bis das Blut transportbereit ist." Beim ersten Mal, als ich in der Ulmer Blutspendezentrale eintraf, gab mir die Dame gleich zu verstehen, dass unter diesen zwei Stunden nichts zu machen ist. Draußen lag Schnee, es war kalt, und so ging ich erst einmal in die Kantine, um mir einen Kaffee zu holen. Irgendwie fühlte ich mich hier wie ein Fremdkörper. So viele Menschen um mich herum, die lachten und sich über Belangloses unterhielten. Und ich mittendrin, Sophia im Kopf, übermüdet durch den Schlafentzug. Sofort verließ ich die Kantine wieder und verbrachte die restliche Wartezeit im Auto.

Morphium wurde immer noch nicht eingesetzt, aber die anderen Schmerzmittel nahmen an Menge und Intensität zu. Es war nun Anfang Februar, und meine innere Stimme sprach überdeutlich zu mir. Sie war sicher, dass bis Mitte dieses Monats Sophia entweder die Leukämie überstanden oder den

Kampf verloren hat, was ich Karen auch so mitteilte. Nachdem wir im Oktober das Aus von den Ärzten in München bekommen hatten, suchten wir trotz allem nach Alternativen. Durch Bekannte stieß ich damals auf einen Arzt in Spanien, der laut Mundpropaganda schon vielen Kindern in Sophias Situation geholfen hatte. Das Telefongespräch mit ihm war seltsam. Für ihn existierte die Leukämie gar nicht, sie sei eine Erfindung der Pharmaindustrie, sagte er: Leukämie basiere auf einem seelischen Schockerlebnis, und das, was die Ärzte als Krebs bezeichnen, gehöre zur Heilung. Dass Sophia wieder gesund wird, war für ihn eine klare Sache. Nun sollte er Sophia mal sehen – der so genannte „Heilungsprozess" fraß sie auf. Meine Wut war so groß über all diese Dummschwätzer und Besserwisser. Was in meinen Gedanken gegen diese Leute ablief, behalte ich hier lieber für mich. Einer, den ich heute immer noch für einen guten Menschen halte, ist unser „Geistheiler".

Der letzte Besuch bei ihm war bezeichnend. Sophia hatte den Termin wieder von sich aus vorverlegt. Alles tat ihr weh, dennoch war sie durch nichts davon abzuhalten, zum „lieben Mann" zu fahren. Wieder saß er ihr gegenüber und versuchte auf der geistigen Ebene sein Bestes. Er hatte sofort gesehen, dass es ihr gar nicht mehr gut ging. Dieses Mal kein warmes „Weihnachtsmann-Lächeln", sehr ernst und noch konzentrierter als sonst ging er vor. Man mag denken: So eine Quacksalberei! Aber ich spürte, wie viel Energie dieser Mann einsetzte. Der Schweiß rann ihm von der Stirn, seine Frau hatte ebenfalls die Augen geschlossen und assistierte ihm bei seiner Arbeit. Nachdem die Sitzung beendet war, machte er mir Hoffnung: „Sophias Chancen sind gestiegen, nicht viel, aber ein wenig." Dann ging er hinaus, sichtlich erschöpft. Sophia wollte unbedingt sofort was zu trinken. Es war seltsam, vorher hatten Karen und ich sie ständig bekniet, Flüssigkeit zu sich zu nehmen, was sie aber trotz allem Nachdruck nicht tat. Und nun trank sie. Sein Werk? Auch das werde ich nie wirklich in Erfahrung bringen können.

Auf der Heimfahrt fragte ich Sophia: „Wie fühlst du dich?" Sie antwortete in einem leisen, mir angsteinjagenden Ton: „Besser, Papa." Ich sah sie in ihrem Sitz, zusammengesunken, wie ein Häuflein Elend. Zu Hause angekommen, wollte ich nur noch eines: weg! Ich brachte Sophia auf dem Arm hinein und sagte zu Karen, dass ich mit dem Auto wegfahren würde. Sie fragte nicht, wohin, nickte nur. Ziellos fuhr ich umher, Angst beherrschte mich und gleichzeitig eine seltsame Leere. Bisher hatte ich nie das Bedürfnis gehabt, alleine zu sein. Die kostbare Zeit ganz mit Sophia zu verbringen hatte immer im Vordergrund gestanden. Karen war in den vergangenen Wochen vielleicht zwei- oder dreimal bei Freundinnen gewesen, um aufzutanken. Dieses Bedürfnis hatte ich nie, bis auf diesen Tag. Ich verstand mich selber nicht mehr, meine Kraft, die Krankheit mit Sophia durchzustehen, schwand dahin. Ich wollte nicht heim, ich hatte Angst, so starke Angst, Sophia zu sehen. Tränen rannen mir übers Gesicht, Scham über meine eigene Feigheit erfüllte mich. War diese Feigheit das Resultat davon, dass ich tief in mir drin bereits wusste, dass es keine Hoffnung mehr gab? Stunde um Stunde verfiel sie mehr. Doch hatte nicht Sophia nach dem Besuch bei dem Geistheiler gesagt: „Papa, ich kenne den lieben Mann, ich weiß nur nicht woher, er kann mir bestimmt helfen." – „Nicht aufgeben, bloß nicht aufgeben, lass dich von deiner Angst nicht beherrschen!" hörte ich eine Stimme in meinem Kopf: „Ruhig, ganz ruhig, wir kriegen das hin. Es wird besser, nur noch ein paar Tage, und es wird besser."

Als meine Irrfahrt beendet war und ich das Haus betrat, stand mir ein weiterer Schock bevor. Karen hatte Sophia während meiner Abwesenheit an das Sauerstoffgerät legen müssen, eine Sonde in ihrer Nase versorgte sie mit Luft. Ihr Röcheln war immer schlimmer geworden und die Sauerstoffsättigung im Blut so stark abgefallen, dass es anders nicht mehr möglich war. Ein paar Tage zuvor war auf Anraten von Marion eine Dame bei uns gewesen, die uns eine Sauerstoffflasche und die erforderlichen Sauerstoffgeräte brachte und uns zeigte, wie sie funktionieren: ein großes Standgerät mit einer unheimlich brummenden Geräuschentwicklung für zu Hause und ein kleines mobiles Gerät für unterwegs. Anfangs, erzählte Karen mir, sei Sophia trotz ihres katastrophalen Zustands wütend über den Plastikschlauch in ihrer Nase gewesen. Mit aller Macht habe sie sich dagegen gewehrt. Dann habe sie aber schnell gemerkt, wie viel Erleichterung der Sauerstoff ihr brachte.

Wieder entstand ein Foto von Sophia. Ja, wieder wollte ich ihr später einfach zeigen, durch was für eine Hölle sie gegangen ist. Später, wenn diese dunklen Tage nur noch eine verschwommene Erinnerung sein würden, sollte die erwachsene Sophia sehen, wie unglaublich stark sie schon als kleines Kind war. Viele Monate nach ihrem Tod wurde mir klar, warum dieses Bild wirklich entstanden ist. Sophia sitzt mit der Nasensonde auf dem Sofa, der Zustand ihres Körpers ist herzzerreißend, machtlos stehen wir alle dabei. Auf dem Foto ist eines aber überdeutlich zu sehen: der Stolz und die Kraft in ihren Augen. Es scheint fast so, als würden sie ein getrenntes Leben führen – losgelöst von diesem erschreckend zerstörten Körper.

Morphium

Sophia klagte zunehmend über Schmerzen, furchtbare Schmerzen setzten urplötzlich ein. Die normalen Schmerzmedikamente reichten nicht mehr aus. Marion sagte, sie könne es nicht mehr verantworten, weiter auf Morphium zu verzichten. Marion sprach ruhig und gleichzeitig eindringlich mit mir: „Das Morphium wird Sophia von den Schmerzen erlösen, es gibt keinen anderen Weg." Mein Blick fiel auf Sophia, die total erschöpft auf dem Sofa lag. Meine Augen blieben an ihrem Gesicht mit der schrecklichen Nasensonde hängen. „Sophia leidet so sehr", dachte ich, „vielleicht hilft ihr das Morphium ja, endlich gesund zu werden." Ich war völlig irre, die Realität nahm ich in diesem Stadium überhaupt nicht mehr wahr. „Wenn es ihr dann besser geht, können wir das Morphin ja wieder absetzen." Diese total verrückten Gedanken durchschwirrten meinen Kopf.

Marion hatte eine transportable Pumpe dabei und schloss sie an. Die Dosis war anfangs sehr klein und sollte langsam gesteigert werden. Marion erklärte uns, dass wir mit Hilfe eines Knopfes am Gerät so genannte „Bonus-Schübe" verabreichen konnten. Was für ein perverses Wort für eine Handlung, die Sophia immer weiter von uns wegbringen würde! Die Wirkung setzte schnell ein. Sophias Augen veränderten sich; die Kraft, ihr Wille verschwanden daraus; Sophia schien sich in einem Nebel zu verlieren. Sophia versank, und mein Arm war nicht stark genug, sie zu halten. Ohnmächtig, erbärmlich saßen wir daneben und weinten, aber unsere Tränen brachten nichts von ihr zurück. Keiner von uns war fähig, auch nur ein Wort zu sprechen. Karens Augen verrieten mir, dass ihre Gedanken wesentlich weiter waren als meine. Nicht, dass sie überhaupt nicht mehr an ein Überleben glaubte, aber für sie bestand die Möglichkeit des Todes bereits. In meinem Kopf war immer noch kein Platz dafür.

Die darauf folgende Nacht wurde zum Alptraum. Sophias Organe wollten nicht mehr. Mein Schatz spuckte ihren Mageninhalt aus, der aussah, als wäre er bereits verdaut. Ständig wollte sie aufs Klo, sie strengte sich furchtbar an, aber es kamen nur ein paar Urintröpfchen. Jedes war für mich ein Zeichen dafür, dass die Organe doch wieder anfangen zu arbeiten. Am nächsten Morgen war Marion sehr früh bei uns, ihr Gesicht wirkte hart und ernst. Sophia schlief nun ein wenig, die Morphiumdosis steigerte sich, auch in der Nacht hatten wir bereits zweimal auf den Knopf gedrückt. Der Vormittag verlief mit Hoffen und Bangen, weil die Sauerstoffversorgung trotz der Sonde nicht mehr auf einem befriedigenden Niveau war.

Am Nachmittag wurden meine Hoffnungen bestätigt: Sophia hatte plötzlich wieder die Kraft, sich aufzusetzen. Ständig verspürte sie den Drang, aufs Klo zu gehen; ich wollte sie tragen, aber nein: „Ich gehe alleine!" Als ich fort war, um Medikamente zu holen, schaute Herr Rieß vorbei, der vor Wochen Afrika zu uns gebracht hatte. Karen erzählte mir später: Sophia, die sich eigentlich von Fremden überhaupt nicht mehr anfassen ließ, habe ihm eine Berührung gestattet. Stolz habe sie dagesessen, sagte Karen, stolz wie eine Königin, die selbst im schlimmsten Alptraum niemals ihre Würde verliert.

Als ich zurückkehrte, kam mir Herr Rieß entgegen, Tränen standen in seinen Augen. Wir sprachen nichts, sein Blick sagte alles. Jedem, der Sophia sah, waren die Vorahnungen ins Gesicht geschrieben. Ich lechzte nach irgendjemandem, der wenigstens im Ansatz noch so dachte wie ich. Verdammt noch mal, Sophia war nicht tot, und doch vermittelte jeder mir den Eindruck, dass es bald so weit sein musste. Wir, Sophia und ich, kämpften immer noch Seite an Seite gegen den Krebs, noch hatte er nicht gewonnen. Sophia würde es dem Krebs schon noch zeigen. Und allen, die jetzt an ihren Tod dachten. Ja, verdammt noch mal, das würde sie! Es mag egoistisch klingen, wenn ich schreibe, dass ich Seite an Seite mit Sophia diesen Krieg gewinnen wollte – als wäre ich der einzige gewesen, der noch auf ihrer Seite stand. Natürlich wollten auch Karen, Sarah und all die anderen, die mit uns hofften und bangten, den Krebs besiegen. Sie hatten sich aber ihren Blick für die Realität bewahrt. Sich irgendwie gewappnet für das, was kommen sollte. Mir hingegen fehlte absolut der Bezug zur Realität, ich wollte, ich konnte nicht sehen, was sich anbahnte.

Der Abend nahte, Sophia war schon ein Stück entfernt von uns. Ich weinte, schluchzte, versuchte mit ihr zu reden, aber außer unverständlichem Gemurmel hörte ich von meiner Maus nichts mehr.

Doch das, was Sophia ausmachte, redete ich mir immer noch ein, würde wieder zurückkehren. „Noch ein paar Tage durchhalten, wenn sie frisches Blut bekommt, geht es ihr wieder besser, ganz sicher."

Früher hatte sie sich beharrlich geweigert, auf den Topf zu gehen. Immer wieder betonte meine Maus, dass sie doch schon groß sei und alleine auf das große Klo könne. In den Tagen vorher hielt Sophia streng daran fest. Bis zu diesem Tag, da ließ sie sich auf einmal aufs Töpfchen setzen. Das Medikament Lasex trieb normalerweise die Flüssigkeit aus dem Körper, doch alles, was jetzt aus Sophia herausfloss, war eine winzige Menge dunkelrot gefärbten Urins. Sie war zu schwach, um noch länger auf dem Topf zu sitzen. „Hinlegen, Kopfweh und Bauchweh." Das war alles, was sie noch sagen konnte.

Die Nacht begann mit ständigen Versuchen, Sophias Körper endlich Urin und Kot abzuringen. Sophia schrie und weinte, der Schweiß lief ihr übers Gesicht. Auch Stunden später in der Nacht versuchte sie es noch, aber ihre Kräfte ließen zusehends nach. Wenn sie auf dem Topf saß, zitterten die kleinen Beinchen vor Erschöpfung. Mit markerschütternder Stimme schrie sie immer wieder: „Es tut so weh, Mama, es tut so weh." Die Nerven lagen vollkommen blank. Das Schreien von Sophia wollte nicht enden, doch es kam nichts aus ihr raus. Und genau in diesem Moment tat ich etwas, das ich mir nie verzeihen werde. Sophia war überhaupt nicht mehr zu beruhigen, ich nahm sie fest an beiden Schultern und wurde laut: „Sophia, es nützt nichts, wenn du so schreist! Du musst da durch, es geht nicht anders. Aber es wird wieder besser." Mit weit aufgerissenen Augen, die ich nie vergessen werde, schaute sie mich an und brüllte zurück: „Ich weiß, aber es tut so weh." Ich ließ sie los, im gleichen Augenblick schämte ich mich ins Bodenlose. Was verlangte ich von ihr? Wahrscheinlich war ich auf eine ganz andere Art genauso weit weg von der Realität wie Sophia. Ich hatte überhaupt kein Recht, sie anzuschreien, und tat es trotzdem, weil ich erreichen wollte, dass sie wieder die Kontrolle über sich bekommt und gesund wird. Nein, das kann und werde ich mir nicht verzeihen.

Dann passierte in diesem Alptraum, der Wirklichkeit war, noch etwas. Sophia legte sich hin, und ihr Darm gab den Inhalt frei, der dünnflüssige Kot lief überall in unserem Bett herum. Sophia erschrak so sehr über sich selber, dass ihr Heulen und Wehklagen immer lauter wurde. Zwei- oder dreimal wiederholte sich diese Entleerung, unser Schlafzimmer war erfüllt von einem widerlichen Geruch nach Kot und Urin. Aber das spielte keine Rolle, Karen und ich waren einfach nur froh, dass Sophias Körper endlich ausgeschieden hatte. Doch Sophia weinte weiter und sagte schuldbewusst zu Karen: „Entschuldigung, Mama, aber ich kann nichts dafür." Sobald diese Situation, so wie jetzt beim Schreiben, wieder plastisch vor mir steht, möchte sich mein Innerstes vor Schmerz nach außen kehren. Ihr Körper hatte schon fast aufgehört zu arbeiten, und für Sophia war es nun das Allerschlimmste, dass sie es nicht geschafft hatte, das Töpfchen zu erreichen. Meine Maus wollte auch hier in dieser furchtbaren Nacht ihre Würde nicht aufgeben. Immer noch waren ihre Selbstachtung und ihr Stolz immens. In diesem Moment blitzte die alte Sophia wieder auf. Karen tröstete sie und sagte ihr, dass ihr keiner deswegen böse sei, was ihr sichtlich gut tat.

Total erschöpft sank sie in einen unruhigen Schlaf, der gerade mal eine Stunde anhielt, bis zu einer erneuten Entleerung. Der Urin dunkelrot, der Kot übelriechend, und trotzdem war ich so froh, unendlich froh darüber, dass alles aus ihrem Körper kam. Hoffnung keimte in mir auf. Wenn Sophias Organe wieder arbeiteten, stimmte das ja wohl, was ich vorhin viel zu laut gesagt hatte: „Es wird wieder besser." Ja, Sophia würde nun dieses dunkle Tal durchschreiten, danach würde es aufwärts gehen, bestimmt schon bald. Mit diesem tröstlichen Gedanken fiel auch ich in einen Kurzschlaf, bis Sophias Schreien ihm ein Ende setzte. Den Rest der Nacht verbrachte ich unten auf dem Sofa, um Kraft für einen weiteren Tag zu schöpfen. Bevor ich im Wohnzimmer wegdämmerte, dachte ich: „Durchhalten, durchhalten, es wird besser. Die Krankheit gibt auf, ihre Organe arbeiten wieder."

Das kann nicht sein

Als ich im Morgengrauen ins Schlafzimmer kam, lag Sophia vollkommen kraftlos und röchelnd im Bett. So schwach hatte ich sie noch nie gesehen. „Sie bekommt heute Blut und Thrombozyten, es wird dann gleich besser, keine Frage", hämmerte es in meinem Kopf. Ich rief bei Marion an, schilderte ihr den Verlauf der Nacht und hoffte, nun von ihr zu hören, wie wir Sophia die Wartezeit bis zur Transfusion erleichtern konnten. Marion stockte erst, aber dann sprach sie es aus: „Michael, ihr müsst davon ausgehen, dass es bald vorbei ist." Moment, was sagte sie da? Auf mein Nachfragen entgegnete sie: „Das, was du mir geschildert hast, ist das Endstadium. Ich komme sofort zu euch." Ich starrte den Hörer an. Sophia sollte sterben? War Marion verrückt geworden? Wie durch einen Nebel hörte ich Karen, die mich immer wieder fragte: „Was hat sie gesagt, was hat sie gesagt?" Endlich verzog sich der Nebel so weit, dass ich ihr erzählen konnte, was Marion vermutete. Karens Augen füllten sich mit Tränen. Beide sahen wir Sophia an, die nun ihre Augen aufschlug. Sie konnte nicht aufstehen, wollte in Karens Armen kuscheln. Das Bild habe ich fast unheimlich deutlich im Kopf: die beiden friedlich, zärtlich, fast so wie immer. Wir alle waren übermüdet, ausgelaugt, aber mit dem Telefongespräch wurden von irgendwoher neue Kräfte mobilisiert. Auch das Röcheln hatte sich erheblich verbessert. Karens Blick traf mich, sie dachte dasselbe wie ich: „Das kann nicht sein, Marion muss sich irren." Ja, die Atmung war ja jetzt besser, wie konnte uns Marion nur so abgrundtief erschrecken? Mir fiel ein, dass ich neulich zu Karen gesagt hatte, Mitte Februar würde alles vorbei sein. „Alles vorbei" hieß für mich Gesundung, nicht Tod. Und wir hatten noch so viel Zeit für die Gesundung, es war ja erst der 5. Februar. Alles in mir stemmte sich gegen das gerade geführte Telefongespräch.

Es klingelte, Marion war da. Sie schaute sich Sophia genau an. Ich hing an ihren Lippen. Mensch, sie musste nun doch endlich sagen, dass es nicht stimmte! Sie sagte nichts, nickte nur, bekräftigte stumm ihre Diagnose von vorhin. Karen weinte. Mein ganzer Körper spielte verrückt. Das Zittern war nicht mehr zu kontrollieren. Der Rollladen, der Rollladen musste hoch. Sophia brauchte Licht. Viel Licht. Keine Gardinen, sie sollte hinausschauen können. Mein Kopf wollte explodieren. Die Mauer, mit der ich die Realität ausgesperrt hatte, zerstob wie eine Sandburg im Sturm. Wir waren wie betäubt, unfähig zu denken oder zu handeln. Aber jetzt nahm Sophia das Ruder in die Hand. Meine Maus leitete uns nun. Die Dinge, die ihr wichtig waren, organisierte sie. Zuallererst Sarah.

Sie kam in unser Schlafzimmer, sah uns völlig aufgelöst und den Zustand, in dem Sophia sich befand. Auf dem Absatz machte sie kehrt und wollte in ihr Zimmer zurück. Im Flur fing ich sie ab, ich musste angsteinflößend auf sie wirken mit den wirren Haaren und den roten Augen. „Sarah, wir wissen nicht, wie lange Sophia noch lebt. Die Wahl liegt bei dir, du kannst in die Schule gehen oder hier bei Sophia bleiben." Ihr Blick hing am Flurboden fest. „Ich gehe lieber in die Schule." Ihre Angst war spürbar, sie wollte nur noch weg. Die Stimme hinter uns gehörte Sophia, trotz ihrer Schwäche lag Kraft darin: „Nein, Sarah, bitte bleib da!" Ich hätte Sarah gehen lassen. Immer noch mit dem Fünkchen Hoffnung, dass Sophia es schafft. Dass die zwei Geschwister sich am Mittag wieder sehen. Alles wieder gut wird. Dieses Fünkchen wurde rasend schnell kleiner. Sophia wusste bereits, wie wichtig es für Sarah in der Zukunft sein würde, dass sie bis zum Ende bei ihr blieb. Sie fing nun an, die Leute um sich zu scharen, die ihr wichtig waren. Auf meine Frage, ob ich meine Schwiegereltern und meine Mutter anrufen sollte, antwortete sie klar und deutlich, wieder mit viel Kraft in der Stimme: „Ja, Oma und Opa und Steffi-Oma sollen kommen." Jetzt war es so weit, mein Widerstand verschwand, ich fragte sie: „Mausi, gehst du jetzt zur Cindy?" Ein langgezogenes „Jaaa" kam über ihre Lippen. Der Ausdruck in ihrer Stimme hallt noch immer in meinem Kopf nach.

Freude, Erlösung schwang darin mit, wie bei jemandem, der endlich nach Hause darf. Meine nächsten Worte wurden von Tränen erstickt: „Wenn du gehen musst, dann geh, Mausi. Papa ist dir nicht böse. Geh zur Cindy. Ich hab dich so lieb, Süße." Ihre Antwort hörte ich nicht, alles ging in dieser Sekunde unter in Schmerz. Später sagte Karen mir, Sophia habe geantwortet: „Ich dich auch, Papa." Mit diesen Worten sank sie ins Kissen, schloss die Augen und sprach nicht mehr, nur ihr rasselndes Atmen war noch zu hören.

Sie schafft es – alle sind da

Die Omas waren schnell telefonisch verständigt. Der Opa war gerade in einer Schule mit Vorträgen beschäftigt. Es würde länger dauern, bis man ihn von Sophias Zustand unterrichtet hatte. Sophia hielt durch. Es fehlten ihr einfach noch die Menschen, die sie unbedingt noch einmal sehen wollte. Die Atemmaske mochte sie nun gar nicht mehr tragen, mit Händen und Füßen wehrte sie sich dagegen. Eigentlich hatte Karen die Anrufe erledigen wollen, aber Sophia ließ sie nicht weg: „Mama, Mama." In dieser Wartezeit fiel Sophia immer wieder in eine Art Delirium. Die Laute, die aus ihrem Mund kamen, glichen eher einem Krächzen als Schreien. Ihr Zustand veränderte sich von Minute zu Minute. Sie wurde durch die Giftstoffe betäubt, die nun in ihrem Körper nicht mehr abgebaut wurden. Marion bot uns an, das Morphium zu verringern, weil sie unsere Angst spürte, Sophia dadurch schneller zu verlieren. Nach einem kurzen Blickkontakt waren Karen und ich uns einig, die Dosis beizubehalten – sie sollte ohne Schmerzen gehen. Sarah war die ganze Zeit damit beschäftigt, Bilder und Briefe für Sophia zu gestalten. Sie hatte für sich einen Weg gefunden, mit dieser unvorstellbaren Situation umzugehen.

Es klingelte. Ich stand vom Bett auf, um die Omas hereinzulassen, dabei stieß ich eine auf dem Boden stehende Kaffeetasse um. Den Fleck haben wir nie gereinigt. Heute wirkt er auf mich wie eine Zeitmaschine. Ich hasse ihn. Wenn mein Blick auf ihn fällt, bin ich sofort wieder in diesem Vormittag, die Dunkelheit umfängt mich augenblicklich. Trotzdem bin ich nicht in der Lage, den Fleck zu entfernen.

Die zwei Omas gruppierten sich um unser Bett. Sophia lag mittlerweile auf meiner Seite, das Atmen wurde immer schwerer. Nackte Angst, Panik kroch in uns hoch. Sie schlug die Augen auf, registrierte sehr wohl, dass nun fast alle da waren. Plötzlich schrie sie aus Leibeskräften: „Kässpätzle!" Ihr Lieblingsessen. Wollte sie das haben? Ich hatte keine Ahnung, wusste gar nichts mehr. Sophia, durchhalten, halt irgendwie durch.

Der Opa fehlte noch, Sophia hielt weiterhin durch. Die Atemmaske ließ sie sich nach wie vor nicht aufsetzen. Mit einem Zorneskrähen schlug sie die Maske immer wieder weg. So viel Stärke selbst in diesen letzten Stunden. Sophia bestimmte den Ablauf, nicht die medizinischen Notwendigkeiten.

Es klingelte wieder, Marion machte auf. Der Opa war endlich da, auch er setzte sich ans Bett. Nun hatte sich der Kreis geschlossen. Sophia hatte es tatsächlich geschafft. Alle, die sie bei sich haben wollte, waren da. Marion fragte, ob sie nun gehen solle, damit wir als Familie diese Zeit alleine hätten. Durch die Tränen hindurch schaute ich Karen an, wir waren uns einig, und Karen sagte zu Marion: „Du hast uns die ganze Zeit begleitet, dein Platz ist hier bei uns, bei Sophia." Karen sagte: „Vielleicht haben wir noch Zeit, Zeit mit Sophia? Durch den ganzen Schmerz sprach mein Herz klar und deutlich: „Sophia wird den heutigen Tag nicht überleben." Die ganzen Hoffnungen und Durchhalteparolen, alles war weg.

Sophia war nicht mehr ansprechbar, sie wehrte sich nicht mehr gegen die Atemmaske. Immer mal wieder schlug sie die Augen auf, aber ihr Blick wirkte glasig. Ihre Willenskraft bewies sie aber noch in den letzten Minuten. Sophia konnte es nie ertragen, die Bettdecke über den Füßen zu haben. Steffi-Oma deckte sie aber zu, und mit der letzten übermenschlichen Anstrengung, begleitet von einem langgezogenen „Nein", strampelte Sophia sich noch mal frei. Meine Augen hingen wie hypnotisiert an der Atemmaske. Beschlug sie noch? Ich wollte Sophia mit dem Ding nicht bedrängen. Damit die Maske nicht auflag, hielt ich sie mit der Hand an ihr Gesicht. Marion prüfte mit einem Stethoskop das Herz. Ihr Blick war finster, wie festgefroren. Das Beschlagen der Maske wurde schwächer, Panik erfasste mich. „Marion, tu was, tu doch was!", hörte ich mich schreien. Und dann passierte es: Die Maske beschlug nicht mehr. Wirr ging mein Blick hin und her, von der Maske zu Sophias Brust. Das Heben und Senken war kaum noch zu sehen, hörte auf. Eine fürchterliche, dreimalige Schnappatmung setzte ein. Schnelles, ruckartiges Ein- und Ausatmen. Und dann nichts mehr. Kein Leben mehr? Keine Sophia mehr? Ihre Brust musste sich doch wieder heben, verdammt noch mal. Sophia, bitte, atme, atme doch! Keine Bewegung mehr.

In diesem Moment fiel seltsamerweise alles von mir ab. Ich wurde völlig ruhig. Keine Panik, keine Angst, keine Wut. Meine Hände suchten Sophias Brust. Ich legte sie darauf, sprach immer wieder den gleichen Satz: „Mausi, geh gut, geh gut hinüber." Alles brandete in diesen Sekunden an mir vorbei, die ganzen Tränen, das Schluchzen um mich herum. Nichts war wichtig, nur meine Hände auf ihre Brust zu legen und sie ein letztes Mal zu begleiten. Als dieser Moment vorbei war, brach ich völlig zusammen. Ich habe keine Ahnung mehr davon, was in den nächsten Minuten geschah. Ich fand mich angelehnt an der Terrassentür im Wohnzimmer wieder, rauchend und zitternd. Völlig außer Kontrolle, alles war schwarz. Marion war hinter mir, hielt mich fest.

Ich ging wieder rauf, wollte bei Sophia sein, wollte mit Sophia gehen. Ich legte mich zu ihr, kuschelte mich schutzsuchend an sie, war überzeugt davon, auch ich könnte aufhören zu atmen. Sophia musste mich mitnehmen. Es ging nicht anders. Der Kampf gegen den Krebs, den wir gewinnen wollten, war verloren. Aus, Ende, für mich gab es keine Zukunft mehr. Das konnte sie mir nicht antun, mich einfach hier zurücklassen! Es musste mir gelingen, wieder bei ihr zu sein. Vielleicht war sie ja noch nicht ganz weg. Ich wollte ihre Abreise erwischen, bemühte mich, mit hinüberzugehen, aber mein Brustkorb hob und senkte sich. Das Leben wollte, verdammt noch mal, nicht aus mir weichen. Mein Wunsch, Sophia zu folgen, ließ sich nicht in die Tat umsetzen. Anfassen konnte ich meine Maus. Ihre Haut war warm. War Sophia weg? Oder nur ein bisschen warten, und sie würde wieder atmen? Sophia tot? Kann nicht sein. Das letzte Mal ihre Stimme gehört? Für immer? Nie mehr in ihre leuchtenden Augen schauen? Hier stimmte etwas nicht. Irgendjemand musste mich wecken, bevor dieser Alptraum mich zerstörte.

Die Realität hatte nun einen gewaltigen Riss, nichts drang mehr so richtig zu mir durch. Karen weinte und schluchzte, ihre Seele brach. Wir lagen uns in den Armen, und ich sagte zu ihr: „Wir müssen das überstehen, wir werden das überstehen." Überzeugungskraft lag aber nicht in meinen Worten. Es klingelte. Marion machte die Tür auf, Pfarrer Dinkel stand davor und sagte: „Ich hatte einfach das Gefühl, vorbeikommen zu müssen." Marion teilte ihm mit, dass Sophia tot ist. Sein Gesicht sprach Bände, als er unser Schlafzimmer betrat. Sehr viel Mensch stand da und sehr wenig Pfarrer, er hatte Tränen in den Augen. Diddi, der Onkologe, war plötzlich auch da. Gesehen habe ich ihn im Wohnzimmer. Plötzlich stand ich unten und war nicht mehr im Schlafzimmer. Er gab mir zwei Tabletten, zur Beruhigung. Beruhigter fühlte ich mich nicht, ich fühlte nur Dunkelheit.

Wieder rauf ins Schlafzimmer. Es sah so aus, als würde Sophia schlafen. Karen sagte, wir müssten sie nun umziehen. Ihr Prinzessinnenkleid aus Disneyland sollte sie auf ihrer letzten Reise begleiten. Das Kleid, in dem sie so glücklich gewesen war. Wie hatten ihre Augen an diesem Wochenende gestrahlt, wie fröhlich hatte sie gelacht, so lebendig war sie gewesen. Jetzt fühlten sich ihre Glieder schlaff und kraftlos an. Als meine Hände das Riemchen an ihrem Lackschuh schlossen, sah ich durch den Tränenvorhang nur noch schemenhaft. Karen holte Sophias Lieblingsspielzeugtiere und bunte Steine, legte sie auf den Nachttisch, in die Mitte stellte sie Sophias Taufkerze. Sarah brachte ihrer Schwester Briefe und Zeichnungen, schob sie ihr unter den Arm. Sarahs Blick war starr, sie hatte sich innerlich zurückgezogen. Ich war froh darüber, nur so würde sie diesen Tag überstehen. Sophia hatte auch noch einen Stoffhund, den sie Cindy nannte. Es war unheimlich wichtig, dass Cindy mit ihr ging. Cindy kam auf ihre linke Seite, ich legte ihre zarte, weiche Hand auf das Stofftier. Als das alles erledigt war, standen wir drei vor dem Bett. Meine Süße wirkte wirklich wie eine Prinzessin, die schlief, die sich ausruhte, bevor sie eine große Reise antrat. Eine Reise weit von uns weg.

Pfarrer Dinkel regelte die Dinge mit dem Bestattungsunternehmen. Wir wollten Sophia bis zum Abend bei uns behalten, um noch allen, die das Bedürfnis hatten, die Möglichkeit zu geben, von ihr Abschied zu nehmen. Verwandte und auch sehr viele von unseren Bekannten kamen ins Schlafzimmer, das nun eine friedliche Aura hatte. Wer alles dabei war, weiß ich nicht mehr. Bis in die Abendstunden saßen wir bei meinem Erdbeerohr. Ich konnte meinen Blick nicht von ihrem Gesichtchen lösen. Sie schlief doch nur. Entspannter, ruhiger als sonst, wenn ihren Körper Schmerzen plagten. Das Gesicht veränderte sich von Stunde zu Stunde, weg vom Tod, hin zum Schlaf. Als Roger und Corinna, die uns nie im Stich gelassen hatten, das Zimmer betraten, wurden der Schmerz und die Endgültigkeit für mich wieder fühlbarer. Die traurigen Mienen unserer Freunde holten mich zurück aus dem tranceähnlichen Zustand, in dem ich mich befand.

Der Bestattungsunternehmer tauchte irgendwann in den Nachmittagsstunden auf. Er ließ uns sämtliche Freiheiten, gab uns nichts vor. Wir konnten diesen Tag so verbringen, wie wir es wollten, wie Sophia es gewollt hätte. Außer der Untersuchung, die der Arzt machen musste, fand nichts mehr statt, was Sophias Frieden störte. Der Bestattungsunternehmer wollte lediglich wissen, was für ein Bild und was für ein Spruch auf das Sterbebild sollte. Ich bin fast überzeugt davon, auch hier leitete Sophia mich. In der Phase, als wir alle dachten, sie wäre gesund, war Sophia – wie schon gesagt – ganz aufgeregt, wenn sich ein Fotograf im Kindergarten angemeldet hatte. Eins von diesen Fotos suchte ich nun aus. Das, auf dem sie in die Kamera strahlt, die langen blonden Haare zu Zöpfen gebunden, der Schelm blitzt aus ihren Augen. Dieses Foto musste es sein. Jeder sollte sehen, dass Sophia nicht nur aus Krankheit bestanden hatte, sondern auch aus Kraft, so viel Licht und Leben. Der Spruch war plötzlich in meinem Kopf. Ich hatte überhaupt nicht darüber nachgedacht, er war einfach da: „Es spielt keine Rolle, wie alt man wird, es spielt eine Rolle, wie man gelebt hat." Ein Satz, der Sophia genau beschrieb.

Der Abend kam. Pfarrer Dinkel machte eine Aussegnungsfeier. Das Schlafzimmer war voll mit Menschen, ich habe nicht mehr die geringste Ahnung, wie viele da waren. Auch was der Pfarrer sagte, habe ich nicht aufgenommen. Vielleicht ist das auch gar nicht so wichtig, die Atmosphäre war so, wie es Sophia entsprach. Hier ging eben nicht ein Mensch, der reich an Jahren war, hier ging ein Mensch, der in seinem kurzen Leben ganz tiefe Spuren hinterlassen hat. Wie tief diese Spuren waren, und wie viele Menschen Sophia, ohne dass wir uns dessen bewusst waren, erreicht hat, sollten wir später noch erfahren.

Die Aussegnungsfeier war zu Ende. Während das Zimmer sich leerte, stand ich unbeweglich am Fußende des Bettes und betrachtete sie. Mir war nicht bewusst, dass der weiße Sarg schon im Wohnzimmer auf Sophia wartete. Pfarrer Dinkel erinnerte mich daran. Der Moment war gekommen. Jemand musste es tun. Und es war meine Aufgabe. Die Erinnerungen an den Tag, als ich Sophia nach ihrer Geburt in einer Babytasche in unser Haus getragen hatte, wurden wach. Trotz des

Schmerzes, kaum auszuhalten, wollte ich sie nun nach unten bringen. Alle anderen hatten sich dort versammelt. Karen war bei mir, wollte mir helfen, aber dieser Weg die Treppe hinunter sollte meiner sein. Meine Arme griffen unter Sophia, vorsichtig, ich wollte ihr nicht wehtun. Sophia war schwer. Ihr Kopf ruhte auf meinem Arm, ich schaute in ihr Gesicht. Schlag doch die Augen auf, mach, dass alles ein furchtbares Missverständnis war, bitte! Nichts passierte. Sie schlief, schlief so fest wie die unzähligen Abende, an denen ich meine Maus in ihr eigenes Bett getragen hatte, wenn sie mal wieder in unserem Bett eingeschlafen war. Unser Weg ging aber nicht in ihr Zimmer, er führte die Treppe hinab. Langsam. Jeder Schritt kostete mich eine unglaubliche Überwindung.

Im Wohnzimmer sah ich den Sarg offen stehen. Viel später wurde mir gesagt, das Zimmer sei voller Menschen gewesen. Ich habe sie nicht wahrgenommen, ich sah nur den Sarg. Das Susi-und-Strolch-Kissen, das Sophia zu Weihnachten bekommen hatte, lag schon darin. Nun bettete ich sie hinein. Karen legte die bunte Bettdecke über ihren Körper. So konnte sie weiterschlafen. Die Briefe, Zeichnungen von Sarah und der Plüschhund Cindy kamen hinzu. Entspannt und friedlich lag sie da. Ihr Gesichtsausdruck hatte sich mittlerweile so verändert, dass man annehmen konnte, Sophia hätte einen angenehmen Traum. Etwas war mir ganz wichtig. Wir zwei hatten ja eine spezielle Liebkosung, unser Öhrchenschlecken. Ich drehte ihren Kopf, um sie ein letztes Mal so zu liebkosen, erst das eine Ohr und dann das andere. Viele von den Anwesenden konnten mit diesem Verhalten wahrscheinlich nichts anfangen, aber das war mir egal. Dies war unser Moment. Nun folgte das, was grausamer nicht sein kann. Ich hob den Sargdeckel hoch und schloss ihn über Sophia. Wenn die eigene Seele für eine gewisse Zeit den Körper verlassen kann, dann passierte das bei mir genau in diesem Moment. Die Schrauben verankerten sich im Unterteil des Sarges. Jede Umdrehung ist festgebrannt in meinem Kopf.

Der Friedhof lag vielleicht zweihundert Meter von unserem Haus entfernt. Roger und zwei weitere Männer hatten sich bereit erklärt, mir dabei zu helfen, den Sarg zu Fuß dorthin zu bringen. Ich empfand es als Privileg, Sophia auf diesem letzten Weg zu tragen. Nichts hätte mich davon abbringen können. Der Gedanke, Sophia in einem schwarzen Auto zu befördern, kam mir überhaupt nicht.

Realität?

Karen mit Sophias Taufkerze in der Hand schritt voran, vor dem weißen Sarg her, in dem unser Kind lag – noch heute bewundere ich sie sehr dafür. Roger trug den Sarg neben mir, so war, wie die ganze Zeit zuvor, mein Freund an meiner Seite. Hinter den beiden anderen Trägern folgte der Trauerzug; alle, die im Wohnzimmer gewesen waren, begleiteten Sophia. Still war es auf den Straßen, weder Menschen noch Autos. Niemand von uns sprach, außer unseren Schritten war nichts zu hören. In der Aufbahrungshalle waren schon zwei große weiße Kerzen entzündet, Sophias Ruhestätte bis zum unwiderruflich letzten Gang war erreicht.

Wir verließen meine Süße, gingen weg vom Friedhof. Sie da draußen in der Aufbahrungshalle zu wissen war unerträglich. Für mich war es so, als würden wir Sophia im Stich lassen. Zu Hause angekommen, verabschiedeten sich die Trauergäste; nur die Omas, Opa und mein Schwager blieben bei uns. Mein Schwiegervater bemerkte, dass wir alle den ganzen Tag noch nichts gegessen hatten. Er fuhr los, um Pizzas zu organisieren. Wut stieg in mir hoch: Wie konnte er jetzt nur ans Essen denken? Mir ist bewusst, dass er einfach nur irgendwas tun wollte. Sich einen Moment ablenken. Auch ihm ging es ganz bestimmt nicht um das Essen. Als er mit den Schachteln eintraf, kauten wir alle auf einem Stückchen Pizza herum. Jeder von uns hing seinen Gedanken nach. Danach ging auch dieser Besuch.

Karen, Sarah und ich waren allein. Stille breitete sich aus. Beängstigende Stille. Kein schweres Atmen, kein Rasseln der Lungen. Auch das Sauerstoffgerät brummte nicht mehr. Keine Sophia mehr? Tatsächlich keine Sophia mehr? War sie wirklich vor ein paar Stunden in diesem Bett, in dem ich nun neben Karen lag, gestorben? Tränen und Angst begleiteten den Übergang in einen traumlosen Schlaf.

Die Beerdigung sollte erst in fünf Tagen sein, das hatte Pfarrer Dinkel vorgeschlagen – dieser Mann war ein Geschenk des Himmels. Er benötige mehr als die übliche Zeit, hatte er zu Karen und mir gesagt, weil er sich intensiv mit der Geschichte Sophias auseinandersetzen wolle. Der Gottesdienst müsse sie sichtbar für alle machen, ihren starken Willen und ihr kämpferisches Leben widerspiegeln. Das war ganz in meinem Sinne. Ich wollte, dass die Trauerfeier so wird, wie sie Sophia gefallen hätte. In den Tagen vor der Beerdigung übernahm Karen alles, was zu erledigen war. Ich bin ihr so dankbar dafür. Hätte sie die Kraft nicht gehabt, wäre nichts erledigt worden. Mich zog es fast die ganze Zeit über in die Aufbahrungshalle zu Sophia. Es war bitterkalt, Karen machte sich Sorgen um mich. Aber nichts hätte mich davon abbringen können.

Die Halle war recht klein, nur zwei Aufbahrungskammern, die zweite war nicht belegt, so war ich mit Sophia allein. Wenn ich den Sargdeckel beiseite gelegt hatte, setzte ich mich zu ihr und betrachtete sie. Wie oft ertappte ich mich bei dem Gedanken, meine Maus aus dem Sarg zu nehmen und wieder nach Hause zu tragen. Sophia gehörte doch zu uns, nicht unter die Erde. Ich streichelte ihre Hand, die auf der Stoff-Cindy lag, und erschrak über die Kälte. „Mausi, dir ist ja viel zu kalt", hörte ich meine eigene Stimme. Karen und Sarah kamen von Zeit zu Zeit vorbei, um mich zu überreden, wenigstens mal zum Aufwärmen nach Hause zu kommen. Ich nahm sie kaum wahr. Die Aufbahrungshalle war nun mein Zuhause. Ein „Wohnzimmer", in dem mein Erdbeerohr und ich immer noch zusammen waren. Ich konnte hier nicht einfach so weg. Was, wenn sie plötzlich die Augen aufschlug? Ich musste doch auf meine Maus aufpassen. Die Außenwelt zerfloss zu einer vagen Ahnung. Hier drin in unserem neuen „Zuhause" war es besser. Wir waren zusammen.

Bei manchen Sachen, wie die Auswahl der Blumen für die Trauerfeier, zwang mich Karen regelrecht, Sophia zu verlassen. Danach ging ich immer sofort wieder zu ihr. Wer weiß, vielleicht brauchte sie mich? An der Auswahl der Lieder für den Gottesdienst beteiligte ich mich aktiv. Mir war wichtig, dass Sophias Lieblingslieder gespielt werden: Herbert Grönemeyers „Der Weg", Xavier Naidoos „Wo willst du hin?" und Laith al Deens „Jetzt, hier und immer". Nicht nur Kirchenlieder, zu denen Sophia keinen Bezug hätte. Wenn Sophia zuhörte, sollte sie denken: „Was für eine Feier!" Pfarrer Dinkel begnügte sich mit einem traditionellen Kirchenlied, alles wurde nach Sophias Wünschen geplant.

Auch meine Verwandtschaft aus Norddeutschland wollte zur Beerdigung kommen, 1000 Kilometer mit dem Zug. Es war gut zu wissen, diesen Rückhalt zu haben. Obwohl ich immer noch glaubte, alles sei nur ein Alptraum und Sophia würde leben. Wolfgang und Birgit aus Namibia hatte ich per Mail über Sophias Tod informiert. Die Rückmail trug die Überschrift: „Sophia bewegt die Welt". Darunter waren Mails aus England, Buenos Aires, Holland usw. aufgelistet. Birgit hatte all ihre Bekannten über Sophias Zustand auf dem Laufenden gehalten, und jede einzelne Mail war von Herzen geschrieben. Es war unglaublich, das alles zu lesen. So viele Menschen nahmen Anteil. Auch die Seelsorgerin aus München kam in die Halle, um sich von Sophia zu verabschieden. Sie saß sehr lange bei mir und Sophia, teilte mit uns das neue „Zuhause". Auch Leila, die Mutter von Sharon. Sie übergab mir einen Brief. Als sie gegangen war, las ich ihn Sophia vor. Jedes Wort darin von Herzen geschrieben. Sie hatte Sophia nur einmal gesehen, aber das hatte einen tiefen Eindruck bei ihr hinterlassen. Ja, es stimmte,

Sophia bewegte die Welt! Ihre Lebensspuren waren bei so vielen Menschen in die Seele gedrungen.

Der Tag der Beerdigung nahte, immer mehr hatte ich das Gefühl von Bedrängnis, Zeitnot. In der Halle konnte ich bei Sophia sein, sie berühren; wenn sie im Grab lag, nicht mehr. Ihr süßes Gesichtchen schien sich zunehmend zu entspannen. Eines Morgens schien der Tod so daraus gewichen, dass ich jede Sekunde damit rechnete, Sophia öffnet ihre Augen. Der Riss in der Realität vergrößerte sich zum Abgrund. Immer wieder hörte ich meine eigene Stimme sagen: „Mausi, atme, bitte atme wieder!" Ich konzentrierte mich auf ihren Brustkorb. Er würde sich wieder bewegen. Ich musste es nur genug wollen, Sophia musste es wollen. Nichts passierte. Oft versuchte ich, ihre kleinen Hände zu wärmen. Doch sie blieben kalt, so fest ich sie auch in den meinen hielt. In der Nacht vor der Beerdigung streichelte ich ihre kurzen blonden Haare. Sie roch so gut, wie frisch gebadet, dabei hatte sie doch zuletzt so sehr schwitzen müssen. „Mausi, bitte zeige mir, dass du noch existierst! Du hast mir doch versprochen, dass du dich meldest, wenn du bei der Cindy bist." Nichts. Dunkelste Verzweiflung umgab mich, als ich den Deckel des weißen Sarges schloss.

Der Vormittag fing mit einer seltsamen Ruhe in meinem Herzen an. Es sollte eine evangelische Trauerfeier werden. Pfarrer Dinkel befürchtete, dass sein Gemeindehaus zu klein für den erwarteten Andrang wäre, darum hatte er bei seinem katholischen Kollegen dessen große Kirche „ausgeliehen". Mit Pfarrer Dinkel stellte ich in diesem Gotteshaus die Stereoanlage für Sophias Lieder auf. Um sie zu testen, spielte er ein Lied an. Xavier Naidoos „Wo willst du hin?". Ich stand etwa in der Mitte der Kirche, schaute zur Decke, allerlei gemalte Gestalten tummelten sich da. Ein Engelchen entdeckte ich. Sophia da oben? Warum steh ich hier überhaupt? Meine Gedanken waren wirr. Die Strophe des Liedes drang wie ein Schwert in mich. „Denn es macht jetzt keinen Sinn, fortzugehen", schallte es. Die Tränen quollen mir aus den Augen. Der Blick immer noch festgenagelt auf der Decke. Sophia suchend? Mich suchend? „Der Kampf ist verloren und heute wirst du Sophia zum letzten Mal sehen", gnadenlos tönte diese Stimme in mir – nur weg von hier. Ein Versuch, dem endgültigen Abschied zu entrinnen.

Die Beerdigung fand um 14.00 Uhr statt. Ich ging nach Hause, um mich umzuziehen. Karen, Sarah und ich, alle in Schwarz. Es gab keine andere Farbe mehr. Auch aus der Umgebung waren die Farben gewichen, alles wirkte blass. Wie zu heiß gewaschen. Wir betraten den Friedhof am hinteren Eingang, durch den ich in den letzten Tagen so oft zu meinem neuen Zuhause gegangen war. Schon hier waren viele Menschen zu sehen, für mich nur als Schatten. Ich nahm überhaupt nichts richtig wahr. Leblos, genauso leblos wie Sophias Körper kam ich mir vor. Wie eine ferngelenkte Puppe steuerte ich zuerst die Halle an. Meine Verwandten aus Norddeutschland standen davor. Ich ging mit ihnen hinein und öffnete zum letzten Mal den Sargdeckel.

Als ich Sophia ansah, durchströmte mich ein Glücksgefühl. Ein Lächeln lag auf meinem Gesicht, ich durfte sie noch einmal sehen. Meine Verwandten allerdings standen erschüttert vor dem Sarg. Für mich war es eine Gnade, für die anderen war ihr Anblick ein Schock. Zu hören, Sophia sei tot, ist eine Sache. Sie zu sehen eine ganz andere. Dabei wurde ihr Gesichtchen immer hübscher. Gestern waren ihre Lippen noch blass und leicht bläulich gewesen, nun waren sie rot, wie geschminkt. Als wäre Sophia noch am Leben. Hatte sie der Tod doch nicht besiegt? Die letzten, unwiderruflich letzten Liebkosungen. Noch mal sanft die Haare streicheln, ihre Hand berühren, noch einen Kuss. Der letzte. Kann Sophia nun frei von Schmerzen Schlitten fahren? Mit uns, in diesem Leben, nie wieder. Ich schloss den Sarg wieder, dieses Mal für immer. Augenblicklich fühlte ich die Dunkelheit in mir, in der Sophia nun bis in alle Ewigkeit liegen sollte. Karen und Sarah nahmen mich bei der Hand, und wir machten uns auf den Weg zur Kirche. Wir liefen zusammen und doch jeder für sich. Karen und Sarah fühlten die Geschehnisse anders, jeder auf seine eigene Art. Jeder von uns nahm die „Realität" anders war.

Es ist alles nicht wahr

Sophia durfte nicht mit in die Kirche, das schrieb die bayrische Friedhofsordnung vor. Die Dame vom Friedhofsamt war hart geblieben. Keine Ausnahme möglich. Die Hauptperson, deren Leben im Gottesdienst widergespiegelt werden sollte, musste draußen bleiben. Bürokratie ohne Beispiel. Mein Schwager hatte eine Idee, für die ich ihm heute noch dankbar bin: ein riesiges Foto von Sophia auf einer Staffelei, umgeben von schwarzem Stoff; das mit der Rose, aufgenommen auf der Sababurg; platziert ganz vorne am Altar. So hatten wir doch noch erreicht, dass Sophia für alle sichtbar anwesend war.

Wir betraten die Kirche, ich sah Menschen, viele Menschen. Die Kirche muss so voll gewesen ein, dass einige sogar auf der oberen Empore standen. Ich hätte am liebsten alle mit den Worten nach Hause geschickt: „Es ist sehr nett, dass Sie gekommen sind, aber das hier ist ein großes Missverständnis, unsere Tochter ist nicht tot, sondern wohlauf." Wir setzen uns in die erste Kirchenbank, der Gottesdienst begann, Pfarrer Dinkel sagte etwas, aber ich verstand es nicht. Nichts von dem, was er so liebevoll vorbereitet hatte, bekam ich mit. Meine rotgeweinten Augen waren fixiert auf das Bild von Sophia, und meine Gedanken wanderten zurück zur Sababurg, wo diese Aufnahme gemacht worden war. Die Klänge des Liedes „Jetzt, hier und immer" rissen mich aus meinen Träumen. Wie oft haben wir das zusammen gehört und laut mitgesungen. Wie oft habe ich Kraft daraus geschöpft, wenn ich im Auto auf dem Weg nach München zu meiner Maus war. Unbesiegbar, dachte ich damals. Sophia ist unbesiegbar, und wenn wir alle stark genug sind und unser Bestes geben, wird sie am Ende gesund sein.

Und nun saß ich hier. Ein großes dunkles Tuch hatte sich über alle positiven, kämpferischen Gefühle gelegt. Ich wollte nur noch weg, raus hier, die Kirche im Laufschritt verlassen. Meine Beine wollten ständig aufstehen. Karen hielt meine Hand ganz fest. Roger saß irgendwo hinter mir und machte sich, wie ich später erfuhr, schon dazu bereit, mir nach draußen zu folgen. Meine Hände verkrallten sich in dem Holz der Kirchenbank. Meine Augen suchten Sophias Augen auf dem Foto. „Es ist nicht wahr, was hier geschieht, ist nicht real", hämmerte es in meinem Kopf. Wann ist dieser falsche Film endlich zu Ende?

Jetzt kam Herbert Grönemeyers „Der Weg" aus den Lautsprechern. In diesen Strophen ertrank ich regelrecht. Jedes Wort, jede Silbe spiegelte unsere eigene Geschichte wider. „Ich kann nichts mehr sehen, trau nicht mehr meinen Augen." Das war mir schmerzhaft vertraut. „Wir haben versucht, auf der Schussfahrt zu wenden." Meine Gedanken wanderten zu „dem lieben Mann", zu unserer Hoffnung, dieser Mann könne die Krankheit noch besiegen. „Nichts war zu spät, aber vieles zu früh." Zu früh? Zu früh war alles, was wir hier taten; was alle hier dachten, war falsch: dass meine starke, kämpferische Maus tot ist. Alles war falsch.

Der Gottesdienst war beendet, ich glaube, wir sind als erste aus der Kirche raus. Keine Erinnerung daran vorhanden, außer dass Jutta, eine Freundin meiner Frau, draußen rote Luftballons verteilte. Ohne dass es mir bewusst war, gelaufen zu sein, stand ich in der Aufbahrungshalle. Emil, ein Bekannter, und mein Bruder, die mit mir den Sarg tragen sollten, waren bereits hier. Nur der für mich wichtigste Träger fehlte noch: Roger. Der ganze Friedhof füllte sich, es war kein Platz mehr vorhanden, die Menschen standen sogar zwischen den Grabsteinen. Mit den Augen suchte ich die Menge nach meinem Freund ab. Wo war er? Karen lief los, um ihn zu suchen. Als einer der Letzten kam er aus der Kirche: Er wollte sich nicht in den Vordergrund drängen; er meinte, neben mir Sophias Sarg zu tragen, das stünde ihm nicht zu. Wer hätte es denn mehr verdient, diesen letzten Weg mit mir zu gehen, als Roger, der auch in den dunkelsten Zeiten zu uns gehalten hat? Der Platz neben mir war sein Platz.

Als wir Sophias Sarg anhoben, hatte ich plötzlich die Kraft dazu. Hinaus aus der Halle, vorbei an einem langen Menschenspalier. Ich dachte an das Grönemeyer-Lied „Der Weg", in dem es heißt: „Das Leben ist nicht fair." Nein, das war es nicht, verdammt noch mal! Sophia hätte mich auf meinem letzten Weg begleiten sollen, nicht andersherum. Mein Ziel war es, diesen Gang mit der Kraft und Würde zu bestreiten, wie sie es getan hätte. Ich hatte sie damals als Baby nach Hause getragen, ich würde sie auch nun zu ihrem letzten Platz tragen. Langsam, jeden Schritt bedächtig aufgesetzt, meine Augen in die Menschenmenge gerichtet. Jedem hätte ich gerne zugerufen: „Seht her, hier kommt eine große Kämpferin! Sie hat so viel mehr geleistet als manche, die 80 Jahre geworden sind." Bei diesem Gang war meine Wahrnehmung klar, glasklar: Alle, alle waren da, drückten im Vorbeigehen meine Hand, schauten uns an. Sogar der Zahnarzt von Sophia stand weiter hinten in der Menge; seine Augen, in denen Tränen schimmerten, strahlten eine für mich in diesem Moment wichtige Ruhe aus. Erklären kann ich es nicht, aber ich schöpfte aus diesem Blick Kraft. Das Grab war erreicht. Von der Halle bis hierher waren es vielleicht hundert Meter, aber nie mehr in meinem Leben werde ich einen längeren Weg gehen.

Sophia lacht – garantiert

Nun passierte etwas, wovon Karen immer noch überzeugt ist, dass sich Sophia darüber vor Lachen gebogen hat. Der Sarg sollte auf einer Befestigung über der Grabstelle abgesetzt werden. Emil stolperte dabei und geriet ins Taumeln. Wenn es mir nicht im letzten Moment gelungen wäre, ihn mit meiner freien Hand am Arm zu packen und sein beeindruckendes Gewicht zu stoppen, wäre er in die offene Grube gestürzt. Nach diesem Zwischenfall sprach Pfarrer Dinkel ein paar Worte. Dann trat Herr Rieß ans Mikrophon, um Sophia zu würdigen. Die letzten Worte las er in einer afrikanischen Sprache vor. Das hat Sophia sicherlich gut gefallen. Es lag in der Luft. Ihr Strahlen bewegte alle hier. Die Kinder aus ihrem Kindergarten sangen eins von Sophias Lieblingsliedern: „Wie schön, dass du geboren bist, wir hätten dich sonst sehr vermisst." Jeder Ton brannte in meiner Seele. Ich hatte Sophias Stimme noch im Ohr, sie sang es oft rauf und runter. Nie mehr würde ich es von ihr hören, nie, nie mehr. Die roten Luftballons wurden losgelassen, es waren so viele. Ein rotes Meer erhob sich gen Himmel. Karen rüttelte mich am Arm: „Da, schau, im Baum!" Genau vier von den roten Luftballons hatten sich im Geäst verfangen: für jedes Lebensjahr einer. Zufall? Auch von anderen Leuten wurde dieser „Zufall" registriert. Es gibt keine Zufälle.

Das Ende der Beerdigung nahte. Ich kniete mich nieder zu meiner Süßen, die nun durch das weiße Holz von mir getrennt war. Ich legte eine rote Rose darauf und ein Bild von uns beiden aus dem Krankenhaus. Auf die Rückseite hatte ich eine Botschaft geschrieben. Sie ist nur für sie bestimmt. Nun reihten sich alle ein, um uns ihr Beileid auszusprechen.

Wir hatten in der Todesanzeige auf den so oft benutzten Satz „Von Beileidsbezeigungen am Grabe bitten wir Abstand zu nehmen" bewusst verzichtet. Davon lassen sich die meisten sowieso nicht abschrecken. Und wir dachten, dass die Menschen, denen Sophia am Herzen lag, das Recht haben, ihrer Trauer Ausdruck zu verleihen. Und so war es auch: So viele Hände, die man gereicht bekam. So viele Menschen, die uns in den Arm nehmen wollten. Und ich hatte bei keinem den Eindruck, dass er es tat, weil es sich schickt. Es war diesen Menschen ein Bedürfnis, ihre Gefühle zu zeigen.

Nach der Beerdigung trafen sich alle, die wollten, im evangelischen Gemeindehaus zum Kaffeetrinken. Das war genau der Teil, gegen den ich mich entschieden gewehrt hatte. Für mich war die Vorstellung einfach grauenhaft, Sophia zu Grabe zu tragen und anschließend gemütlich beim Kaffee zusammenzusitzen. Aber Karen hatte sich durchgesetzt. Sie meinte, zumindest denen, die einen weiten Weg auf sich genommen hatten, müsse man etwas zu essen und zu trinken anbieten. Keine meiner Befürchtungen bewahrheitete sich. Es war sogar harmonisch. Im Gemeindehaus fanden sich alle ein, die in Sophias Leben Bedeutung hatten. Menschen begegneten sich, tauschten sich über Sophias Leben aus. Dabei kam nun auch etwas sehr Wichtiges zutage. Fast alle, die sich so um Sophia bemüht hatten, kannten sich auf eine Art und Weise. Waren sich vorher schon mal begegnet. Hatten beruflich früher mal miteinander zu tun, usw. Es war so, als schließe sich der Kreis der helfenden Hände.

Als sich die Trauergäste verabschiedet hatten, gingen wir noch mal zum Grab. Dann der Schock. Der Sarg war in die Grube gelassen worden, das Grab war zu. Ein riesiges Meer aus Blumen und Spielzeug bedeckte es. Und doch war der Schlag gegen die Seele heftig. Über Sophia nasse, kalte Erde. Meine Tochter dort unten? Nein, nein, nein: Ich würde gleich wieder aufwachen. Die Augen aufschlagen und die friedlich schlafende Sophia neben mir sehen. Ich konnte nicht mehr hier bleiben, es war zu viel. Nach Hause, nur nach Hause.

Die nächsten Tage verliefen in absoluter Trance. Kein Zeitgefühl, das Gespür für Tag und Nacht ging vollkommen verloren. Der Briefkasten quoll über von Beileidskarten. Viele der Umschläge hatten einen schwarzen Rand – unser ganzes Leben war eingefasst von diesem schwarzen Rand.

Trümmerhaufen

Nun taten sich große Risse auf zwischen Karen und mir. Karen ging mit ihrer Trauer völlig anders um. Heute denke ich, dass ihre Art auf alle Fälle die gesündere war. Sie versuchte, den Kontakt zum Leben nicht völlig zu verlieren, ging ihren alltäglichen Arbeiten nach. Ich versank in totaler Dunkelheit. Stundenlang saß ich vor unserem Kachelofen und sah zu, wie sich das Feuer langsam durch das Holz fraß. Weder zugänglich noch gesprächsbereit. Mein Körper war noch hier, aber mein Selbst hatte sich verabschiedet. Wenn Karen in diesen Tagen mit Sack und Pack verschwunden wäre, ich hätte es vielleicht nicht mal bemerkt. Sarah war am schlimmsten dran. Sie versuchte an mich ranzukommen, aber ich ließ es nicht zu. Karen konnte auch nicht die Kraft aufbringen, der Trauer von Sarah zu begegnen. Zerbrochen, zerschlagen, besiegt lagen wir alle am Boden, jeder auf seine eigene Art.

Auch mein Leben schien mit Sophias Tod beendet zu sein. Dieser Gedanke vom eigenen Ende ergriff immer mehr Besitz von mir. Früher habe ich oft gesagt: „Es gibt keinen Grund, sich selber das Leben zu nehmen." Ich weiß es jetzt besser: Es gibt einen Grund. Es existiert dann auch keine Angst davor, ins Unbekannte zu gehen. Viel sprach dafür, bei Sophia zu sein, und so gut wie nichts, hier weiterzumachen. Der Gedanke wurde verführerisch. Vollkommen fixiert auf Sophia ging ich durch den Tag. Das Autofahren wurde zu einer Kamikaze-Aktion. Wie oft habe ich mir fest vorgenommen, beim nächsten LKW, der vor mir auf der Autobahn ausschert, das Gaspedal runterzudrücken. Doch immer wenn dieser Tiefpunkt erreicht war, kam gerade keiner. Die zwei oder drei Stunden, die ich schlafen konnte, verbrachte ich auf der Couch im Wohnzimmer. Eingerollt mit dem Kopf zur Wand. Ob das Licht an oder aus war, spielte keine Rolle. Die Dunkelheit hatte den Ring geschlossen. So vergingen Wochen.

Die Seelsorgerin aus München gab mir einen Hoffnungsschimmer. Ich berichtete ihr am Telefon, wie sehr mich die Frage quälte, ob Sophia tatsächlich weiterlebte in einer anderen, für uns nicht sichtbaren Welt. „Gehen Sie doch mal zu einem Medium!", meinte sie: „Ich habe hier die Adresse von einer Mutter, die sehr gute Erfahrungen damit gemacht hat."

War das ein Anfang? Ich spürte, wie sich in meinem dunklen Innenleben etwas regte. Ein kleiner Funke blitzte da auf.

Skepsis war fast nicht vorhanden, als ich die Nummer der Mutter wählte, die den Schritt schon getan hatte. Wir kannten uns flüchtig aus der ersten Therapie. Sophia war einmal bei ihrer Tochter im Zimmer, als diese auf den Tod wartete. Die Mutter erzählte mir Unglaubliches. Dieses Medium sprach Dinge aus, die nur sie und ihre Tochter wissen konnten. Vielleicht würde das ja auch bei mir und Sophia klappen. Euphorische Gefühle, bis meine Gesprächspartnerin mich ausbremste. Dem Medium zufolge glücke ein Kontakt zu Verstorbenen erst nach einem halben Jahr. Ein halbes Jahr? Das hörte sich für mich an wie ein halbes Jahrhundert. Die Euphorie war wieder weg, hatte sich verabschiedet und der Dunkelheit die Klinke in die Hand gedrückt.

Zeichen

Und eines Nachts passierte es. Ich weiß nicht mehr genau wann, vielleicht drei oder vier Wochen nach Sophias Tod. Unser Wohnzimmer war mein Schlafzimmer geworden. Ich wollte, konnte nicht mehr in der oberen Etage schlafen. Die Nächte auf dem Sofa schienen kein Ende zu nehmen, nie kam ich vor drei Uhr zur Ruhe. In dieser einen Nacht erfüllte Sophia ihr Versprechen. Sie hatte mir gesagt, dass sie, wenn sie bei der Cindy ist, mein Schokoladenohr im Schlaf so lange schlecken wird, bis ich aufwache. Und so geschah es auch. Aber anders, als ich es mir gedacht hatte. Ich schlief, und plötzlich war mir so, als hörte ich eine weit entfernte Stimme, leise, nur ein Wort: „Papa?" Ich spürte etwas Feuchtes am Ohr und wachte auf – es war unsere neue Cindy, die mit ihrer großen, feuchten Zunge mein Ohr schleckte. Skeptiker werden jetzt sagen: Ja klar, Hunde machen so was manchmal. Stimmt. Aber Cindy hatte es davor nie gemacht, und auch danach tat sie es nie wieder.

War es wirklich Sophia gewesen? Dankbar, gleichzeitig schon wieder zweifelnd saß ich im Halbdunkel des Morgens. Das Vermissen schmerzte in der Brust und trieb für eine Weile die Dumpfheit aus meiner Seele. Nachdem die Geschehnisse dieser Nacht meiner Frau erzählt waren und sie fest überzeugt davon war, dass Sophia ihr Versprechen eingelöst hatte, konnte ich es wenigstens so stehen lassen. Ohne es wieder kaputtzudenken. Nagende Ungewissheit ist heute noch da.

Die nächsten Tage verliefen weiter wie in Trance, bis ich die Arbeit wieder aufnahm. Mein Job wurde zur Tortur. So viele Kinder kamen mit ihren Eltern in unseren Laden. Vorher war mir nie aufgefallen, dass so viele Kunden ihre Kinder mitbrachten. Mädchen mit langen blonden Haaren. Manchmal auch zu Zöpfen gebunden. Ähnlich gekleidet wie Sophia. Es war grausam. Sehr oft vergaß ich im Beratungsgespräch, um was es eigentlich ging. Ich nahm nur noch die Kinder wahr, seltsam, fast alle waren anscheinend genauso fasziniert von mir. Oft genug kämpfte ich bereits am Rande des totalen Zusammenbruchs, während mein Kunde immer noch nicht wusste, ob er den Sockel seines Hauses eine Nuance heller oder dunkler streichen sollte. Alles hier kam mir nur noch wahnsinnig vor. Die Kinder lächelten mich an, und ihre Eltern machten aus Belanglosigkeiten ein Riesenproblem. Ihnen war gar nicht bewusst, was für ein Glück sie hatten. Neben ihnen stand ein kerngesundes Kind, frei von irgendwelchen Schläuchen und Medikamenten. Ein normales Arbeiten war kaum noch möglich. Meine Batterie war auf dem Nullpunkt angelangt. Aber jeden Tag wartete die gleiche Quälerei auf mich.

Der Zigarettenkonsum stieg auf das Doppelte. Doch mein Körper versuchte von sich aus, so kam es mir vor, wieder auf die Füße zu kommen. Irgendwas trieb mich dazu, mein Training im Fitnesscenter wieder aufzunehmen. Lustlos. Ich lebte und eigentlich doch nicht. Was mir früher Spaß und Freude gemacht hatte, war nun nur noch hohl und leer. Nichts brachte meine innere Kraft wieder zum Vorschein. Alles, was mir blieb, war ein kleiner Hoffnungsschimmer durch dieses Erlebnis in der Nacht – vielleicht war Sophia ja nicht ganz verloren.

Irgendwie hatten Karen und ich es durch die Krankheit verlernt, an etwas anderes zu denken als an Medikamente und die nächsten Blutwerte. An einem Samstagabend übernachtete Sarah bei der Oma, und wir waren mit uns allein. Wir standen ratlos herum, jeder versuchte nun, etwas zu finden, womit er sich beschäftigen könnte. Da trafen sich unsere Blicke, und wir setzten uns hin, um zu reden. Heute glaube ich, dass unsere Ehe zerbrochen wäre, wenn wir an diesem Samstagabend nicht das Gespräch miteinander gesucht hätten. Weitere Gespräche folgten, wir fanden wieder zueinander und lernten es zu akzeptieren, dass wir mit der Trauer unterschiedlich umgingen. Das Innenleben des anderen zu verstehen wäre zu viel verlangt gewesen. Aber es zu sehen und zu tolerieren, das schafften wir.

Unsere „Frau Doktor mit Herz" aus München und die Krankenschwester, der wir den Disneyland-Ausflug verdankten, wollten Sophias Grab besuchen. Die Freude darüber, dass sich diese beiden für uns so wichtigen Personen auf den Weg von München nach Memmingen machten, war groß. Nach der Arbeit gehe ich immer auf den Friedhof. So auch diesen Abend. Und da standen die zwei mit meiner Frau im Halbkreis um Sophias Grab. Danach verbrachten wir noch ein paar Stunden bei uns zu Hause. Nachdem sie sich verabschiedet hatten, war mir klar, sie würden nie mehr zu Sophias Grab zurückkehren. Aber sie hatten es sehen müssen, um „begreifen" zu können. Vielleicht hatten auch sie, entgegen allen ärztlichen Wissens, auf Heilung gehofft. Es war ganz eindeutig wichtig für sie, zu sehen, dass Sophia tatsächlich tot war.

Ein furchtbarer Traum suchte mich in diesen Nächten heim. Sophia flog in einer Pappschachtel auf mich zu, alles dunkel um uns herum. Sie sah aus wie in der Zeit zwischen den Therapien. Halblange Haare, hell strahlende Augen. Ich wollte sie zu mir herziehen, aber kurz bevor sie in Reichweite war, drehte der Karton ab, flog davon. Das erschrockene, tränenüberströmte Gesicht meiner Maus, die ihre Hand verlangend nach mir ausstreckt und Halt bei mir sucht, lastet schwer auf meiner Seele. Nicht mal im Traum habe ich es geschafft, sie bei mir zu behalten.

Das, was ich noch für sie tun konnte, war die Grabgestaltung. Dieser Ort sollte eine Geschichte über Sophia erzählen, ihre Kraft und Helligkeit widerspiegeln. Als Begrenzung wurden kleine, weiße Marmorsteine eng aneinander eingesetzt. Traditionen alter Völker besagen, dass solche Steinkreise die Seelen der Toten als Ganzes erhalten: Der wichtigste Aspekt, Sophias Seele, ihr Charakter, sollte weiterhin existent bleiben. Dieser Gedanke brachte etwas Ruhe in mein Innenleben. An jedem Eck des Grabes eine Laterne, jede Laterne ein Lebensjahr, in jeder eine Kerze, die Licht verströmt. Hell leuchtend wie Sophia, wenn sie lachte. Ein Herz aus weißen Marmorsteinen symbolisiert mein eigenes, wie es nach ihrem Tod wurde, kalt und hart. Karen fand einen großen, bunten Metallschmetterling, den sie an einem hohen Stab befestigte. Sophia liebte Schmetterlinge, fasziniert schaute sie ihnen hinterher. Karen steckte den Stab mit dem bunten Schmetterling so in die Erde, dass er über dem Steinherzen zu fliegen scheint. Hoffnung? Hoffnung darauf, dass Sophia meinem dunkelgrauen, abgestorbenen Inneren wieder Farben und Leben schenkt? In der Mitte des Grabes Marions Geschenk an Sophia nach ihrem Tod. Eine kleine Laterne. Sie sieht fast so aus wie die Laternen der sieben Zwerge aus Disneys Schneewittchen. Viele von Sophias Stofftieren und andere Gegenstände runden die bildhafte Erzählung auf ihrem Grab ab. Ein einziges Mal wurde etwas entwendet. Ich war schockiert, fühlte Versagen; ich konnte ja nicht immer auf dem Friedhof sein. Karen machte diesen Vorfall überall, wo sie konnte, publik: Daraufhin verschwand nie mehr etwas.

Die Kerzen in den Laternen müssen immer brennen. Die Vorstellung, Sophias Grab im Dunkeln ohne Licht, ist mir unerträglich. Ich bin schon mitten in der Nacht auf den Friedhof gegangen, um die Kerzen zu wechseln. In den Wochen nach

Sophias Tod stand ich oft vor ihrem Grab und schickte meine Gedanken in die Erde. Sie wühlten sich durch, versuchten, in den Sarg hineinzuschauen. Kalt und dunkel musste es da unten sein. Lag Sophias Hand immer noch auf ihrer Stoff-Cindy? Schaute der Plüschlöwe (ein Geschenk von ihrem kleinen Verehrer Sharon), den wir auf ihre Decke gesetzt hatten, immer noch zu ihr auf? Sah sie noch so aus wie vor der Beerdigung, als ich sie das letzte Mal betrachtet hatte? Oder war ihr Gesicht mittlerweile schwarz und am Verfallen? Wie oft waren meine Hände kurz davor, zu buddeln. Diese Gedanken trieben mich an die äußerste Grenze, zum Wahnsinn. So nah dran und trotzdem konnte ich sie nicht erreichen. Aber die nächsten Wochen sollten zeigen, dass sie mich erreichen konnte.

Ein paar Wochen nach Sophias Weggang stand die Hochzeit von Emil, dem Sargträger, und Anna, einer Freundin von Karen, in Italien an. Karen wollte unbedingt dorthin, zumal sie als Trauzeugin auserkoren war. Wieder mal versuchte ich die Schneckenhaus-Taktik, ich zog mich zurück. Aber meine Frau ließ das nicht zu, und so fuhren wir alle miteinander dorthin. Auf der Hochzeit – riesengroß, mit allem Prunk und Pomp – fühlte ich mich völlig deplatziert. Schließlich war meine Tochter erst vor – für mich – einem Wimpernschlag gestorben. Auf der abendlichen Feier, die ja normalerweise recht lustig abläuft, mit Musik und Tanz, ging es total steif zu. Es kam einfach keine Stimmung auf in dieser sich für vornehm haltenden Gesellschaft. Da passierte es. Ich kann mir bis heute noch nicht so richtig erklären, warum. Urplötzlich wollte ich dem Trauerspiel hier nicht mehr zuschauen. Flotte Musik war schnell arrangiert. Meine Frau geschnappt und rauf auf die Tanzfläche. Von einem Moment auf den anderen versuchte ich es. Versuchte es wirklich, wieder Leben zu spüren, Freude zu empfinden. Dieser Versuch war äußerlich erfolgreich. Man sah es an den anderen, nun tanzenden Paaren. In mir ein totaler Fehlschlag. Leben und Freude, nichts davon kam in meinem Herzen an.

Als die Feier beendet und wir im Hotelbett lagen, setzte schlagartig das schlechte Gewissen ein. Der kleine Mann in meinem Kopf tobte: „Was fällt dir ein? Du hast das Wichtigste im Leben verloren und tanzt und lachst auf einer Hochzeit! Dazu hast du kein Recht. Was ist mit den Schmerzen und Qualen von Sophia? Hast du dein totes Kind vergessen? Du bist ein erbärmlicher Vater. Widerlich!" Nichts konnte ich diesem kleinen Mann entgegensetzen, alles was er sagte, entsprach meiner Wahrheit.

Das Frühjahr kam, aber auch die ersten wärmenden Sonnenstrahlen lüfteten nichts von dem grauen Schleier, der mein Leben umgab. Gerhard Ritter, der ja schon Sophia Gutes getan hatte, schenkte uns ein Wochenende in einem wirklich sehr exklusiven Hotel. Dieses Wochenende war eigentlich wunderschön. Nur spüren konnte ich es nicht. Nicht, dass ich nach zwei, drei Monaten nicht lachte. Doch, das kam schon vor, aber niemals von Herzen. Ostern nahte, Furcht einflößend. Ostern ohne Sophia, das letzte Jahr noch vor Augen: Sophia, die ihre Geschenke im Garten sucht. Lange blonde Zöpfe schaukeln seitlich an ihrem Gesicht. Das Video dieses letzten gemeinsamen Osterfestes ertrage ich nicht. Jeden verdammten Feiertag würde ich am liebsten abschaffen.

Ostern wurde genau so, wie befürchtet: eine Katastrophe. Sarah suchte im Garten ihre Geschenke, alleine. Im Nachbarsgarten gingen die Geschwister gemeinsam suchen. Sarahs Gesicht sprach Bände. Es war grausam und unfair. Wie Hohn klang in meinen Ohren das Gelächter der Nachbarskinder. Neid beherrschte mich, Neid auf die da drüben. Dieses Gefühl fraß sich in meinen Körper. Hoffentlich war dieser Tag bald vorüber. Karen und ich schauten Sarah beim Suchen zu und versuchten zu lächeln, aber wir schafften es nicht. Beide dachten wir daran, dass Sophia letztes Jahr Rollschuhe bekommen hatte. Wir mussten uns umdrehen, damit Sarah unsere Tränen nicht sah.

Sarah spürte unsere Gefühle genau. Was musste in ihr vorgehen? Ein Teil ihrer Kindheit starb mit an dem Tag, als Sophia von uns ging. Sarah ist ein sehr in sich zurückgezogenes Kind, über den Tod ihrer Schwester spricht sie selten. Einmal – wir zwei saßen im Auto – äußerte sie einen schrecklichen Gedanken. Ich sah ihr Gesicht im Rückspiegel, ernst und angespannt schaute sie nach draußen. „Weißt du, manchmal habe ich so Angst davor, dass wir Sophia lebendig beerdigt haben. Was, wenn sie gar nicht tot war, als du sie in den Sarg gelegt hast?" Diese Vorstellung ist schockierend, selbst für einen Erwachsenen. Wie beängstigend musste es für ein Kind sein? „Nein, Sarah, Sophia war zu diesem Zeitpunkt ganz bestimmt tot." Lügner, schalt mich mein Gewissen, du selber wolltest es nicht glauben, dass sie tot ist. „Schau, Sarah, du hast doch bestimmt mitbekommen, dass der Arzt von Sophia uns alle für eine kurze Zeit aus dem Zimmer geschickt hat, oder?" Sie bestätigte das mit einem Kopfnicken. „In dieser Zeit hat er Sophias Tod festgestellt, das kann man mit verschiedenen Untersuchungsmethoden. Glaubst du, dass er, wenn er sich nicht ganz sicher gewesen wäre, seine Erlaubnis zum Beerdigen gegeben hätte? Außerdem war Sophia fünf Tage in der Aufbahrungshalle, wenn noch Leben in ihr gewesen wäre, müsste sie doch zumindest mal die Augen geöffnet haben, oder?" Sarah nickte wieder, und plötzlich brach ein Schwall von Tränen aus ihr heraus. „Manchmal wenn ich Sophia ganz arg vermisse, habe ich eben solche Gedanken, die machen mich dann noch trauriger, als ich schon bin."

Ihr verzweifeltes Gesicht im Rückspiegel machte mir bewusst: Ich war hier nicht der Einzige, der mit diesem schrecklichen Verlust belastet war. Nach langer Zeit erblickten meine Augen Sarah wieder richtig. Scham stieg in mir hoch. Sarah war von ihrem Charakter her sehr verschieden von mir. Die enge emotionale Bindung wie zwischen Sophia und mir war bei uns beiden nicht vorhanden. Aber hatte ich das Recht, dieses junge Leben sich selber zu überlassen, weil Sophia gestorben war?

Die ganze Dauer der Krankheit über war Sarah immer die große Schwester gewesen, die zurückstecken musste, das vordere Spielfeld der kleinen überlassen. Hatte ich mich jemals gefragt, wie sie sich dabei fühlte? Nein, hatte ich nicht!

Nach diesem Gespräch im Auto änderte sich viel im Zusammenspiel zwischen Sarah und mir. Sie hatte das Recht, als meine Tochter behandelt zu werden, als ein Kind mit Anspruch auf Liebe und Fürsorge. Auch Sarah brauchte meine Nähe, die ich ihr bis jetzt in meinem Schmerz verweigert hatte. Ganz tief in meinem Hinterkopf war dennoch eine Stimme, die mich des Verrates an Sophia bezichtigte. Diese Stimme war um nichts in der Welt zum Verstummen zu kriegen. Doch von nun an gab ich Sarah, was ich geben konnte.

Mein eigener Zustand blieb katastrophal. Diese dauernde Schlaflosigkeit. Das Einschlafen war kein Problem. Aber immer um die gleiche Zeit, mitten in der Nacht, wurden die Spannungen in meinem Körper so groß, dass ich aufwachte und unruhig im Haus umherzuwandern begann. In diesen Monaten waren drei bis vier Stunden Schlaf das Maximum. Der Hausarzt verabreichte mir ein leichtes Antidepressivum, was die Sache nicht verbesserte. Im Gegenteil. Nun wurden die morgendlichen Fahrten zur Arbeit zum russischen Roulett. Einmal war ich total überzeugt davon, daheim im Wohnzimmer zu sitzen statt am Steuer meines Wagens. Gerade beim Autofahren, das ich früher so liebte, hatte ich zunehmend das Gefühl, die dunklen Gedanken und die Schmerzen der Erinnerung würden mich zerstören. Vor der Begebenheit mit Sarah war mir das vollkommen egal. Durch die Ängste, die sie äußerte, änderte sich das. Ich durfte mich nicht einfach davonstehlen. Hier waren noch Menschen, die mich brauchten. Hier waren Menschen, die ich brauchte.

Erst jetzt verstand ich den Sinn von Birgits E-Mails, in denen sie schrieb: Ich solle meinen Weg gehen, dürfe aber nicht die falsche Richtung wählen; denn dann würde ich Menschen zurücklassen, die nach kürzester Zeit diese immense Qual des

Verlustes schon wieder durchstehen müssten. Der dunkelgraue Schleier nahm mir so viel Licht, dass manche Sätze überhaupt nicht zu mir durchdrangen. Zum Beispiel: „Du bist so ein wertvoller Mensch." Oder: „Wir lieben und drücken dich." In meinen eigenen Augen war ich nicht mehr liebenswert. Wertvoll schon gar nicht. Sophia war wertvoll und liebenswert gewesen. Aber nun war sie tot. Ich hatte sie nicht halten können. Genau das hatte sich in meinem Kopf einzementiert – tief in mir drin gab ich mir die volle Schuld an Sophias Tod.

„Normales Leben?"

Nach außen hin erweckte es sicherlich den Anschein, jeder von uns würde so langsam den „Einstieg in das normale Leben" wiederfinden. Karen hatte ihren Job als Garderobendame im Theater wieder aufgenommen. Meine Arbeit nahm mich von Montag bis Samstag in Anspruch, Sarah hatte ihren geregelten Schulalltag. Aber die Zeit nach Sophias Tod fühlte sich einfach „unecht" an: als würde man sein eigenes Leben vom Fernsehsessel aus beobachten und nicht selber daran teilnehmen.

Die dunklen Zustände, in denen ich vollkommen den Kontakt zur Außenwelt verlor, dauerten keine Tage mehr. Wenn ich in den Abgrund stürzte, dann meist aus heiterem Himmel – in dem einen Moment vielleicht sogar lachend, in der nächsten Sekunde nicht mehr ansprechbar. Die Schlafstörungen bestimmten weiterhin die halbe Nacht. Es musste einfach was geschehen. Niemals wäre mir früher der Gedanke gekommen, einen Psychologen aufzusuchen. „Das krieg ich schon alleine hin", hieß einer meiner Lieblingssätze. Man kann sich gewaltig irren. Nun war ein Punkt erreicht, wo es nur noch zwei Möglichkeiten gab: an Sophias Schicksal langsam, aber sicher zu zerbrechen oder etwas durch eine Therapie zu ändern.

Karen begleitete mich zu unserem Hausarzt, der die Situation ja kannte. Er überwies mich an einen Psychologen zur weiteren Behandlung. Als das erste Gespräch mit ihm beendet war, deutete sich schon an, dass es zwischen uns einfach nicht stimmte. Er spürte es auch und verwies mich an eine andere Therapeutin – mit ihr arbeite ich heute noch zusammen.

Zu meinem ersten Besuch brachte ich mein Lieblingsbild von Sophia und mir mit: schwarz-weiß, wir zwei eng beieinander, Gesicht an Gesicht geschmiegt. Die Therapeutin sollte einen Eindruck von unserer engen Verbundenheit bekommen: Niemals trennbar. Auch durch den Tod nicht. Sie sollte sehen, dass die Sehnsucht nach ihr mein Dasein beherrschte. Sie sah es auch. Überdeutlich. Im Verlaufe unserer Sitzungen wurde mir klar, dass ich dabei war, mich aufzulösen. Je mehr ich nach Sophia suchte, desto mehr verlor ich mich selber.

Eines Nachts betrat ich in einem Traum einen wunderschönen Schlossgarten, dessen Hecken zu kunstvollen Figuren geschnitten waren. Der Garten war riesengroß, nicht überschaubar. Der Wunsch, Sophia hier zu finden, war übermächtig. Ich lief los. Suchte sie in einer Menschenmenge auf einem vornehmen Empfang, nicht ganz in die Neuzeit passend. Rannte wie ein Verrückter durch Beete und Büsche. Suchte und suchte. Fand sie nicht. Panik erfasste mich. Je mehr ich suchte, desto panischer wurde ich. Da streifte mein Blick einen alten Mann. Sehr vornehm wirkend, sehr edel gekleidet, eher im Stil der Jahrhundertwende. Er hatte einen weißen Vollbart. Die Art, wie er gestutzt war, erinnerte mich an einen Politiker aus der älteren Geschichte Deutschlands: Hindenburg. Der Blick des alten Mannes war fest auf mich gerichtet, wirkte befremdet, so, als ob ich hier nicht erwünscht wäre. Schweratmend fixierte auch ich ihn – im gleichen Moment rissen mich die Strahlen der Morgensonne aus meinem Traum.

Verwirrt, mit offenen Augen lag ich da und dachte über das Erlebte nach. Ein Buch über Jenseitswelten fiel mir ein, in dem es heißt: „Jeder, der stirbt, schafft sich seinen eigenen Himmel." War ich in Sophias Himmel gewesen? Als Prinzessin in Disneyland hatte sie sich so glücklich gefühlt, und nun schien es so, dass sie dieses Glück in die andere Welt hinübergerettet hatte. Aber warum hatte ich sie dort nicht gefunden?

Die neue Therapeutin gehört glücklicherweise nicht zu den Psychologen, die für Nachrichten aus dem Jenseits – das war dieser Traum für mich – gleich das Unterbewusstsein verantwortlich machen. Sie hörte mir ruhig zu, und dann warf sie mir an den Kopf: „Vielleicht wollte Sophia nicht gefunden werden." Mehr sagte sie nicht. Es sollte nur ein Anstoß sein, damit ich mir selbst die Bedeutung erschließen konnte. Ich versuchte, den Sinn dieses Satzes zu ergründen. Auf einmal verstand ich: Sophia wollte mir die Antwort auf eine meiner brennendsten Fragen geben: „Wo bist du?" Sie war nun da, wo sie sich wohl fühlte, aber ich gehörte nicht dorthin. Darum hatte ich sie nicht finden dürfen. Deswegen hatte mich der alte Mann so befremdet angeblickt: Ich war ein Eindringling in einer Welt, in der ich (noch) nichts zu suchen hatte.

Karen, Marion und ich besuchten ein Seminar mit dem Titel „Kinder und Tod". Der Referent aus der Schweiz war ein professioneller Sterbebegleiter und hatte viel Erfahrung mit sterbenden Kindern. Wir zwei kamen ins Gespräch. Daraufhin stellte er nach der Mittagspause kurzerhand sein Programm um. „Wer hier im Raum hat mehr als ein Kind?", fragte er. Viele Hände gingen in die Höhe. „Und wer von Ihnen hat ein Kind lieber als das andere?" Nach dieser provokanten Frage zeigte sich keine Hand, genau das hatte er bei diesem Tabuthema erwartet. Jetzt sprach er von den „Koalitionen in der Familie". Ich fühlte mich ertappt. In unserem Gespräch hatte ich diese Problematik, die mich innerlich so stark beschäftigte, mit keinem Wort angesprochen. Und trotzdem traf er voll ins Schwarze. Ich stand also nicht alleine, und schon diese Erkenntnis half mir ein gutes Stückchen weiter.

Nun zeigte der Referent Bilder von einem Jungen, der seinen Rückfall in die Leukämie auch nicht überlebt hatte. Einige dieser Bilder waren kurz nach seinem Tod gemacht worden, als ich sie sah, konnte ich die Tränen nicht zurückhalten. Dieser Ausdruck in seinem Gesicht. Friedlich, erlöst. Genau wie bei Sophia. Waren diese beiden Kinder tatsächlich erlöst worden? Und nicht, wie ich annahm, gewaltsam um ihr Leben betrogen?

Wie ein Puzzle fügte sich nun über Wochen alles zusammen. Immer mehr kam ich zu dem Schluss, dass es Sophia jetzt wirklich besser ging als vorher mit all den Schmerzen und all dem Leid. An der Schuld des „Was wäre, wenn?" trug ich am längsten. Hatten wir es uns zu leicht gemacht? Wären wir nicht besser noch in eine andere Spezialklinik gegangen? Hätte dieser dubiose Arzt aus Spanien uns vielleicht doch helfen können? Warum hatten wir Ausflüge gemacht, statt nach Behandlungsalternativen zu suchen? All diese Fragen lasteten schwer auf meiner Seele, bis ich auch darauf eine Antwort bekam.

Ein Junge, der direkt nach dem für Sophia vorgesehenen Termin eine Transplantation über sich ergehen lassen hatte, starb ein paar Monate nach ihr – diese harte Behandlung verkürzte sein Leben, statt es zu verlängern. Sein letzter Gang war kalt und leer gestaltet. Kein modernes Lied erklang, so wie er es in seinem Alter sicher gerne gehört hätte. Der Pfarrer nahm kaum Bezug auf dieses kurze Leben. Er hielt seinen Gottesdienst nach dem Motto: „Alles, was Gott tut, ist gut, auch wenn er uns die Kinder nimmt." Ich drehte mich zu Karen um und sagte: „Wenn der Junge könnte, würde er garantiert protestieren." Der Protest kam schnell. Kaum hatten wir die Kirche mit dem Leichenzug verlassen, fing es wie aus Eimern zu regnen an.

Auf dieser Beerdigung war auch ein Elternpaar, dessen Kind es bis zu diesem Zeitpunkt ohne Rückfall geschafft hatte. Später erfuhr ich, dass der scheinbar gesunde Sohn gestorben war. Die Eltern dieses Jungen hatten es mit diversen Alternativen zur Schulmedizin versucht. Zuletzt in einer Privatklinik, in der man mit allerlei Kräutern arbeitete und große Heilungschancen versprach. Der Junge machte keine Ausflüge mehr, er konnte nichts mehr erleben – zwei Tage nach der Entlassung aus der Klinik war er tot. Genau diese Alternativen schwirrten vorher immer in meinem Kopf herum. Ich fühlte mich schuldig, weil wir sie nicht ausprobiert hatten und damit – wenn auch nicht bewusst – Sophias Tod in Kauf genommen hatten. Dieser furchtbare Druck, der auf meiner Seele gelastet hatte, war nun weg, hatte sich in Luft aufgelöst. Der Junge und seine Geschichte waren die einzige Antwort auf meine selbstquälerischen Fragen.

Ich war mir nun sicher, dass Sophia in ihrem eigenen Himmel mit dem Schlitten fuhr. Lustig und schnell einen selber erschaffenen Berg hinunter. Ab und zu besuchte sie uns. Durch deutliche Zeichen und versteckte Hinweise. Sie lenkte viel und passte gut auf uns auf.

Sophia schickte nicht nur mir Zeichen. Auch Karen durfte sie sehen. Ich ging wie jeden Abend, den hinteren Eingang nutzend, zu Sophias Grab. Zentnerschwer drückte die Last der Sehnsucht nach Sophia. An diesem Abend war es besonders schlimm. Ich war gerade auf dem gepflasterten, etwas ansteigenden Weg, meine Gedanken waren dunkel. „Wenn du mir nur ein Zeichen geben könntest." Der Gedanke war gerade beendet, da sah ich ihn: Mitten auf dem Weg saß ein wunderschöner Schmetterling. Ich kam näher. Er flog nicht weg. Ich ging nah bei ihm in die Hocke. Er blieb da und faltete seine Flügel auseinander. Verharrte in dieser Haltung. Nach meinem Besuch auf dem Friedhof erzählte ich Karen davon. Am nächsten Abend wollte sie mitgehen. Ich sagte noch: „Du wirst sehen, dass er da ist, wenn wir kommen. Sophia hat ihn geschickt." Am nächsten Abend gingen wir gemeinsam den Weg hinauf. Und da saß er, genau auf dem gleichen Fleck. Diesmal gingen wir beide in die Hocke. Und er wiederholte das Spiel mit seinen Flügeln. Zeigte seine wunderschönen Farben, verharrte in dieser Position. Tränen der Dankbarkeit flossen bei uns. Sophia konnte nicht ganz weg sein. Es war auch nicht das letzte Mal, dass er sich zeigte.

Der Sommer wurde unheimlich heiß, die Temperaturen wollten anscheinend überhaupt nicht mehr auf ein normales Niveau runter. Auf Sophias Grab häuften sich Souvenirs. Von jedem Ort, den wir besuchten, brachten wir für sie etwas mit. Funkelnde Quarzsteine aus Österreich. Muscheln aus Norddeutschland. Eine Löwenpostkarte aus dem Münchner Zoo. Eine ihrer Disney-Figuren, Mike Glotzkovsky von der Monster AG. Immer wenn ich nun vor dem Grab stand und das Sammelsurium sah, kam ich mir vor wie in einem Kinderzimmer. Diese Dinge erfüllten den traurigen Ort mit Leben. Stiefmütterchen wären Sophia sowieso ein Gräuel gewesen.

Das Kinderfest auf dem Marktplatz war vorüber, ohne Sophia. Jeder Geburtstag, der anstand, ohne Sophia. Der Fischertag, dieses wunderschöne Stadtfest, nahte. Eigentlich wollte ich nicht mitmachen. Der lange Holzstiel meines Fischernetzes war ja letztes Jahr gebrochen, ich hatte für Sophia keinen einzigen Fisch fangen können. Der „Bär" sollte hängen bleiben, verstauben. Aber auch das kam anders. Mein Schwiegervater Werner wusste natürlich, dass ich nicht mit in den Stadtbach wollte. Mein Schwager hatte auch keine Lust. Diese Familientradition drohte, auseinander zu brechen. Da reparierte Werner kurzerhand den langen Holzstiel und befestigte ihn wieder am Fischernetz. Sagte aber nichts und ließ den Bären an der alten Stelle. Ich hatte dieses leise Zeichen trotzdem bemerkt. Auch war mir klar, dass ihm sehr viel daran lag, diesen Tag zu begehen. Und ihn alleine reinspringen lassen, nein, das konnte ich nicht. Seine Augen strahlten, als ich ihm sagte, dass er nicht allein fischen musste. Dieses Jahr holte ich sechs Forellen. Ohne Sophia? Da bin ich mir nicht so sicher.

Wir planten sogar wieder. Die Reise zu Wolfgang und Birgit sollte zur Jahreswende stattfinden. Der Hauptgrund für uns, nach Namibia zu fliegen, war die Furcht vor dem ersten Weihnachten ohne Sophia in den eigenen vier Wänden. Aber wir wollten endlich auch unsere treuen Freunde wiedersehen, die ja die ganze Zeit niemals aufgehört hatten zu mailen. Ich hoffte, dass wir aus diesen vier Wochen neue Kraft schöpfen könnten.

Neue Kraft? Erst mal sah alles ganz anders aus.

Sophias fünfter Geburtstag

Der September nahte und mit ihm Sophias fünfter Geburtstag. Was an Stabilität mühsam aufgebaut war, schien, je näher dieser Tag kam, wieder ins Wanken zu geraten. Karen wollte unbedingt mit Freunden in den Münchner Zoo fahren, um nicht zu Hause sein zu müssen. Mein Wunsch war, im Keller zu sitzen und das Licht auszumachen. Doch Karen setzte sich durch, und ich bin ihr dankbar dafür.

Der Tag fing genau so alptraumhaft an, wie ich es mir gedacht hatte. Schon beim Aufstehen flossen bei uns allen die ersten Tränen. Eine dicke Geburtstagskerze, von Karen liebevoll beschriftet, stand auf dem Tisch. Bevor uns Viola und Roland zu unserem gemeinsamen Ausflug abholten, brachten wir die Kerze auf den Friedhof. Sarah und ich wollten Sophias Geburtstagslied singen. Aber schon bei „Wie schön, dass du geboren ..." versank meine Stimme in Schluchzen. Atemnot, ich hatte das Gefühl, keine Luft mehr zu bekommen. Eine Geburtstagsfeier auf dem Friedhof! Wir scheiterten kläglich damit. Dumpfheit und Schmerz waren wieder da.

Vor unserem Haus erwarteten uns schon Viola und Roland, wir starteten gleich in Richtung Münchner Tiergarten, wo Sophia früher so viel Spaß gehabt hatte. Der Besuch im Zoo verlief seltsam gelöst. Es war sehr vertraut, wieder die Wege zu gehen, die wir noch als komplette Familie beschritten hatten. Einzelne Plätze waren schwer zu ertragen. Bei den Robben oder bei den Gorillas würde sie nie wieder stehen und mit großen Augen staunen.

Als wir am Nachmittag wieder Memmingen erreichten, war die Stimmung nicht so, wie von mir erwartet. Der Alptraum blieb aus. Wir waren kaum zu Hause, da klingelte es an der Tür: Marion. Kaum saß sie vor ihrer Tasse Kaffee, klingelte es erneut: Pfarrer Dinkel. Er war gerade erst von einer Afrikareise zurück und hatte viel zu erzählen. Nach einer Weile verabschiedeten sich die beiden, und wir machten uns auf den

Weg zu meinen Schwiegereltern. Die Entscheidung, bei Oma und Opa vorbeizuschauen, erwies sich als richtig. Beiden ging es an diesem besonderen Tag erwartungsgemäß auch nicht gut.

Es wurde dunkel, Sophias Geburtstag neigte sich dem Ende zu. Dachten wir. Wir waren schon fast an unserem Haus, als wir den Wunsch verspürten, noch mal das Grab zu besuchen. Nun passierte etwas. Aus diesem Ereignis schöpfe ich heute noch Kraft. Schon beim Anfahren des Friedhofes erkannte ich zwei Autos auf dem Parkplatz – das von Leila und das von Roger. Mein Herz pochte. Mit einem Mal wusste ich genau, wir sind nicht allein in der Dunkelheit. Roger, Corinna, ihre zwei Kinder und Leila mit ihren beiden standen vor Sophias Grab. Rogers Augen waren mit Tränen gefüllt. Ich nahm ihn in den Arm und begrüßte Leila, dann erst wandte ich mich dem Grab zu. Es war nicht mehr das von heute früh mit unserer einsamen Geburtstagskerze, nein. Über und über war es mit Geschenken bedeckt. Große und kleine Plüschtiere, Blumensträuße, Blumengestecke, ein geflochtenes Herz aus grünen Ranken. Und Kerzen, überall Kerzen, weit über den Rand des Grabes hinaus, weil darauf kein Platz mehr war. Roger und ich lagen uns wieder in den Armen. Tränen der Freude und Erleichterung flossen, wollten nicht mehr enden. Sie schwemmten die Dunkelheit aus meiner Seele und ersetzten sie durch Hoffnung. Sophia war nicht vergessen, nie würde sie, auch bei anderen nicht, aus dem Herzen verschwinden.

Ich lud Roger und seine Familie, Leila und ihre Kinder zu uns nach Hause ein. Leila musste leider gehen. Aber sie ging nicht für immer. Der Kontakt mit ihr besteht weiterhin, anfangs eine vollkommen Fremde, ist sie heute eine liebe Freundin. Zu Hause angekommen, holte ich die Rotweingläser raus. Die Kinder gingen in Sarahs Zimmer. Wir Erwachsenen genossen den Wein und unterhielten uns über die Zeit, als Sophia noch körperlich bei uns war. Plötzlich, sehr leise, vernahmen wir aus dem Kinderzimmer ein Lied, Sophias Geburtstagslied: „Wie schön, dass du geboren bist, wir hätten dich sonst sehr vermisst." Sie brachten Sophia ein Ständchen. So als wäre nichts von dem passiert, was uns die letzten Monate verfinstert hatte. Die Kinder machten es uns vor: Nicht in der Dunkelheit versinken, sondern das Leben feiern, in was für einer Form auch immer.

Wir saßen noch lange beisammen. Als die Verabschiedung vorbei war und ich die Türe schloss, traf mein Blick Karens Augen. „So wie Sophia es gefällt, so hat ihr fünfter Geburtstag stattgefunden", sagte sie. Wir umarmten uns und weinten. Es waren aber keine Tränen der Trauer, sondern Tränen der Dankbarkeit.

Traum-Nachricht?

In dieser Nacht sandte mir Sophia wieder einen „Traum". Ich durchschritt mannshohe rote Sträucher. Kein Anfang und kein Ende in Sicht, wie bei dem Garten in der ersten Nachricht. Mein Blick wanderte zum Himmel. Ich kann es nicht in Worte fassen, was ich dort sah. Jede Beschreibung gibt nur bruchstückhaft wieder, wie es tatsächlich ausgesehen hat. Aber ich möchte es versuchen. Der Himmel war halb hell und halb dunkel, da und gleichzeitig nicht da. Eine größere Kinderhorde kam von dort oben auf mich zugerannt. Kinder jeden Alters. Laut johlend und jubelnd standen sie vor mir. Nur ein Kind verhielt sich still, lächelte verklärt: Sophia. Ich erkannte sie an ihren Augen, alles andere war irgendwie verändert. Ihr Körper, der sich deutlich von den anderen abhob, war seltsam konturenlos, strahlte förmlich. Meine Arme umschlossen sie und ich rief über meine Schulter Karen zu, obwohl sie in dieser „Nachricht" eigentlich gar nicht anwesend war: „Siehst du, ich habe es immer gesagt, Sophia kommt zurück. Sie ist wieder da! Sie ist wieder bei uns!" Sophia erwiderte meine Umarmung nicht. Sie stand nur da und lächelte auf diese verklärte Weise. Kein Ton kam von ihren Lippen. Ich hatte nicht das Gefühl, dass sie mich ablehnte. Aber ihre Zurückhaltung verwirrte mich. An dieser Stelle endete der Traum.

Nach diesem Erlebnis benötigte ich fast drei Stunden, um – obwohl ich schon längst wach war – wieder in den normalen Tag zu finden. Ich war fest überzeugt, dass der Traum eine Nachricht von Sophia war. Aber was hatte sie zu bedeuten?

In der nächsten Sitzung bei meiner Psychologin schilderte ich ihr den Traum und fragte sie: „Was wollte mir Sophia durch ihr passives Verhalten zeigen?" Sie entgegnete: „Es nützt wenig, wenn ich Ihnen das sage. Die Antwort können Sie sich nur selbst geben." Sie machte mit mir eine Übung, bei der ich laut aussprechen sollte, was mir als Erstes in den Sinn kam. Ich erschrak, als ich sagte: „Ich bin nicht deins." Erst nach der Sitzung wurde mir die Bedeutung klar: „Papa, halt mich nicht so fest, ich muss meinen eigenen Weg gehen. Mir geht es gut, das wollte ich dir zeigen, aber bei mir bleiben kannst du nicht." Ich hatte noch nicht loslassen können, und Sophia wollte, dass ich es endlich tat.

Sie führt nun ihr eigenes Leben an einem Ort, wo Zeit keine Bedeutung hat. Vielleicht fährt sie mit dem Schlitten den Berg runter. Rennt mit den anderen Kindern durch diesen nicht enden wollenden Garten. Ist Prinzessin, wann immer sie will. Einen Augenaufschlag oder ein Menschenleben später bin ich dann bei ihr. Wenn die Theorie stimmt, dass sich jeder Mensch nach seinem Tod den eigenen Himmel schafft, werden unsere Welten sicherlich verschieden sein. Trotzdem schlummert in mir die Hoffnung, dass wir beide uns dann gegenseitig besuchen. Solange ich hier mein Leben führe, wird Sophia von Zeit zu Zeit bei mir vorbeischauen.

Nächste Woche fliegen wir nun endlich nach Südafrika zu unseren Freunden, und ich bin überzeugt, mein Erdbeerohr lässt sich das nicht entgehen.

In Liebe und bis bald, wann immer das auch sein mag.

Für Dich vergeht vielleicht nur eine Schlittenfahrt, für mich ... ich weiß es nicht.

Noch eine Bitte an Cindy: Sei bei ihr und behüte sie!

Lebe wohl, Sophia! Ich werde dasselbe mit meinem Leben und dem unserer Familie versuchen. Gut, wahrhaftig und intensiv. Danach sitzen wir gemeinsam auf dem Schlitten und genießen die Fahrt durch Deinen Himmel.

Dein Schokoladenohr-Papa

Nachwort

Ich verspüre, nach langer innerer Eiszeit, wieder Hunger nach Leben, nach Berührung der Außenwelt. Ich spüre die Sonne, wie sie durch die Bäume scheint. Ein tiefer Atemzug, frischer Balsam in meinen Lungen. Der Schleier über meinen Augen hat sich in alle Richtungen zerstreut. Die Welt hat wieder Farben. Die Welt hat wieder Konsistenz. Sehen, Riechen und Fühlen – jede Faser meines Körpers sagt mir, ich darf wieder leben. Sophia, du bist nicht mehr auf dieser Erde, auf einer Sonnenstraße hast du diesen Teil des Lebens, das körperliche Leben verlassen. Als du gingst, hat sich deine Straße des Lichts für mich in absolute Dunkelheit verwandelt. Nun, nach langer Zeit, gehe ich wieder hinaus in das helle Strahlen, verändert, intensiver. Wie eine Raupe, die sich verpuppt, um für ein neues Leben bereit zu sein. Alles ist anders, nichts wie es vorher war. Kraft, so viel Kraft durchströmt mich, ich könnte die Welt umarmen. Ich bin wieder da. Ich bin bereit, meinen neuen Weg zu gehen. Bereit, die dunklen Stunden der Trauer anzunehmen und aus diesen wieder hervorzutauchen. Danke, Sophia, dass du mich so viel gelehrt hast. Wenn meine Zeit gekommen sein wird, wirst du mich auf der Sonnenstraße in die Welt dahinter begleiten. Aber noch ist es nicht so weit. So vielen Menschen werde ich noch begegnen. So viel ist noch zu tun, so viel Neues zu entdecken und zu erleben.

Heute liegt dieses Buch nun beim Verlag. Lange schlummerte es auf meinem PC. Nun wird es gelesen, das Leben von Sophia. Das Strahlen unserer Tochter, die ich heute als meine Lehrerin ansehe, wird weitergehen. Es wäre schön, wenn ein Stück davon auch auf Sie, liebe Leserin, lieber Leser, übergehen würde. Nehmen Sie ein Stück ihrer Intensität, ihres Lachens und der Fähigkeit, keine Angst zu haben, mit in die schwierigen Situationen Ihres eigenen Lebens. Sie werden sehen, die Hürden sind zu nehmen, auf die eine oder andere Weise. Wir, unsere Familie, wir alle haben gelernt. Karen ist ehrenamtlich als Hospizhelferin für das neugegründete Kinderhospiz Bad Grönenbach im Einsatz. Ich lernte das Mädchen, das sie betreut, nun schon gut kennen. Auch sie ist mir stark ans Herz gewachsen. Auch sie hat Leukämie. Auch da wird eine helfende Hand gebraucht. Sarah ist durch das Erlebte innerlich viel reifer als gleichaltrige Kinder. Wir sind nun ein super Team geworden. Was ich in der dunklen Zeit an ihr falsch gemacht habe, kann ich nicht mehr aufholen. Aber ich kann es nun besser machen. Jerry und die „neue" Cindy sind bei uns. Jerry nun schon hochbetagt, muss seine alten Knochen aber immer noch bewegen. Dafür sorgt Cindy schon, die ihn mit allerlei Späßen auf Trab hält. Cindy ist ein ganz wichtiger Teil von Sarahs Leben geworden.

Eine Gruppe für verwaiste Eltern haben wir ins Leben gerufen. Der Gruppenname, den ich vorschlug, wurde beim letzten Treffen von allen angenommen. „Zusammen zurück ins Leben" – zusammen zurück ins Leben, um neue Aufgaben zu finden und diese anzunehmen, darin besteht die Aufgabe. Ich hoffe, das gelingt uns allen. Ich lasse inzwischen bei Entscheidungen hauptsächlich mein Herz sprechen. Das, was Sophia mich gelehrt hat, hilft mir dabei, mein Herz offen zu halten: andere Menschen nicht nur zu sehen, sondern das zu spüren, was sie innerlich bewegt.

Michael Martensen